Riegel   Datenschutz bei den Sicherheitsbehörden

Datenschutz bei den Sicherheitsbehörden

Von

Dr. Reinhard Riegel

Regierungsdirektor

Carl Heymanns Verlag KG · Köln · Berlin · Bonn · München

CIP-Kurztitelaufnahme der Deutschen Bibliothek

Riegel, Reinhard:
Datenschutz bei den Sicherheitsbehörden / von Reinhard Riegel. – Köln, Berlin,
Bonn, München: Heymann, 1980.
    ISBN 3-452-18727-6

1980   ISBN 3-452-18727-6
Gesetzt im Offset Satz Studio Klaus H. Loeffel, Köln
Gedruckt von grafik + druck, München
Printed in Germany

Vorwort

Die Probleme des Datenschutzes sind mit dem Inkrafttreten der Datenschutzgesetze in eine neue Ära des sich stets schärfenden Datenschutzbewußtseins von Grund auf neu zu überdenken.

Dies gilt in erster Linie – aber bei weitem nicht allein, wie angesichts der Gefahren im Umgang mit Daten z.b. in der Privatwirtschaft betont werden muß – für den Datenschutz im Bereich der Sicherheitsbehörden.

Die vorliegende Schrift versucht, hier eine erste Orientierungshilfe zu sein. Dabei konnte es nicht Anliegen sein, für alle Probleme der Praxis Lösungen anzubieten. Das würde nicht nur jeglichen Rahmen einer solchen Darstellung sprengen, sondern auch auf Schwierigkeiten verschiedener Art stoßen (nicht zuletzt im Hinblick auf den notwendigen Geheimschutz; dabei sei zur Vermeidung von Mißverständnissen darauf hingewiesen, daß alle in diesem Band enthaltenen Angaben über die Tätigkeit der Sicherheitsbehörden aus öffentlich zugänglichen Quellen stammen). Wichtig ist dagegen zunächst die Einigung im Grundsätzlichen. Das Detail bedarf ohnehin stets der Vertiefung im Dialog zwischen Sicherheits- und Datenschutzbehörden, der dem öffentlichen Disput vorzuziehen ist.

Zur Erleichterung der Lektüre sind im Anhang neben den einschlägigen Bestimmungen des BDSG die wichtigsten gesetzlichen und verwaltungsrechtlichen bereichsspezifischen Datenschutzbestimmungen abgedruckt.

Die Gutachten der 6 vom BMI beauftragten Universitätsprofessoren zur Frage der Amtshilfe und der Zusammenarbeit von Nachrichtendiensten und Polizei konnten leider nicht mehr berücksichtigt werden, da sie erst nach der Drucklegung verfügbar waren. Es ist zu hoffen, daß hierdurch die notwendigen Entscheidungen beschleunigt werden zur rechtsstaatlichen Lösung der Problematik, wie sie sich z. Zt. noch stellt.

Meiner Frau und meiner Tochter möchte ich an dieser Stelle herzlich danken für die Hilfe bei und vor allem die Geduld auf Grund der Abfassung dieser Schrift.

Bad Honnef-Rhöndorf im Januar 1980

Inhalt

VIII

Abkürzungen und Schrifttum

aA	andere Ansicht
aaO	am angegebenen Ort
ABl.	Amtsblatt
ABl. EG	Amtsblatt der Europäischen Gemeinschaften
Abs.	Absatz
AE	Alternativentwurf einheitlicher Polizeigesetze, Neuwied 1979
AKII	Arbeitskreis II der Arbeitsgemeinschaft der Innenministerien der Bundesländer (Öffentliche Sicherheit und Ordnung)
Alt.	Alternative
Anl.	Anlage
Anm.	Anmerkung
AO	Abgabenordnung (AO 1977)
Art.	Artikel
Auernhammer	Bundesdatenschutzgesetz, Köln-Berlin-Bonn-München 1977
Aufl.	Auflage
AuslG	Ausländergesetz
AuslG VwV	Verwaltungsvorschrift zum Ausländergesetz v. 7.7.1967 GMBl. S. 231
AZR	Ausländerzentralregister
bay POG	Bayerisches Polizeiorganisationsgesetz
BayVBl	Bayerische Verwaltungsblätter
BBG	Bundesbeamtengesetz
Bek.	Bekanntmachung
Bergmann-Möhrle	Datenschutzrecht, Stuttgart-München-Hannover 1977, Stand April 1979
BGS	Bundesgrenzschutz
BDO	Bundesdisziplinarordnung
BDSG	Bundesdatenschutzgesetz
BfD	Bundesbeauftragter für den Datenschutz
BfV	Bundesamt für Verfassungsschutz
BKA	Bundeskriminalamt
BND	Bundesnachrichtendienst
BMI	Bundesminister des Innern
BMJ	Bundesminister der Justiz
br PolG	Polizeigesetz Bremen
BRRG	Beamtenrechtsrahmengesetz
BT-Drucks.	Bundestagsdrucksache
Bull	Datenschutz contra Amtshilfe, DÖV 1979, 689 ff

BVerfG	Bundesverfassungsgericht
BVerfSchG	Gesetz über die Zusammenarbeit des Bundes und der Länder in Angelegenheiten des Verfassungsschutzes
BVerwG	Bundesverwaltungsgericht
bw PolG	Baden-Württembergisches Polizeigesetz
BZR	Bundeszentralregister
DÖV	Die öffentliche Verwaltung
Dreher-Tröndle	Strafgesetzbuch, 38. Aufl. München 1979
DSB	Datenschutzbeauftragter
DSG	Datenschutzgesetz
– bay	Bayerisches –
– br	Bremer –
– hess	Hessisches –
– nieders	Niedersächsisches –
– nrw	Nordrheinwestfälisches –
– rp	Rheinland-Pfälzisches –
– schl.-h	Schleswig-Holsteinisches –
DSRegVO	Datenschutzregisterverordnung
DV Bl	Deutsches Verwaltungsblatt
E	amtliche Entscheidungssammlung des jeweiligen Gerichtes
ed	erkennungsdienstlich
Einl.	Einleitung
f, ff	folgend, folgende
FN	Fußnote
FS	Festschrift
G	Gesetz
GABl	Gemeinsames Amtsblatt
Gallwas-Schneider-Schwappach-Schweinoch-Steinbrinck	Datenschutzrecht, Stuttgart, Stand März 1979 (Zitiert: Gallwas, etc)
GBl	Gesetzblatt
GG	Grundgesetz
G 10	Gesetz zur Beschränkung des Brief-, Post- und Fernmeldegeheimnisses
GewO	Gewerbeordnung
GMBl	Gemeinsames Ministerialblatt
Götz	Das Bundeszentralregistergesetz, 2. Aufl. Stuttgart 1977
GVBl	Gesetz- und Verordnungsblatt
GVOBl	Gesetz- und Verordnungsblatt (Schleswig-Holstein)
GZR	Gewerbezentralregister
GZRVwV	Erste allgemeine Verwaltungsvorschrift zur Durchführung des Titels XI – Gewerbezentralregister – der Gewerbeordnung v. 17. November 1975, Bundesanzeiger Nr. 217 i.d.F. v. 16.12. 1977, Bundesanzeiger Nr. 239

Heise-Riegel	Musterentwurf eines einheitlichen Polizeigesetzes 2. Aufl. Stuttgart-München-Hannover 1978
hess Pol Org VO	Verordnung über die Organisation und Zuständigkeit in der hessischen Vollzugspolizei
hess SOG	Hessisches Gesetz über die öffentliche Sicherheit und Ordnung
i.d.F.	in der Fassung
i.d.R.	in der Regel
IK PO	Internationale Kriminalpolizeiorganisation (Interpol)
IMK	Innenministerkonferenz
INPOL	Informationssystem der Polizei
i.V.	in Verbindung
JR	Juristische Rundschau
KBA	Kraftfahrtbundesamt
KfZ	Kraftfahrzeug
Kleinknecht	Strafprozeßordnung, 34. Aufl. München 1979
Knack	Verwaltungsverfahrensgesetz, Köln-Berlin-Bonn-München 1976
KpS	Richtlinien für die Führung Kriminalpolizeilicher personenbezogener Sammlungen i.d.F. der Beschlüsse des AK II v. 28./29.3.1979
LfV	Landesamt für Verfassungsschutz
LKA	Landeskriminalamt
LSG	Landessozialgericht
LT-Drucks.	Landtagsdrucksache
LVerfSchG	Landesverfassungsschutzgesetz
MAD	Militärischer Abschirmdienst
Martin-Samper	Polizeiaufgabengesetz, 10. Aufl. Stuttgart-München-Hannover 1979
Maunz-Dürig-Herzog	Grundgesetz München 1958 ff
ME	Musterentwurf eines einheitlichen Polizeigesetzes des Bundes und der Länder i.d.F.d. Beschlüsse der IMK v. 25.11.1977
MiStra	Anordnung über Mitteilungen in Strafsachen, Bundesanzeiger 1977 Nr. 215
m.w.Nachw.	mit weiteren Nachweisen
NADIS	nachrichtendienstliches Informationssystem
NJW	Neue Juristische Wochenschrift
Nr.	Nummer
o.a.	oben angegeben
Ordemann-Schomerus	Bundesdatenschutzgesetz 2. Aufl. München 1978
OVG	Oberverwaltungsgericht

PaßG	Gesetz über das Paßwesen
PDV	Polizeidienstvorschrift
PersAuswG	Gesetz über Personalausweise
PIOS	Personen-Institutionen-Objekte-Sachen
PKG	Gesetz über die parlamentarische Kontrolle nachrichten- dienstlicher Tätigkeit des Bundes
Rdnr	Randnummer
RG	Reichsgericht
Riegel I	Zur Frage der Auskunftspflicht nach Allgemeinem Po- lizeirecht, DÖV 1978, 501 ff
Riegel II	Probleme des Datenschutzes im Bereich polizeilicher Tätigkeit, Die Polizei 1978, 272 ff
Riegel III	Verwertbarkeit von Auskünften aus Kriminalakten über getilgte Verurteilungen durch die Polizeibehörden als offene Flanke des Datenschutzes? JR 1979, 48 ff
Riegel IV	Polizeiliche Personenkontrolle, Stuttgart-München- Hannover 1979
Riegel V	Die Tätigkeit der Nachrichtendienste und ihre Zusammen- arbeit mit der Polizei NJW 1979, 952 ff
Riegel VI	Grenzüberschreitende Datenübermittlung und Daten- schutz im Sicherheitsbereich, BayVBl 1980, 65 ff
RiStBV	Richtlinien für das Strafverfahren und Bußgeldverfahren v. 1. Januar 1977
RIW/AWD	Recht der Internationalen Wirtschaft/Außenwirtschafts- dienst des Betriebsberaters
rp PVG	rheinland-pfälzisches Polizeiverwaltungsgesetz
S	Seite
saarl PVG	Saarländisches Polizeiverwaltungsgesetz
Schatzschneider	Ermittlungstätigkeit der Ämter für Verfassungsschutz und Grundrechte, Frankfurt-Bern-Las Vegas 1979
schl-h POG	Gesetz über die Organisation der Polizei in Schleswig- Holstein
Schmidt J.	Die Amtshilfe nach dem Verwaltungsverfahrensgesetz, FS Boorberg Verlag 1977, S. 137 ff
SG	Soldatengesetz
SGB	Sozialgesetzbuch
Simitis-Dammann- Mallmann-Reh	Bundesdatenschutzgesetz Baden-Baden 1978 (zitiert: Simitis etc)
SoGK	Sonderanweisung für die Erfassung bestimmter Erkennt- nisse bei der grenzpolizeilichen Kontrolle
s.o.	siehe oben
Stelkens-Bonk- Leonhardt	Verwaltungsverfahrensgesetz München 1978
StGB	Strafgesetzbuch
StPO	Strafprozeßordnung

XIV

StVG	Straßenverkehrsgesetz
StVollzG	Strafvollzugsgesetz
StVZO	Straßenverkehrszulassungsordnung
s.u.	siehe unten
Tätigkeitsbericht	Erster T. des BfD BT-Drucks. 8/2460
u.	und
usw	und so weiter
v.	vom
VerfSchG	Verfassungsschutzgesetz
bay –	Bayerisches
berl –	Berliner
br –	Bremer
nieders. –	Niedersächsisches
rp –	Rheinland-Pfälzisches
saarl. –	Saarländisches
schl.-h. –	Schleswig-Holsteinisches
VG	Verwaltungsgericht
vgl.	vergleiche
VO	Verordnung
VwVfG	Verwaltungsverfahrensgesetz
VZR	Verkehrszentralregister
Wiesel-Gerster	Das Informationssystem der Polizei, Wiesbaden 1978
WPflG	Wehrpflichtgesetz
z.B.	zum Beispiel
Ziff.	Ziffer
ZRP	Zeitschrift für Rechtspolitik
z.T.	zum Teil

A. Datenschutz als altes und neues Problem: Datenschutz im materiellen und formellen Sinn

1. Kapitel Datenschutz im materiellen Sinn

Mit dem Inkrafttreten der Datenschutzgesetze des Bundes und der Länder seit 1.1.1978 und der Institutionalisierung von nunmehr bald 12 Datenschutzbeauftragten des Bundes und der Länder (nebst einer unübersehbaren Zahl interner Datenschutzbeauftragter im öffentlichen und privaten Bereich) wurde vielleicht bei manchem oberflächlichen Betrachter der Eindruck erweckt, als sei Datenschutz etwas ganz Neues. Wäre dem so, würde dies bedeuten, daß es vorher den Begriff rechtsstaatlichen Handelns und des Persönlichkeitsschutzes allenfalls in der Theorie gegeben hätte. Das ist selbstverständlich nicht der Fall. So ist manchmal in Vergessenheit geraten, daß es lange vor dem BDSG[1] schon drei formelle Datenschutzgesetze gab, nämlich das Hessische Datenschutzgesetz vom 7.10.1970 (GVBl. I S. 625), das Bayerische Gesetz über die Organisation der elektronischen Datenverarbeitung vom 12.10.1970 (GVBl. S. 457) und das Rheinland-Pfälzische Landesdatenschutzgesetz vom 24.1.1974 (GVBl. S. 31).

Darüber hinaus ist Datenschutz bei richtiger, nämlich materiell-inhaltlicher Betrachtungsweise, als Persönlichkeitsschutz des einzelnen vor Eingriffen, als Schutz der Privatsphäre – Right of Privacy, wie man es modern formuliert – eine beinahe ewige Komponente des Rechtslebens. Dieser Schutz hat dann allerdings unter der Geltung des Grundgesetzes und in der Konkretisierung von Art. 1 und 2 GG, die den Schutz der Menschenwürde und der Freiheit der Person durch und gegen den Staat postulieren, eine stets sich verfeinernde Intensität erfahren z.T. bis an die Grenzen des einem Gemeinwesen Zumutbaren, das sich nicht selbst in Frage stellen will.

Die Rechtsprechung des Bundesverfassungsgerichts zu Art. 1 und 2 GG ist nichts anderes als, zumindest aber auch Datenschutz, wo es um die Errichtung von Dämmen gegen unzulässiges Eindringen in die Privatsphäre oder allgemein gegen Beschränkungen der persönlichen Freiheit geht. Erinnert sei nur an das Mikrozensus-Urteil (E 27, 1 ff.), das Urteil zum Gesetz zu Art. 10 GG (E 30, 1 ff.) sowie an die »Lebach-Entscheidung« (E 35, 202 ff.).

Art. 8, 9, 10 und 13 GG enthalten außerdem Einzelgrundrechte, die in erster Linie von den Sicherheitsbehörden ein bestimmtes Informationsverhalten, nämlich Zurückhaltung bei der Informationsgewinnung verlangen, ebenso Art. 4 und 5 GG.

1 Bestimmungen ohne Gesetzesangabe beziehen sich auf das BDSG

Art. 19 Abs. 4 GG gebietet dagegen grundsätzlich die Offenlegung gesammelter Daten gegenüber dem Betroffenen, um die Rechtsweggarantie nicht zu unterlaufen.

Darüber hinaus sind die gesamte Gesetzgebung und Rechtsprechung
– zum Recht am eigenen Bild und Wort,
– zur Verwertbarkeit von Beweismitteln im Strafprozeß,
– zu den Regelungen über Auskunftspflichten und -verweigerungsrechte,
– zum Arzt-, Sozial- und Steuergeheimnis,
– über Vernichtung oder Tilgung von Erkenntnissen in Akten oder Registern (die zum Teil seit langem automatisch geführt werden) ausschließlich oder auch Konkretisierungen von Persönlichkeits- und Datenschutzrechten, die den zulässigen Rahmen von Gewinnung (Erhebung), Aufbewahrung und Vernichtung (Speicherung und Löschung) und Mitteilung (Übermittlung von Erkenntnissen) abstecken.

Vorschriften über
– *Mitteilungspflichten* wie §§ 2 bis 4 BKAG, und 138 StGB oder die aus der polizeilichen Generalklausel ableitbare *Auskunftspflicht* gegenüber der Polizei im Rahmen der Gefahrenabwehr,
– *Tilgungs- oder Vernichtungsregelungen* wie §§ 43 ff. BZRG;[2] 119 BDO, 7 Abs. 4 G 10, 10 Abs. 2 ME, 100 b Abs. 5 und 163 c Abs. 4 StPO, 153 GewO (GZR), 86 Abs. 3 St VollzG (ed-Unterlagen) 29 StVG i.V. § 13 a StVZO (VZR),
– *Aussageverweigerungspflichten oder Verwertungsverbote* wie §§ 35 SGB, 30 AO, 203 StGB oder 49 BZRG,
– *Zeugnis- oder Auskunftsverweigerungsrechte* oder *Beschlagnahmeverbote* wie §§ 52 ff. 97, 101 ff StPO usw.

sind allesamt älter als die Datenschutzgesetze von 1978 ff.

Sie beruhen zum Teil (wie Sozial-, Steuer- und Arztgeheimnis oder Verwertungsverbot getilgter Verurteilungen) auf im Verhältnis zu den jetzt zusätzlich anzuwendenden Datenschutzgesetzen geradezu uralten Vorbildern oder Vorläufern.[3] Und hier, auf diesem heute als *bereichsspezifisches Datenschutzrecht* bezeichneten Feld, müssen auch weiter die entscheidenden Schlachten des Datenschutzes geschlagen werden. So betrachtet sind § 45 BDSG und die landesrechtlichen Parallelbestimmungen überspitzt formuliert die wichtigsten Bestimmungen der neuen Datenschutzgesetze. Dies soll und kann andererseits den Wert der Datenschutzgesetze nicht schmälern. Mit deren Inkrafttreten hat unstreitig eine neue Ära des Datenschutzbewußtseins begonnen. Doch sind die vorstehenden Hinweise notwendig, um die Bedeutung der Datenschutzgesetze nicht unter einem falschen Blickwinkel zu sehen.

2 hierzu auch *Götz*, Einl. Nr. 39 u. allgemein *Ordemann-Schomerus*, Einl. 2
3 zum Arztgeheimnis u. früherer Rechtsprechung des RG vgl. z.B. LSG Bremen, NJW 1958, 278 ff m. Anm. *Göppinger*

2. Kapitel   Datenschutz im formellen Sinn

Das entscheidend Neue, das die Datenschutzgesetze bewirken und bezwecken, ist die Formalisierung und Vereinheitlichung der Grundlinien des Datenschutzes. Dies geschieht durch die Festlegung einheitlicher Kriterien für die Datenverarbeitung im engeren Sinn, soweit es nämlich die Datenverarbeitung in Dateien in allen Stufen betrifft, also die Speicherung, die Übermittlung, Veränderung und Löschung personenbezogener Daten. Diese Verförmlichung ist aber neben allgemeinen Grundanforderungen an die Datensicherheit durch technische und organisatorische Maßnahmen (§ 6) nur ein Rahmen. Sie kann auch nicht mehr sein, da die Zulässigkeit von Eingriffsmaßnahmen je nach dem Aufgabenbereich zu dessen Erfüllung die Datenverarbeitung (mit) eingesetzt wird, verschieden zu beantworten ist. Das ändert andererseits nichts daran, daß auch durch diese Formalisierung neue Rechte des Bürgers geschaffen werden. Dies nicht nur in den Bereichen, in denen bisher entsprechende Regelungen fehlten. Denn jede Verfahrensordnung schafft Rechte des Betroffenen, ganz zu schweigen von der neuartigen Kontrollinstanz der weisungsfreien Datenschutzbeauftragten.

Dennoch kann die Bezeichnung Datenschutz im formellen Sinn für die Datenschutzgesetze gewählt werden wegen der Formalisierung einerseits und wegen der Restriktion auf Datenverarbeitung in Dateien andererseits.

Im Lichte dieser neuartigen Regelung und der damit verbundenen besonderen Betonung der Rechtsmaterie Datenschutz wird man aber alle bereichsspezifischen Datenschutzregelunge stets darauf hin zu überprüfen haben, ob sie den Anforderungen des Datenschutzes genügen oder der Ergänzung, evtl. vollständiger Neukodifizierung, bedürfen. Dabei sollte man andererseits die Kirche beim Dorf lassen. Datenschutz ist keine selbständige Materie, die die Erfüllung anderer Aufgaben völlig außer acht lassen dürfte. Gerade im Bereich der öffentlichen Sicherheit wird man hier eine ständige Gratwanderung vollziehen müssen. EinZuwenig an Datenschutz weckt begründete Ängste und Mißtrauen. Ein Zuviel an Datenschutz aber kann ein nicht wieder gut zu machendes Sicherheitsdefizit bedeuten, womit dem Gemeinwohl auch nicht gedient ist.

Im folgenden sollen die wichtigsten Aspekte des Datenschutzes im materiellen und formellen Sinn im Bereich der öffentlichen Sicherheit angesprochen werden. Dabei bietet es sich an, von den einzelnen Datenverarbeitungsstufen auszugehen, wie sie in den Datenschutzgesetzen zugrunde gelegt werden. Außerdem ist kurz auf die Kontrollbefugnisse der Datenschutzbeauftragten einzugehen.

Bei der Darstellung werden aus Gründen der Vereinfachung jweils die Bestimmungen des BDSG zugrunde gelegt. Dies ist unschädlich, da die Landesdatenschutzgesetze dem BDSG im wesentlichen entsprechen. Die von den Landesgesetzgebern betonten besonderen Verbesserungen gegenüber dem BDSG sind bei Lichte betrachtet in der Regel nicht so bedeutend wie manchmal behauptet wird. Klappern ist eben ein wesentlicher Bestandteil des politischen Handwerks. Vorweg sei jedoch nochmals darauf hingewiesen, daß die Regelungen der Datenschutzgesetze nur eingreifen, soweit es sich um die Verarbeitung personenbezogener Daten in *Dateien* handelt (§§ 1 Abs. 2, 2 Abs. 3 Nr. 3 BDSG[1]). Darüber hinaus aber ist Datenschutz wie bisher zu beurteilen, nämlich anhand der eingangs erwähnten bereichsspezifischen Regelungen, die aber auch für die Datenverarbeitung im engeren Sinn gelten und dann den allgemeinen Regelungen der Datenschutzgesetze vorgehen.

Begrifflich ist darauf hinzuweisen, daß unter Sicherheitsbehörden hier die Sicherheitsbehörden im engeren Sinn, also Vollzugspolizeibehörden und Nachrichtendienste, verstanden werden.

---

1 Zur Bedeutung des Dateienbegriffs für die Prüfungskompetenz der DSBen vgl. u. C 2.
  Kap. III 1

B. Die Stufen der Datenverarbeitung im Bereich der öffentlichen Sicherheit

1. Kapitel   Speichern von Daten

I. Voraussetzungen der Zulässigkeit

1. *Grundsatz*

Speichern von Daten in Dateien als ein Fall der Verarbeitung von Daten ist gemäß § 3 generell dann zulässig, wenn dies entweder durch das BDSG oder durch spezialgesetzliche Vorschriften erlaubt ist (z. B. § 2 BKAG, § 3 BVerfSchG) oder der Betroffene eingewilligt hat, d.h. das Speichern mit seinem vollen Einverständnis geschieht. (Mit dieser Bestimmung ist zugleich dargetan, daß – was heute unstreitig ist – *jede* Datenverarbeitungsstufe als (zusätzlicher oder erstmaliger) Eingriff zu erachten ist und daher grundsätzlich einer Befugnisnorm bedarf.) Letzteres kann als in der Regel unproblematisch hier unerörtert bleiben. Hinzuweisen ist aber darauf, daß von einer Einwilligung nur ausgegangen werden kann, wenn eine umfassende Aufklärung über die Tragweite der Einwilligung vorliegt und an der Freiwilligkeit der Willenserklärung keinerlei Zweifel besteht. Auch dann aber ersetzt die Freiwilligkeit nur eine evtl. fehlende Befugnis in einem der Freiwilligkeit zugänglichen Bereich. Allerdings nicht dort, wo es um unverzichtbare Grundrechte wie Art. 1 GG geht. Keinesfalls aber kann die Freiwilligkeit die Zweckbindung für eine bestimmte Aufgabe im staatlichen Bereich »überspielen.«

§ 9 läßt als Spezialvorschrift das Speichern personenbezogener Daten dann zu, »wenn es zur *rechtmäßigen* Erfüllung der in der Zuständigkeit der speichernden Stelle leigenden Aufgaben *erforderlich* ist«.

Damit ist zunächst entscheidend, was unter »rechtmäßig« und »erforderlich« zu verstehen ist. Dies sind zwei Grundbegriffe des BDSG die ebenso für die Übermittlung ausschlaggebend sind, zumal auch der Übermittlungsvorgang i.d.R. gleichzeitig mit neuem Speichern verbunden ist. Außerdem ist die Auslegung dieser Begriffe wichtig für das Löschen von Daten.

Die Antwort darauf, was im Sicherheitsrecht rechtmäßig und erforderlich ist, ergibt sich jedoch nicht aus den Datenschutzgesetzen. Sie muß vielmehr der jeweiligen Spezialmaterie entnommen werden.

2. *Rechtmäßigkeit*

Im Eingriffsverwaltungsrecht, jedenfalls aber im Recht der öffentlichen Sicherheit und Ordnung, kann an der Auslegung des Begriffs *rechtmäßig* kein Zweifel sein:

Rechtmäßiges Handeln setzt voraus, daß sowohl eine gesetzliche Aufgaben- als auch Befugniszuweisung vorliegt. Beides ist notwendig. Insbesondere vermag die Aufgabenzuweisung allein das Recht zur Vornahme von Eingriffsmaßnahmen nicht zu präjudizieren. Der Grund liegt auf der Hand: Die Befugnisse wären sonst nahezu uferlos. Die »rechtmäßige Erfüllung der Aufgaben« ist also allein dort gegeben, wo die gesetzlich zugewiesenen Aufgaben durch Inanspruchnahme der ebenfalls gesetzlichen Befugnisse erfüllt werden. Deshalb kann § 9 für sich genommen keine Rechtsgrundlage für das Speichern von Daten sein.

2.1 Für polizeiliche Tätigkeit

Für das *Polizeirecht* ist diese Voraussetzung sowohl der Aufgabe als auch der Befugnis seit langem anerkannt. Die bayerische Polizeigebung war für diese Erkenntnis bahnbrechend. Der ME und der AE zum Polizeigesetz haben dies nur übernommen und ausgebaut. Dieser Grundsatz muß aber auch im übrigen für das Sicherheitsrecht gelten. Daß dies in §§ 9 und 10 nicht ausdrücklich erwähnt wird, ist unschädlich. Es handelt sich hierbei um einen allgemeinen Rechtsgrundsatz. Bei künftigen Änderungen des BDSG sollte man aber daran denken, eine entsprechende Verdeutlichung in das Gesetz einzustellen wie es – wieder einmal beispielgebend – in Art. 16 Abs. 1, 17 Abs. 1 und 18 Abs. 1 des bay. DSG[1] bereits geschehen ist.[2] Dort heißt es nämlich jeweils ausdrücklich: »zur rechtmäßigen Erfüllung der durch *Rechtsnorm* . . . zugewiesenen Aufgaben«. In Nordrhein-Westfalen wurde diese Grunderkenntnis nunmehr in Art. 4 Abs. 2 der Landesverfassung fixiert.

Dadurch wird gleichzeitig verdeutlicht, daß die Aufgabenzuweisung allein nicht ausreicht für die rechtmäßige Aufgabenerfüllung. Es muß vielmehr eine ausdrückliche Befugniszuweisung hinzukommen. Das schließt allerdings nicht aus, daß im Einzelfall Aufgaben und Befugnis *einer* Bestimmung entnommen werden können, auch wenn dies nicht gerade erfreulich ist, da es immer zu Mißverständnissen Anlaß geben kann. Im Polizeirecht wird diese Verquickung im Gefolge des ME und des AE für die Zukunft vollkommen entfallen, soweit dies nicht auch vorher schon der Fall war.

Als *Beispiel* für gesetzliche Aufgabenumschreibung und Befugniszuweisung des *BKA* sei verwiesen auf §§ 1 und 2 BKAG (Verbundaufgabe) und §§ 5 Abs. 2 und 9 (Strafverfolgungs- und Gefahrenabwehraufgabe). Die Befugnisse für die Verbundaufgabe ergeben sich ebenfalls aus § 2 BKAG. Somit liegt hier also eine Verquickung von Aufgaben- und Befugniszuweisung vor. Doch ist zur Klarstellung darauf hinzuweisen, daß die Sammlungs- Auswertungs- und Unterrich-

---

1 v. 28.4.1978, GVBl S. 165

2 während das als besonders fortschrittlich gepriesene, mehr als ein halbes Jahr später verkündete nrw DSG den Wortlaut des BDSG übernommen hat;

dazu, daß dies eine Verdeutlichung der bestehenden Rechtslage, dagegen keine Einschränkung gegenüber dem BDSG darstellt vgl. auch *Bergmann-Möhrle,* Anm. 1 u. 3 zu Art. 16 bayDSG

tungsbefugnisse nach § 2 BKAG nicht gleichzeitig Auskunfts- oder Übermittlungspflichten anderer Behörden oder von Privatpersonen gegenüber dem BKA begründen, was allein durch die Existenz des §§ 3 und 4 BKAG bewiesen wird. Es bedarf also hierfür grundsätzlich einer speziellen Regelung (hierzu näher unten 2. Kap..II). Für die Ermittlungstätigkeit nach § 5 Abs. 2 BKAG folgen die Befugnisse dagegen aus der StPO. Für die Aufgabe der Gefahrenabwehr nach § 9 Abs. 1 BKAG ergeben sich die Befugnisse über § 9 Abs. 3 BKAG aus dem Befugniskatalog des BGSG, was allerdings problematisch ist.[3]

Für das allgemeine Polizeirecht sei stellvertretend auf §§ 1 und 8 ff. ME verwiesen sowie auf die Auskunftspflicht im Rahmen des § 111 OWiG.

Für den BGS sei verwiesen auf §§ 1 bis 6 (Aufgaben) und §§ 10 ff. BGSG (Befugnisse).

Darüber hinaus sei an die verschiedenen Behörden und Gerichten gegenüber bestehenden Auskunftspflichten des Bürgers wie nach den §§ 48 ff. StPO i.V.m. § 161 a StPO sowie nach § 93 AO erinnert, die umgekehrt die entsprechenden Informationserhebungsbefugnisse beeinhalten. § 163 StPO enthält dagegen nach herrschender und richtiger Auffassung keine solche Befugniszuweisung, die gezielte Informationserhebung gestattet. Vielmehr ist § 163 StPO eine reine Aufgabenumschreibung, die nur Maßnahmen abdeckt, die schlichthoheitlichen und keine Eingriffscharakter haben.[4] Wenn jetzt Tendenzen von offizieller Seite verkennbar werden, § 163 StPO doch als generalklauselartige Grundlage auch für Eingriffsmaßnahmen anzusehen, dann ist dies zwar verständlich wegen der Furcht einerseits vor einer neuen Flut von Regelungen, andererseits vor den Problemen, neue StPO-Eingriffsbefugnisse überhaupt parlamentarisch durchsetzen zu können. Jedoch ist diese Tendenz sowohl gefährlich als auch problematisch:

– Sie ist deshalb gefährlich, weil die *Wesentlichkeits*theorie, die inzwischen als gefestigte höchstrichterliche Rechtsprechung erachtet werden kann, grundsätzlich die spezielle Regelung wichtiger Eingriffsmaßnahmen verlangt.[5] Dazu gehört unstreitig die Observation, die gerade im Zusammenhang mit Rasterfahndung oder sonstigen Strafverfolgungsmaßnahmen eine große Rolle spielt.[6] Der Rückgriff auf die Generalklausel eines umdefinierten § 163 StPO müßte schon deshalb als ein Rückschritt angesehen werden.

– Dieser Rückgriff ist darüber hinaus problematisch aus folgenden Gründen: Eine Auslegung des § 163 StPO als Befugnisgrundlage für Eingriffsmaßnahmen bei der Strafverfolgung läßt die Frage offen, wem gegenüber die Generalklausel des § 163 StPO Eingriffsbefugnisse geben würde,oder sollte. Nur gegenüber dem Beschuldigten oder auch gegenüber dem Tatverdächtigen? Gegenüber den Zeugen und Nichttatverdächtigen dagegen nicht, die aber doch unter Umstän-

---

3 vgl. *Riegel,* Plädoyer für ein Bundespolizeigesetz, ZRP 1978, 257 f
4 näher *Riegel IV,* S. 18 m.w. Nachw.
5 näher *Riegel IV,* S. 35 f
6 näher *Riegel IV,* S. 89 f

den auch zumindest von der Polizei befragt werden müssen, die andererseits im Strafverfahren gegenüber der Polizei nicht auskunftspflichtig sind? Oder gerade deshalb auch ihnen gegenüber? Wenn ja, mit welcher Begründung nach dem Wortlaut des geltenden § 163 StPO?

Das fein abgestufte System von Strafverfolgungsmaßnahmen gegen Zeugen, Nichttatverdächtige, Tatverdächtige und Beschuldigte in der Strafprozeßordnung kann durch eine solche Auslegung des § 163 StPO nicht durchbrochen werden! Die *StPO regelt* bisher *abschließend* welche Maßnahmen gegenüber Zeugen, Nichttatverdächtigen, Tatverdächtigen oder Beschuldigten zulässig sind (vgl. z.B. §§ 48 ff., 81 a – c, 102, 103, 111, 163 b, c StPO usw.). Es müßte also dann klar gesagt werden, wem gegenüber die als Generalklausel ausgelegte Bestimmung des § 163 StPO künftig Eingriffsmaßnahmen erlauben sollte. Dies aber würde dann dennoch eine Änderung der Bestimmung bedeuten, die man aber gerade vermeiden will, obwohl sie im Zusammenhang mit der Neuregelung des Verhältnisses von Polizei und Staatsanwaltschaft doch geändert werden soll, wenn auch natürlich nicht im Hinblick auf die Eigenschaft des § 163 StPO als Eingriffsbefugnis![7]

Unabhängig also davon, daß die Frage der Rasterfahndung oder anderer Eingriffsmaßnahmen nicht gelöst wird durch einen Rückgriff auf § 163 StPO für Eingriffshandlungen, würden sich hier schwerwiegende strukturelle Probleme in der Strafprozeßordnung stellen.

2.2 Für nachrichtendienstliche Tätigkeit

Für den Bereich der *Nachrichtendienste* gelten die vorerwähnten Grundsätze ebenso. Für den *Verfassungsschutz* ist dies auch wenigstens rudimentär erfüllt. Bezüglich des BfV sei auf §§ 1 und 3 Abs. 1, Abs. 2 (Verbund und eigene Ermittlungstätigkeit) sowie auf § 3 Abs. 3 VerfSchG als Befugnis hingewiesen soweit eine über den Verbund hinausreichende eigene Aufgabenzweisung im VerfSchG erfolgt ist. Allerdings wären weitere gesetzliche Präzisierungen, zumindest in Form von verfahrensmäßigen zusätzlichen Sicherungen, wünschenswert. Dies dürfte jedoch keine leichte Aufgabe sein.

Äußerst problematisch ist dagegen die *Frage der rechtmäßigen Aufgabenerfüllung für BND und MAD,* da ihnen eine gesetzliche Aufgaben- und Befugniszuweisung fehlt, soweit nicht das G 10 eingreift. Bei letzterem ist die Aufgabe aus den Befugnissen des G 10 ableitbar. Das kann als ausreichend für eine rechtmäßige Aufgabenerfüllung im Sinne der §§ 9 und 10 BDSG erachtet werden. Doch ersetzt dies eine umfassende gesetzliche Aufgabenumschreibung nicht, zumal BND und MAD ja unstreitig auch außerhalb des G 10-Bereichs tätig werden durch Observieren und ähnliche Eingrifsmaßnahmen. Hier ist nach herkömmlichen Rechtsgrundsätzen von einer rechtswidrigen Tätigkeit auszugehen. Gerade auch weil der Bundesgesetzgeber die Kontrolle der rechtmäßigen personenbezogenen Daten-

---

7 vgl. *Häring,* Kriminalistik 1979, 269 ff (273)

verarbeitung dieser Dienste vorgesehen hat, sollte hier bald eine Änderung erfolgen. Allenfalls wird man noch für eine kurze Übergangzeit im Sinne der hierzu ergangenen Rechtsprechung des Bundesverfassungsgerichts die Tätigkeit dieser Dienste ohne gesetzliche Grundlage tolerieren können.[8] Dabei sei daran erinnert, daß bei der ohne gesetzliche Ermächtigung erfolgenden Eingriffstätigkeit der BND außerhalb des G 10 auch gegen die eigene Dienstanweisung vom 4.12.1968 verstößt. Dort heißt es nämlich in § 1 Abs. 3: »Exekutivbefugnisse besitzt der Bundesnachrichtendienst nur soweit sie ihm für besondere Aufgaben durch Bundesgesetz übertragen werden.« Außerhalb des G 10 – Gesetzes ist aber bisher eine solche Übertragung nicht erfolgt.

Für die Zulässigkeit des Speicherns von Daten im Bereich der öffentlichen Sicherheit ist somit festzuhalten, daß dies zur Erfüllung einer *gesetzlichen Aufgabenzuweisung* geschehen muß und daß für den jeweiligen Einzelfall die Voraussetzungen der *gesetzlichen Befugnis* zur Datenerhebung gegeben sein müssen.

2.3 Folgerungen für Einzelmaßnahmen

Dies bedeutet z.B. für die *polizeiliche Beobachtung* (als neue Terminologie nach der PDV 384.2 für die unter dem Stichwort Befa – Beobachtende Fahndung – bekanntere polizeiliche Maßnahme) folgendes: Da es bisher hierfür im Polizeirecht keine spezielle Rechtsgrundlage gibt, ist die Ausschreibung und damit die Speicherung der entsprechenden Daten als Maßnahme der Gefahrenabwehr nur zulässig, wenn die Voraussetzung der Generalklausel, also das Bestehen einer konkreten Gefahr, bejaht werden kann.[9] Das gleiche gilt für Maßnahmen wie die Übermittlung von Besucherscheinen bei inhaftierten Terroristen, soweit dies auf die polizeiliche Generalklausel gestützt wird, nachdem es an einer speziellen Rechtsgrundlage hierfür fehlt und eine solche Maßnahme nicht auf die allgemeine Amtshilfe gestützt werden kann (vgl. auch unten 2. Kapitel III 2.4). Als Maßnahme der Strafverfolgung fehlt es für die Beobachtung überhaupt an einer Rechtsgrundlage, nachdem die StPO keine Generalklausel kennt und eine ausdrückliche Befugnis für die Observation fehlt. Nur mit schlechtem Gewissen kann man diese fehlende Befugnis – ebenfalls nur noch für eine Übergangzeit – als minus in einer Gesamtschau der polizeilichen Befugnisse nach Strafverfolgungsrecht entnehmen.[10] § 163 StPO scheidet dagegen als Rechtsgrundlage aus nach dem vorher Gesagten. Zum teilweise parallelen Problem der Zollüberwachung s. u. II 2.1.

Der *Verfassungsschutz* kann dagegen auch im Vorfeld konkreter Gefahren verfassungsfeindliche Bestrebungen beobachten. Die Befugnis hierzu ist in § 3 Abs. 3 Satz 2 BVerfSchG enthalten. Doch darf dies nur zur Erfüllung der Aufgaben nach § 3 Abs. 1 und 2 BVerfSchG geschehen, nicht für polizeiliche Aufgaben miß-

---

8 näher *Riegel V*, 952 ff
9 vgl. *Riegel I*, 501 f u. Begründung zu § 11 AE, der auf dem Vorschlag des Verfassers aaO, S. 506 beruht
10 näher *Riegel IV*, S. 18 f, 89 f, 90

braucht werden. Für § 3 Abs. 1 Nr. 1 BVerfSchG (Beobachtung von Bestrebungen) ist außerdem stets sorgfältig zu prüfen, ob und in wieweit neben der Speicherung von Daten über die Bestrebungen (also Organisationen) auch *gesondert* Speicherungen über deren Mitglieder oder gar Personen in deren Umfeld zulässig sind, soweit es nicht die jeweiligen Spitzenfunktionäre betrifft. Hier wird man noch klarere Abgrenzungskriterien finden müssen.

BND und MAD handeln dagegen rechtswidrig nach allgemein rechtlicher Betrachtungsweise, soweit ihnen keine entsprechende Aufgabe und Befugnis *gesetzlich* zugewiesen ist (s. o. 2.2) und soweit man nicht auf die o.a. Rechtsprechung des BVerfG zur Billigung einer Übergangszeit abstellen kann.

Als einen einer großzügigeren Betrachtungsweise zugänglichen Sonderfall wird man außerdem *für den MAD* dessen Tätigkeit im Rahmen der *Sicherheitsüberprüfung* erachten können. Dies aus folgenden Gründen:

– Zwar fehlt auch insoweit eine ausdrückliche Aufgabenzuweisung, wie sie § 3 Abs. 2 BVerfSchG für das BfV enthält. Doch ist entscheidend die materiellrechtliche Pflicht für den Betroffenen, sich einer Sicherheitsüberprüfung zu unterziehen. Diese kann – ähnlich den Bestimmungen im Beamten- und Tarifrecht für den öffentlichen Dienst –, für Soldaten einer Gesamtschau der §§ 7 ff SG (insbesondere §§ 7, 8, 13 SG) entnommen werden.

– Für der Wehrüberwachung unterliegende Personen, die vor Einberufung zu einer Wehrübung oder vor bestimmten Einplanungen für den Verteidigungsfall sicherheitsüberprüft werden sollen, ist die Frage der Rechtsgrundlage dagegen problematischer. § 24 Abs. 6 und 7 WPflG enthält einen nach dem Wortlaut abschließenden Pflichtenkatalog, der weder die Sicherheitsüberprüfung erwähnt, noch eine §§ 7, 8 und 13 SG vergleichbare Bestimmung enthält. § 3 WPflG ist dagegen keine selbständige Verpflichtung. Die Auskünfte sind vielmehr »nach Maßgabe« des WPflG zu erteilen. Doch wird man aus dem Sinn der Wehrpflicht und dem Verteidigungsauftrag nach Art. 87 a GG auch insoweit die Pflicht zur Mitwirkung bei der Sicherheitsüberprüfung bejahen können. Freilich wäre eine Klarstellung in § 3 oder § 24 WPflG wünschenswert, trotz einer vielleicht bejahbaren Ausstrahlungswirkung der §§ 7 ff SG, die ihrerseits im Hinblick auf die Sicherheitsüberprüfung klarstellungsbedürftig erscheinen. Insgesamt aber kann man i.V. mit Art. 87 a GG auch insoweit von einer *noch* ausreichenden Aufgaben- und Befugniszuweisung für den MAD sprechen.

– Der MAD ist für die Sicherheitsüberprüfung im Bereich der Wehrverwaltung als eine Art Sonderabteilung des BfV begreifbar, denn die ursprünglich vom BfV mit durchgeführte Aufgabe wurde lediglich aus »Spezialitätsgründen« auf den MAD übertragen.

– Nicht außer Acht lassen sollte man auch die Tatsache der Mitwirkung des Betroffenen an der Sicherheitsüberprüfung durch Ausfüllen der Formulare und bei der Befragung.

Für die Zukunft wäre aber *generell* – also über den Verteidigungsbereich hinaus – eine klare Bestimmung wünschenswert, die eindeutig die Pflicht des Betroffenen klarstellt, sich einer Sicherheitsüberprüfung zu unterziehen, denn hier kann bei weitem nicht immer mit Freiwilligkeit geholfen werden. Das gilt nicht nur für den Bereich der Wehrpflicht. Der richtige Standort hierfür wären wohl die Verfassungsschutzgesetze und für die Bundeswehrverwaltung ein dringend wünschenswertes Gesetz über Aufgaben und Befugnisse des MAD.

2.4 § 9 Abs. 2 und Maßnahmen notwendig heimlicher Art

Die vorstehend geschilderten Maßnahmen der Beobachtung, Observation, Belauschung oder ähnlicher Art, aber auch die Befragung von Personen, bringen ein weiteres Problem mit sich:

§ 9 Abs. 2 verlangt für die Erhebung von Daten beim Betroffenen, daß dieser auf die Rechtsgrundlage oder Freiwilligkeit hingewiesen wird. Das gilt grundsätzlich für jede Art der Datenerhebung, die beim Betroffenen selbst erfolgt.[11] In § 11 Abs. 2 AE wird diese Pflicht sogar ausdrücklich wiederholt für die Beobachtung und Befragung, gerade auch im Rahmen der polizeilichen Beobachtung.[12] Dies gilt als eine Verbesserung gegenüber einem vom Verfasser gemachten Vorschlag, auf dem diese Vorschrift beruht.[13] Eine solche Verbesserung hätte aber zur Folge, daß damit diese Maßnahme – wie alle anderen, die wegen Zweckgefährdung heimlicher Art sein müssen – sinnlos wird. Gleichzeitig wäre damit das Auskunftsverweigerungsrecht der Polizeibehörden nach § 13 Abs. 2 weitgehend von vornherein und insoweit vollständig überrollt. Man wird deshalb § 9 Abs. 2 – und ebenso § 11 Abs. 2 AE – einschränkend dahin auslegen müssen, daß die Hinweispflicht dort nicht gelten kann, wo Maßnahmen ihrer Art nach notwendig heimlich sein müssen und wo gerade auch das Auskunftsverweigerungsrecht der Sicherheitsbehörden mit guten Gründen greift. Allerdings sollte man überlegen, ob man für solche Maßnahmen *generell analog dem in § 101 Abs. 1 StPO und § 5 Abs. 5 G 10 enthaltenen Rechtsgedanken eine Benachrichtigung des Beobachteten, Belauschten etc. vorschreibt, wenn diese ohne Zweckgefährdung nach Abschluß der Maßnahme möglich ist.* Wenn dies schon für die durch von der ausführenden Behörde unabhängige Stellen überprüfte und / oder angeordnete Maßnahmen nach StPO und G 10 gesetzlich geregelt ist, müßte dies erst recht der Fall sein für die zwar eventuell geringfügigeren Eingriffe durch Observation oder Belauschen im Rahmen der Gefahrenabwehr (bezüglich ersterem auch der Strafverfolgung) die allein in polizeilicher Regie vorgenommen werden.

3. Erforderlichkeit

3.1 Grundsätzliches

Erforderlich ist im Sicherheitsbereich grundsätzlich alles – aber auch nicht mehr –, was zur Erfüllung der *gesetzlich* zugewiesenen Aufgabe(n) unerläßlich ist. Die

---

11 *Ordemann-Schomerus,* Anm. 2 zu § 9
12 vgl. Begründung zu § 11 AE
13 vgl. *Riegel I,* 506

bloße Nützlichkeit oder Eignung für die Aufgabenerfüllung genügt dagegen nicht. Zu Recht wird daher auch in den gesetzlichen Übermittlungsvorschriften im Sicherheitsbereich in aller Regel der Begriff der Erforderlichkeit verwendet (vgl. z.B. § 2 Abs. 1 Nr. 2, § 3 BKAG, § 4 Abs. 1 BVerfSchG), oder er ergibt sich aus dem gesetzten Übermittlungsrahmen von selbst, wie z.B. aus §§ 3 Abs. 2, 7 Abs. 3 G 10. Problematisch ist dagegen die Frage der Erforderlichkeit der Speicherung von Einzelpersonen im Rahmen der Beobachtung von Bestrebungen nach § 3 Abs. 1 Nr. 1 BVerfSchG. Eine generelle Richtschnur für die Erforderlichkeit läßt sich nicht geben, wo sie nicht wie in §§ 3 Abs. 2, 7 Abs. 3 G 10 vom Gesetzgeber vorab für alle Fälle festgelegt wird. Vielmehr kommt es für die Beurteilung stets auf den Einzelfall an.

3.2 Beispiele unterschiedlicher Erforderlichkeit

Als Beispiel für zeitlich unterschiedliche Erforderlichkeit seien für den polizeilichen Aufgabenbereich die für die Gefahrenabwehr einschließlich vorbeugender Verbrechensbekämpfung erforderlichen Daten angeführt, die die wichtigsten Aufgaben polizeilicher Tätigkeit darstellen.

Im Bereich der *Strafverfolgung* entfällt die Erforderlichkeit grundsätzlich dann, wenn die Straftat restlos aufgeklärt ist. Auch die Notwendigkeit für die Aufbewahrungen von ed-Unterlagen entfällt spätestens mit der Vollstreckung der Strafe, falls überhaupt ed-Behandlung geboten war (vgl. S. 81 b StPO oder § 163 c Abs. 4 StPO).

Für den Bereich der *Gefahrenabwehr und vorbeugenden Verbrechensbekämpfung* ist die Erforderlichkeit dagegen u.U. länger zu bejahen, nämlich dann, wenn die Zukunftsprognose ergibt, daß bei der betroffenen Person mit (erstmaligen) Straftaten zu rechnen ist oder daß eine bereits straffällige Person ähnliche Delikte, die grundsätzlich schwererer Natur sein müssen, wieder vollbringen wird. Im letzteren Fall ist auch unabhängig von einer laufenden aktuellen Strafverfolgung ed-Behandlung möglich (vgl. § 81 b, 2. Alt. StPO *und* § 10 Abs. 1 Nr. 2 ME oder § 16 Abs. 2 AE). Bereits vorhandene Unterlagen aus einer Strafaufklärung können dann ebenfalls weiter aufbewahrt werden, solange die Zukunftsprognose zu bejahen ist. Sie sind nicht mit Zweckerreichung bezüglich der Aufklärung einer konkreten Straftat zu vernichten. Für ed-Unterlagen sei auf die Formulierung in § 16 Abs. 4 AE verwiesen, die auf dem Vorschlag einer Neufassung des § 81 Abs. 3 StPO der IMK beruht.

Nicht a priori und schon gar nicht generell kann die Erforderlichkeit z.B. für die Speicherung inaktueller Haftnotierungen im Zusammenhang mit der Meldepflicht nach § 4 BKAG bejaht werden. Hauptzweck des § 4 BKAG ist zunächst die Vermeidung unnötiger Ausschreibungen zur Fahndung oder Aufenthaltsermittlung. Nur dort, wo unabhängig hiervon *jeweils im Einzelfall* ein entsprechender Hinweis nach Beendigung der Haft aus Gründen der vorbeugenden Verbrechensbekämpfung weiterhin erforderlich.

Das bedeutet für die ebenfalls § 4 BKAG unterfallende Meldepflicht bei Freiheitsentziehungen gegenüber psychisch Kranken aufgrund der Unterbringungsgesetze, daß hier *in der Regel* die weitere Erforderlichkeit des Hinweises nach der Entlassung als geheilt entfällt, sich somit die Frage der inaktuellen Haftnotierung gar nicht stellt. D.h., daß über solche Personen dann bei der Polizei keinerlei Hinweise mehr gespeichert und keine Akten mehr vorhanden sein dürfen.

3.2.2 Eine – bei den Ausbauplanungen nicht zu übersehende – gesetzliche Beschränkung für erforderliche Speicherungen ergibt sich für INPOL als Mittel der Aufgabenerfüllung des BKA gemäß § 2 BKAG i.V. § 1 Abs. 1 Satz 2 BKAG: die Informations- und Unterstützungspflicht des BKA hat sich hiernach auf international oder überregional polizeilich in Erscheinung tretende und »aktive« Personen zu beschränken. Im gleichen Sinne ist daher auch die Meldepflicht der Länder nach § 3 BKAG zu verstehen, da der dort verwendete Begriff der *Erforderlichkeit* sich an § 1 Abs. 1 Satz 1 BKAG zu orientieren hat. (vgl. auch unten 2. Kap. III 1.1) Es gibt somit keine Pflicht der Länder, alle bei ihnen vorhandenen Daten in INPOL einzustellen, das BKA selbst darf dies wegen der gesetzlichen Aufgabenumschreibung auch nicht veranlassen. Zu dieser Folgerung zwingt gerade auch der Umkehrschluß aus § 4 BKAG über die Meldepflicht betreffend Freiheitsentziehungen diese ist nach dem Wortlaut absolut aus dem einleuchtenden Grund der Vermeidung unnötiger Fahndungsausschreibungen etc. (s.o.). Ansonsten aber ist die informationelle Tätigkeit des BKA auf den in § 1 Abs. 1 Satz 2 BKAG umschriebenen Bereich zu beschränken, der jedenfalls eine ganz klare Grenzziehung enthält: Ein vom BKA betriebenes Auskunftssystem kann – mit Ausnahme der Daten nach § 4 BKAG – nie alle polizeilich relevanten Daten enthalten, denn dies ist nicht erforderlich für seine Aufgabenerfüllung. Das gilt es bei allen Überlegungen zur Effektivierung von INPOL zu beachten.

Nur bei überregionaler Fahndung ist eine Speicherung durch das BKA erforderlich und damit rechtens. Unter diesem von § 1 Abs. 1 Satz 2 BKAG vorgegebenem Gesichtspunkt ist es daher auch bedenklich, wenn im Bereich der ed-Unterlagen bei der Übersendung von Mehranfertigungen an das BKA sehr großzügig verfahren wird.[14] Mit der Pflicht des BKA, ed Einrichtungen zu unterhalten (§ 2 Abs. 1 Nr. 3) läßt sich dies nicht rechtfertigen, denn diese Pflicht ist ebenso wie die Übermittlungspflicht nach § 3 BKAG im Lichte vom § 1 Satz 2 BKAG zu interpretieren,[15] wenn man zutreffend daran ausgeht, daß § 2 Abs. 1 Nr. 3 BKAG auch das Recht zur Sammlung von ed Unterlagen umfaßt und sich nicht nur auf die technischen Einrichtungen bezieht.

---

14 vgl. die Hinweise bei *Ahlf*, Die Polizei 1979, 131 (r. Sp.), der hieraus aber nicht die erforderlichen Schlüsse zieht

15 vgl. auch VG Wiesbaden, Die Polizei 1979, 131, das ebenfalls zutreffend auf die Überregionalität abstellt, was *Ahlf* in seiner Anmerkung zu Unrecht nicht berücksichtigt (aaO, FN 14)

Diese aus dem BKAG ableitbare Beschränkung ergibt sich aber auch aus dem Grundsatz der Verhältnismäßigkeit. Bereits deshalb ist ein Hinweis auf die Entstehungsgeschichte von § 2 Abs. 1 Nr. 1 BKAG durch das Gesetz vom 18. Juni 1973 (BGBl. I S. 701), bei dem der Begriff »alle Nachrichten« eingestellt wurde, notwendig irrelevant. Unabhängig davon, daß gerade der Vergleich von § 3 BKAG (Meldung nur aller »erforderlichen« Daten) mit § 4 BKAG (Meldung über *alle* Inhaftierungen) i.V. mit dem Prinzip der Verhältnismäßigkeit i.S. des Datenschutzrechtes zu der hier vorgenommenen Auslegung zwingt.

II. Speichernde Stelle und »Herr der Daten«

1. Zentralstelle und Verfügungsbefugnis

Adressat der Bestimmungen über die Zulässigkeit der Datenverarbeitung ist grundsätzlich die speichernde Stelle. Dies ist nach der Legaldefinition des § 2 Abs. 3 Satz 1 jede Person oder Stelle, »die Daten *für sich selbst* speichert *oder durch andere* speichern läßt.«

Dies erscheint klar, ist es aber im Sicherheitsbereich dort nicht, wo es um die Erfüllung gesetzlicher zentraler Sammlungs-, Verwertungs- und Auskunftspflichten geht wie für das BKA nach § 2 BKAG oder das BfV nach § 2 i.V.m. § 4 BVerfSchG, in die Bundes- und Landesstellen integriert sind. Hier sind zwei wichtige Hauptfälle zu unterscheiden:
– Die Zentralstelle (z.B. das BKA) übernimmt die Daten allein für ein Land oder eine Stelle des Bundes (z.B. den BGS) und nur deshalb, weil bei letzterer Stelle kein eigener Rechner vorhanden ist. Wenn diese Daten nicht gleichzeitig dem Zentralstellenverbund zur Verfügung stehen in Erfüllung der Aufgabe nach § 2 BKAG, dann ist allein das Land oder die andere Stelle des Bundes »speichernde Stelle« und auch Herr der Daten. Von einer echten Übernahme durch die Zentralstelle kann dann gar nicht gesprochen werden.
– Die Zentralstelle übernimmt die Daten oder bestimmte Teilbereiche auch zur eigenen Aufgabenerfüllung. Dann ist sie jedenfalls speichernde Stelle, auch wenn der Datensatz nicht von der Zentralstelle, sondern von einem eingabeberechtigten Verbundteilnehmer eingegeben wurde. Andererseits müßte man davon ausgehen, daß aufgrund der übergreifenden Zentralaufgabe dann auch die Zentralstelle Herr der Daten ist. Das ist vor allem wichtig für die Verantwortung bei Änderungen, bei der Übermittlung und beim Löschen. Doch muß hier differenziert werden: so gilt hinsichtlich der Ausschreibung zur polizeilichen Fahndung und/oder Beobachtung, daß hier grundsätzlich nur die eingebende oder erfassende Stelle zuständig ist für Löschung oder Verlängerung (vgl. Ziff. 2.3.4.2 und 2.3.4.5 PDV 384.1 – Polizeiliche Fahndung – und Ziff. 2.5.2, 2.5.3 PDV 384.2 – Polizeiliche Beobachtung). Dies sind bei den Ländern die Landeskriminalämter und beim BGS die Grenzschutzdirektion. Die Zentralstelle BKA ist also nur für *eigene* Ausschreibungen Herr der Daten. Dennoch erfüllt das

BKA auch im Falle der durch andere Polizeibehörden veranlaßten Fahndung oder Beobachtung eine eigene Aufgabe nach § 2 BKAG durch die Zurverfügungstellung der zentralen Datenverarbeitung. Damit ist es grundsätzlich auch als speichernde Stelle nach den vorerwähnten PDV'en zu erachten. Es ist aber nicht als Herr der Daten anzusehen. Letzteres wäre auch unrealistisch, wie gerade das Beispiel der Ausschreibung zur Fahndung zeigt. Dieses Faktum scheint noch weithin unbekannt zu sein, wie viele Eingaben beim BfD beweisen, die sich gegen vermutete Speicherungen durch Landespolizei- oder Landesverfassungsschutzbehörden in INPOL oder NADIS richten.

Man kann also nicht sagen, daß stets Herr der Daten ist, wessen Aufgaben (auch) erfüllt werden. Vielmehr muß bei der Verquickung von Zentralstellenaufgaben mit der Aufgabenerfüllung anderer Behörden entschieden werden, wer jeweils als Herr der Daten und damit »Anspruchsgegner« für die Verletzung datenschutzrechtlicher Bestimmungen zu erachten ist. Entsprechend ist die Kontrollbefugnis des BfD und der LDSB's begrenzt. Dabei sind dann bereichsspezifische Vorschriften wie die erwähnten polizeilichen Dienstvorschriften heranzuziehen. Ihnen ist darüber hinaus zu entnehmen, daß in einem Verbund, in den und soweit nicht allein die Zentralstelle eingabeberechtigt ist (weil z.B. wie beim BKA die Zentralstellenaufgabe umfassender ist als die Aufgabe zur Gefahrenabwehr oder Strafverfolgung) die Zentralstelle als speichernde Stelle nur dann auch Herr der Daten ist, wenn die Speicherung von ihr selbst veranlaßt wurde. Dies kann auch allein aufgrund der Zentralstellenaufgabe der Fall sein. So z.B. überwiegend bezüglich der beim BKA geführten ed-Unterlagen, die primär eaus dem Landesbereich stammen (vgl. § 2 Abs. 1 Nr. 3 BKAG). Oder dann, wenn ein Land, das eine Person in INPOL eingegeben hat, den Datensatz löschen möchte, weil er nicht mehr erforderlich sei, das BKA denselben Datensatz aber neu als eigenen eingibt, allein in Erfüllung der Aufgabe nach § 2 BKAG, weil die Erforderlichkeit im Rahmen überregionaler Verbrechensbekämpfung noch zu bejahen sei.

Allerdings dürfte letzteres ein mehr theoretisches Problem sein und soll daher nicht weiter vertieft werden.

2. Grenzen der Zentralstellenbefugnisse und -pflichten

In diesem Zusammenhang ist jedoch auf ein weiteres Problem hinzuweisen, das – soweit ersichtlich – bisher noch kaum angesprochen wurde. Es handelt sich um die Ausstrahlung der zentralen Aufgabenerfüllung auf die Rechtmäßigkeit der von einzelnen Stellen mitgeteilten bzw. in den Verbund eingestellten Daten. Nach den erwähnten polizeilichen Dienstvorschriften prüft das BKA z.B. nicht, ob *die einzelne Ausschreibung* zu recht erfolgt. Das wäre auch praktisch gar nicht durchführbar. Andererseits muß man sagen, daß die Erfüllung der Aufgabe als zentrale Sammlungs-, Auswertungs- und Unterrichtungsstelle nur rechtmäßig ist, wenn es mit Daten geschieht, die rechtmäßig gewonnen wurden. Ansonsten würde ja § 9 Abs. 1 vollkommen unterlaufen.

Das bedeutet aber, daß das BKA die Einstellung in den Verbund von Daten durch andere Behörden nicht zulassen darf, wenn nach der Auffassung des BKA oder des BMI die Maßnahmen als solche *generell* rechtswidrig sind.

Dies könnte auf die *Ausschreibungen zur polizeilichen Beobachtung* (Befa) für Zwecke der vorbeugenden Verbrechensbekämpfung durchschlagen, wenn sie nicht streng im Rahmen der bestehenden Rechtsgrundlagen und damit der polizeilichen Generalklausel zur Abwehr konkreter Gefahren erfolgt. Das gleiche gilt für mögliche künftige Maßnahmen, die sich mangels spezieller Grundlage auf die Generalklausel stürzen.

Äußerst fraglich erscheint auch die rechtliche Zulässigkeit der in Ziff. 4 der neuen PDV 384.2 vorgesehenen *Zollüberwachung*. Zwar wird dort als Voraussetzung für die Zulässigkeit auf zollrechtliche Bestimmungen wie die Überholung, Beschau oder Durchsuchung (§§ 7, 16, 71, 73 ZollG) hingewiesen. Diese greifen jedoch schon deshalb nicht als Rechtsgrundlage ein, weil es sich hierbei um offene Maßnahmen in Gegenwart des Betroffenen aus ganz konkretem Anlaß und nicht um heimliche Vorfeldbeobachtung handelt! Die Zulässigkeit der Zollüberwachung ergibt sich also keinesfalls aus den erwähnten Bestimmungen. Auch § 208 AO scheidet als mögliche Rechtsgrundlage aus, da § 208 AO nicht auf die Verhütung, sondern auf die Verfolgung von Steuer- oder Zollvergehen abzielt. Das gilt auch für die »Aufdeckung und Ermittlung unbekannter Steuerfälle« nach »208 Abs. 1 Nr. 3 AO, denn hier liegen ebenfalls konkrete Straftaten zugrunde. Es handelt sich nicht um die *Verhütung* solcher Taten durch verdächtige Personen. Und § 74 Abs. 3 ZollG, der die Gefahrenabwehr betrifft, ist nur eine Aufgabenumschreibung und enthält keine Befugniszuweisung.

Die Zentralstelle BKA wird deshalb auch hier prüfen müssen, ob sie ihre Aufgabe nach § 2 BKAG *rechtmäßig* erfüllen kann, soweit das BKA hier ebenfalls eine Verbundaufgabe wahrnimmt. Außerdem ist das BKA für die Rechtmäßigkeit der Übermittlung als eigene Verbundaufgabe verantwortlich. Darüber hinaus ist die Zentralstelle auch dafür verantwortlich, daß die Einstellungen durch Verbundteilnehmer entsprechend den von der Zentralstelle festzulegenden Feldbeschreibungen etc. erfolgen. Desgleichen trägt Sie zumindest eine Mitverantwortung für die Einhaltung der Regelfristen für die Löschung und sie ist schließlich dort zur Löschung verpflichtet, wo Daten nachweislich falsch sind oder rechtswidrig erhoben wurden, die eingebende Stelle aber sich weigert zu löschen (doch dürfte letzteres rein theoretisch sein).

Im Ergebnis ist daher zu folgern, daß bei solchen Datenverbund-Stellen nur dort, wo die Datenverarbeitung allein im Auftrag einer anderen Stelle erfolgt, die Verantwortung für die Rechtmäßigkeit nicht bei der Verbundstelle sondern allein bei der Stelle liegt, in deren Auftrag die Verarbeitung durchgeführt wird. Im übrigen ist zumindest eine Grundsatzverantwortung gegeben, auch wenn es sich um Maßnahmen der Länder oder anderer Stellen handelt und *diese* die Daten prinzipiell in eigener Verantwortung eingeben. Unabhängig davon treffen die Pflichten nach § 6 stets die speichernde Stelle, auch wenn sie nicht Herr der Daten ist. Die speichernde Stelle ist auch grundsätzlich auskunftspflichtig. Von dem für die Sicherheitsbehörden nach Bundes- und Landesrecht gegebenen Auskunftsverweigerungsrecht kann die Zentralstelle jedoch nur abweichen, wenn die eingebende Stelle, der »Herr der Daten«, damit einverstanden ist. Insoweit kann auch auf den Rechtsgedanken des § 13 Abs. 3 Nr. 3 verwiesen werden. Liegt dagegen eine Speicherung im Auftrag vor, so gelten nur die §§ 15 bis 21 (§ 8 Abs. 2).

III. Verändern von Daten

Nach Auffassung des Gesetzgebers ist das Verändern eine eigene Phase der Datenverarbeitung neben Speichern und Löschen. Das Verändern als Änderung des Informationswertes besteht jedoch entweder im Löschen eines (alten) Datums und dessen Ersetzung durch ein anderes im Kontext einer bestehenden Speicherung oder allein im Löschen, weil das Datum falsch war oder nicht (mehr) erforderlich ist oder allein im zusätzlichen Speichern eines Datums zu einem vorhandenen Datensatz.

Die Abgrenzung ist schwierig. Der Sinn der speziellen Regelung des Veränderns besteht darin, keine Regelungslücken bei der Datenverarbeitung entstehen zu lassen.[16] Ob es notwendig war, eine eigene Regelung über die Veränderung von Daten aufzunehmen, erscheint fraglich. Der Streit dürfte jedoch mehr akademischer Natur sein, zumal jedenfalls im öffentlichen Bereich die Voraussetzungen für Speichern und Verändern (als Hinzuspeichern) gleichen Voraussetzungen nach § 9 unterliegen. Bis jetzt ist auch kein Fall bekannt, der begrifflich allein mit Verändern hätte gelöst werden müssen und können. Sollten dennoch eines Tages Zweifelsfälle entstehen, wird man nach dem Hauptzweck des Datenschutzgesetzes, nämlich den Bürger vor der Verletzung seiner schutzwürdigen Belange zu schützen, von der im Einzelfall dem Bürger günstigeren Lösung auszugehen haben.

---

16 vgl. *Simitis etc*, Rdnr. 120 zu § 10

2. Kapitel Übermittlung von Daten

I. Grundsätzliches

Die Zulässigkeit der Übermittlung von Daten dürfte stets einer der schwierigsten und kontroversesten Bereiche der Datenverarbeitung gerade im Bereich der öffentlichen Sicherheit sein. Hier prallt die Fülle der Auskunfts- und damit Übermittlungspflichten einerseits, der oft sehr unklaren gesetzlichen Auskunfts- und damit Übermittlungs*verweigerungs*pflichten andererseits, der Amtshilfeproblematik und der Abgrenzung der Aufgabenstellung der verschiedenen Polizeien und Nachrichtendienste aufeinander.

1. Die Zulässigkeit nach den Datenschutzgesetzen

§§ 10 und 11, die einen sehr großzügigen Rahmen für die Datenübermittlung innerhalb und außerhalb des öffentlichen Bereichs abstecken, indem sie pauschal auf die Erforderlichkeit für die eigene Aufgabenerfüllung abstellen, sind dadurch praktisch weitgehend irrelevant. Dies gilt jedenfalls für die Sicherheitsbehörden, denen außerdem kraft Gesetzes oder innerdienstlicher Anweisungen schon lange vor Inkrafttreten der Datenschutzgesetze größtenteils engere Bindungen auferlegt wurden, als nach §§ 10 und 11 notwendig wäre. Dennoch enthalten auch diese Bestimmungen allgemeine Rechtsgedanken und -pflichten, die als Minimum stets zu beachten sind, wenn keine bereichsspezifischen Regelungen vorhanden sind. Das gilt insbesondere auch für den Kerngedanken des § 10 Abs. 1 Satz 2, wonach in bestimmten Fällen Daten nur dann übermittelt werden dürfen an andere Behörden, wenn sie zur Erfüllung des gleichen Zwecks benötigt werden, zu dem sie die übermittelnde Stelle erhalten hat.

Ein klarer Ausgangspunkt für die Übermittlung innerhalb des öffentlichen Bereichs liegt dort vor, wo dies eindeutig gesetzlich geregelt ist. Das bedeutet allerdings nicht, daß solche Bestimmungen nicht stets daraufhin zu überprüfen wären, ob sie den Erfordernissen des Datenschutzes auch wirklich gerecht werden. Doch ist jedenfalls zunächst davon auszugehen, daß der Gesetzgeber nach der Interessenabwägung einen bestimmten Umfang an Datenübermittlung will (hierzu näher unten II u. III).

Darüber hinaus aber ist die Zulässigkeit der Datenübermittlung unter Abwägung des aus der gesetzlichen Aufgaben- und Befugnisverweisung resultierenden (vgl. auch § 5 Abs. 1!) Gedankens der Zweckbindung der jeweiligen Datensammlung einerseits und den gesetzlichen Aufgaben von anfragender und angefragter Stelle i. V. mit dem Grundsatz der Verhältnismäßigkeit andererseits zu beantworten. Nur soweit §§ 10 und 11 Ausstrahlungen dieser Gesichtspunkte sind, können sie für die Prüfung der Zulässigkeit der Übermittlung von Daten herangezogen werden. Eine eigenständige Rechtsgrundlage für die Übermittlung kann man in diesen Bestimmungen dagegen nicht sehen. Dies muß jedenfalls für den Sicherheitsbereich aus den bereits zur Zulässigkeit der Speicherung genannten Gründen gelten (s.o. 1. Kapitel I).

2. Das Institut der allgemeinen Amtshilfe als eigenständige Rechtsgrundlage für die Übermittlung personenbezogener Daten?

In letzter Zeit wurde immer wieder auf die Pflicht zur Amtshilfe verwiesen, wenn es darum ging, die Frage nach der Rechtsgrundlage für die Übermittlung von Daten nicht zuletzt auch in besonders brisanten Fällen darzutun.

Besonders spektakulär waren dabei die in Ausführung der »Sonderanweisung über die Erfassung bestimmter Erkenntnisse bei der grenzpolizeilichen Kontrolle« (SoGK) durchgeführten Maßnahmen des Bundesgrenzschutzes für den Bundesnachrichtendienst. Doch ist die Problematik keineswegs hierauf beschränkt. Vielmehr handelt es sich hier um das Generalproblem der Übermittlung personenbezogener Daten auf der Basis der *allgemeinen Amtshilfe* i.S. Art. 35 Abs. 1 GG i. V.m. den Verwaltungsverfahrensgesetzen des Bundes und der Länder. Aus Gründen der Vereinfachung soll bei den nachfolgenden Ausführungen auf das Verwaltungsverfahrensgesetz (VwVfG) abgestellt werden. Die Landesgesetze enthalten hierzu keine Abweichungen.

Der These, daß die *allgemeine Amtshilfe* Rechtsgrundlage für die Übermittlung von personenbezogenen Daten sein könne, kann vom Ansatz her nicht zugestimmt werden.[1]

---

1 vgl. *Ordemann-Schomerus*, Anm.1.1 zu § 10, *Simitis etc*, Rdnr. 32 zu § 10, *Bull* 692 f; *Schatzschneider*, S. 184; dabei muß das Problem generell gesehen werden und nicht lediglich unter dem Aspekt des § 10 Abs. 1 Satz 2 BDSG; denn *jede* Informationsübermittlung oder -erhebung auf Ersuchen zum Zwecke der Übermittlung ist ein Eingriff; zu Unrecht verkürzend daher *W. Schmidt*, Amtshilfe durch Informationshilfe ZRP 1979, 185 ff; richtig dagegen ders., Die bedrohte Entscheidungsfreiheit, JZ 1974, 241 ff, 242, 249

2.1 Notwendige Unterscheidung zwischen einfacher und gesteigerter Amtshilfe

Zum einem deshalb, weil die allgemeine Amtshilfe nach Art. 35 Abs. 1 GG i.V.m. §§ 4 ff. VwVfG keine eigenständigen Maßnahmen mit Eingriffscharakter zuläßt.[2] Dies ist gerade der Gegensatz zur sog. *gesteigerten Amtshilfe,* die Maßnahmen mit Eingriffscharakter umschreiben soll und bei der unstreitig stets eine gesonderte Rechtsgrundlage gefordert wird. Diese gesteigerte Form der Amtshilfe sollte aber gerade nicht Regelungsgegenstand des VwVfG sein und konnte es auch nicht angesichts der Tatsache, daß das VwVfG ein Ausführungsgesetz zu Art. 35 Abs. 1 GG ist, der aber seinerseits nur die allgemeine Amtshilfe zum Gegenstand hat.[3]

Die Übermittlung personenbezogener Daten ist aber eine Eingriffsmaßnahme. Dieser Eingriff kann einheitlicher Art mit einer evtl. noch zusätzlich zugrundeliegenden Maßnahme sein, die zur Erhebung der Daten für die um Amtshilfe ersuchende Behörde führte (z.B. Fotografieren von Ausweisdokumenten einer Polizeibehörde für einen Nachrichtendienst). Der Eingriff kann aber auch neuer, eigener Art sein, wenn es um die Übermittlung bereits vorhandener Daten geht, die aus anderem Anlaß zur eigenen Aufgabenerfüllung der betroffenen Behörde gewonnen wurden.

Diese Charakterisierung der Übermittlung personenbezogener Daten, die aufgrund von zusätzlichen Befugnissen gewonnen wurden, ist gerade *für den Sicherheitsbereich* besonders relevant mit seiner strengen Befugniszuweisung anhand bestimmter Aufgaben. Die Aufgaben- und Befugniszuweisung ist generell eine zwingende Voraussetzung der Transparenz allen staatlichen, vor allem aber allen sicherheitsbehördlichen Handelns und darf durch die Pflicht zur allgemeinen Amtshilfe nicht umgangen werden. Der Bürger soll wissen, wer was darf und muß sich auf die Zuständigkeits- und Befugnisverteilung verlassen können. Wo die gesteigerte Form der Amtshilfe eingreift, bedarf es daher einer besonderen Regelung. Nur so kann auch die aus der jeweiligen Aufgaben- und Befugniszuweisung resultierende grundsätzliche Zweckbindung der erhobenen Daten beachtet und durchgesetzt werden.

Wie aus den vorangehenden Ausführungen und den angeführten Nachweisen ersichtlich, war man sich aber bei Erlaß des VwVfG des Unterschiedes zwischen „einfacher" und „gesteigerter" Amtshilfe voll bewußt und ging man davon aus, daß diese nicht von § 4 ff. VwVfG erfaßt sein sollte.

---

2 zu Recht verneinend z.B. VG Kassel, NJW 1977, 699, *Maunz-Dürig-Herzog,* Rdnr. 6 zu Art. 35; im Ergebnis so auch *J. Schmidt,* S. 135 ff, 142 f; vgl. auch *Riegel,* Pflicht der Länder zur Entsendung ihrer Polizei in ein anderes Bundesland? BayVBl 1977, 299 ff, 300 f; *Wiese,* Der Schutz des Sozialgeheimnisses, Deutsche Rentenversicherung 1979, 167 ff, 172

3 so ausdrücklich die amtl. Begründung zum VwVerfG in BT-Drucks. 7/910, S. 39, vgl. auch *J. Schmidt* aaO (FN 2), *Stelkens-Bonk-Leonhardt,* Rdnr. 21 zu § 4 und *Riegel* aaO (FN 2)

2.2 Anwendbarkeit von § 5 Abs. 1 Nr. 1 VwVfG

Das Problem liegt in einer offenbar hiermit nicht in Einklang stehenden Praxis der Anwendung von § 5 Abs. 1 Nr. 1 VwVfG. Dies ist dann der Fall, wenn man davon ausgeht – und die Verfasser der SoGK gingen offenbar bisher davon aus –, daß unter »aus rechtlichen Gründen die Amtshandlung nicht selbst vornehmen kann« *jede* Maßnahme zu verstehen sei, die nur aufgrund einer der anderen Behörde zugewiesenen Befugnis vorgenommen werden kann, also z.b. auch Durchsuchungen, Beobachtungen usw. im Sicherheitsbereich.

Unabhängig von der Sonderproblematik im Verhältnis von Polizei und Nachrichtendiensten durch die in § 3 Abs. 3 Satz 1 BundesverfassungsschutzG festgelegte ausdrückliche Versagung polizeilicher Befugnisse für den Verfassungsschutz, die für alle Nachrichtendienste gilt und damit für die ersuchte Behörde einen Fall zwingender Versagung der Amtshilfeleistung im Sinne § 5 Abs. 5 Abs. 2 Nr. 1 VwVfG darstellt[4] (vgl. näher unten IV.),verstößt eine solche Auslegung gegen die vorstehend erläuterte Tatsache, daß die allgemeine Amtshilfe eben keine Maßnahmen mit Eingriffscharakter zuläßt, daß das Institut der gesteigerten Amtshilfe von §§ 4 ff. VwVfG nicht umfaßt und damit auch nicht Regelungsgegenstand von § 5 Abs. 1 Nr. 1 VwVfG sein kann.

Deshalb wird man über § 5 Abs. 1 Nr. 1 VwVfG nur Amtshandlungen für zulässig erachten dürfen, in denen die ersuchende Behörde aus folgenden Gründen nicht selbst handeln darf:

– Zum einen die *örtliche* Unzuständigkeit. Hier hat die ersuchende Behörde abstrakt zwar die Befugnis zum Tätigwerden, sie kann sie aber konkret im Hinblick auf die fehlende örtliche Zuständigkeit nicht ausführen.

– Zum anderen die *sachliche* Unzuständigkeit. Hierbei kann es sich aber nicht darum handeln, daß fehlende Eingriffsbefugnisse ersetzt werden. Vielmehr kann sich der Ausgleich sachlicher Unzuständigkeit über den Weg der Amtshilfe nur auf solche Teilhandlungen erstrecken, die an sich zu dem von der ersuchenden Behörde durchzuführenden Verfahren gehören, jedoch bestimmten Behörden ausschließlich übertragen sind.[5] Solche Fälle können sein die Befugnis zur Beurkundung oder zur Abnahme eidesstattlicher Versicherung oder zur Vollstreckung von Maßnahmen durch eine bestimmte Vollstreckungsbehörde. *Immer aber muß es sich um Maßnahmen handeln, die notwendiger Bestandteil der von der ersuchenden Behörde durchzuführenden Aufgabe sind und nach dem für die ersuchende Behörde geltenden Recht vorgesehen sind.*[6] Letzteres folgt auch aus § 7 Abs. 1 VwVfG, wonach die Zulässigkeit der Maßnahme sich *nach dem für die ersuchende Behörde geltenden Recht* richtet. Nur die

---

4 vgl. *Stelkens-Bonk-Leonhardt*, Rdnr. 10 zu § 5; zum Grundsatzproblem der Versagung polizeilicher Befugnisse für Nachrichtendienste u. den Konsequenzen für die Zusammenarbeit mit der Polizei vgl. *Riegel V*
5 vgl. auch *Knack*, Rdnr. 3.1 zu § 5
6 so auch *Knack* aaO (FN 5)

formelle Ausführung der Maßnahme richtet sich nach dem Recht der ersuchten Behörde. Dies steht in Einklang mit der Rechtsprechung des Bundesverfassungsgerichts, wonach Art. 35 Abs. 1 GG und damit auch die einfachrechtlichen Ausführungsvorschriften der §§ 4 ff. VwVfG nur die formelle Grundlage für die gegenseitige Unterstützung der Behörden darstellen kann.[7]

Dies ist dann auch kein Widerspruch zu § 4 Abs. 2 Nr. 2 VwVfG, weil es bei solchen Maßnahmen um Handlungen geht, die nicht für sonstige eigenständige Aufgabenerfüllung der ersuchten Behörde getätigt werden (wie z.B. erkennungsdienstliche Behandlung durch die Polizei für eigene Zwecke der Gefahrenabwehr), sondern a priori (zumindest auch) um dienende Maßnahmen für andere Behörden.[8]

In solchen Fällen kann man dann auch nicht von echter Datenübermittlung sprechen, weil die ersuchte Behörde als Erfüllungsgehilfe ohne eigenständige Aufgabenerfüllung handelt. Als Vergleich kann hier der Rechtsgedanke des § 8 herangezogen werden. Nach dieser Bestimmung ist die *Auftrags*behörde verantwortlich für die Rechtmäßigkeit der Verarbeitung personenbezogener Daten in ihrem Auftrag, nicht die durchführende Behörde. Der Datenaustausch zwischen Auftraggeber und Auftragnehmer wird außerdem nicht als Übermittlung i.S. § 10 erachtet. Dies folgt ausdrücklich aus § 8 Abs. 2, wonach die §§ 9 ff. für die im Auftrag handelnde Behörde *nicht* gelten.

Nur in diesen Fällen ist also die Amtshilfe ein rechtmäßiges »Vehikel« für Datenübermittlung. Ansonsten aber kann sie es aus den vorgenannten Gründen nicht sein. Somit ist also die in der Praxis weitgehend zu beobachtende Erhebung und/oder Übermittlung personenbezogener Daten allein aufgrund der Vorschriften über die allgemeine Amtshilfe mangels spezieller Rechtsgrundlage rechtswidrig, soweit der vorstehend aufgezeigte Rahmen überschritten wird. Dies war beispielsweise großenteils der Fall im Zusammenhang mit der bisher praktizierten Amtshilfe nach der SoGK.

2.3 Amtshilfe und regelmäßige Übermittlung von Daten

Unabhängig von der vorstehenden Auslegung ist eine vergleichbare Tätigkeit in jedem Fall dort allein als Amtshilfemaßnahme rechtswidrig, wo *regelmäßiger* Datenaustausch durch dieses Institut gerechtfertigt werden soll.

Denn nach einhelliger, unbestreitbarer Auffassung ist die allgemeine Amtshilfe stets nur ergänzende Hilfe, also Hilfe in *Einzel*fällen.[9] Generelle oder sich regelmäßig wiederholende Ersuchen – wie sie z.B. in der inzwischen allgemein bekannten

---

7 BVerfGE 27, 344; 352; vgl. auch *Benda* in FS Geiger 1974, S. 23 ff, 38; *Schatzschneider*, S. 183 ff; *Bull* 692

8 aA offenbar *Stelkens-Bonk-Leonhardt*, Rdnr. 9 zu § 5; diese weite Auslegung des § 4 VwVerfG führt dann aber zu einer noch stärkeren Eingrenzung des Begriffs der Amtshilfe u. damit der Anwendbarkeit der §§ 4 ff VwVerfG als sie hier vertreten wird

9 statt vieler vgl. BT-Drucks. 7/910 S. 38 sowie *Stelkens-Bonk-Leonhardt*, Rdnr. 11 ff zu § 4 und Bull 694

SoGK für den BGS zugunsten des BND vorgeschrieben sind – können also keinesfalls und konnten noch nie rechtens auf die allgemeine Amtshilfspflicht gestützt werden.

2.4 Andere Vorschriften über allgemeine Amtshilfe

Ergänzend sei bemerkt, daß die hier vorgenommene Beurteilung des Instituts der allgemeinen Amtshilfe auch für alle die Vorschriften gilt, die wie § 3 Abs. 4 BVerfSchG lediglich diese allgemeine Pflicht zur Amtshilfe wiederholen. Denn hierdurch kann sich die rechtliche Bedeutung nicht ändern.

Auch eine Maßnahme, wie z.B. die im Dateienbericht des Bundesministers des Innern über Dateien im BKA geschilderte Übersendung von Besucherscheinen bei inhaftierten Terroristen, für die es ebenfalls an einer speziellen Rechtsgrundlage fehlt, [10] läßt sich nicht auf die allgemeine Amtshilfe stützten, nachdem es sich hierbei wiederum um die Übermittlung von personenbezogenen Daten und damit um einen Eingriff handelt. Ob die allgemeine polizeiliche Generalklausel für solche Fälle ausreicht, kann außer in besonderen Spannungszeiten nicht pauschal, sondern nur im Einzelfall entschieden werden. § 161 StPO ist dagegen schon deshalb keine ausreichende Rechtsgrundlage für solche Maßnahmen, weil es gegenüber den Besuchern an der Voraussetzung der konkreten Strafaufklärung fehlt. Unabhängig davon erscheint es äußerst fraglich, ob eine so allgemeine Bestimmung wie § 161 StPO, die ebenfalls im Grunde nur die Pflicht zur allgemeinen Amtshilfe für den Bereich der Strafverfolgung wiederholt, Rechtsgrundlage für solche eigenständigen Übermittlungs- und damit Eingriffsmaßnahmen sein kann. Auch ein Vergleich z.B. mit der detaillierten Regelung der §§ 94 – 96 StPO bestärkt diese Bedenken.

Im *Ergebnis* ist deshalb zu sagen, daß die allgemeine Amtshilfe nur dort die Übermittlung von Daten rechtfertigt, wo sie sie sich nicht als ein eigenständiger Eingriff im rechtlichen Sinne darstellt und schon gar nicht wo sie aufgrund einer allein der betroffenen Behörde zugewiesenen Befugnis zur Erhebung bestimmter Daten beruht, wie dies im Bereich polizeilicher Tätigkeit der Fall ist. Nur dort, wo das Recht der ersuchenden Behörde die jeweilige Maßnahme an sich vorsieht, ihr aber die eigene Durchführung faktisch unmöglich oder rechtlich versagt ist, ist das Institut der allgemeinen Amtshilfe der alleinige und rechtmäßige Weg zur Durchführung der betreffenden Maßnahmen.

3. Begriff der Behörde im Sinne des Datenschutzrechts

In fast allen vorerwähnten Übermittlungspflichten und Auskunftsrechten werden Einschränkungen nach der Erforderlichkeit zur Aufgabenerfüllung gemacht, wie es §§ 10 und 11 verlangen. Dies ist notwendig, denn eine nicht erforderliche Übermittlung personenbezogener Daten ist ein unzulässiger Eingriff.

---

10 sie kann keinesfalls in § 168 Abs. 3 StVollzG gesehen werden, da diese Bestimmung allein auf die Sicherheit u. Ordnung in der Anstalt abstellt

Die Notwendigkeit zur Differenzierung je nach verschiedener Aufgabenstellung ist offenkundig bei Behörden mit grundsätzlich verschiedenem Auftrag wie z.B. der Gewerbeaufsicht, den Meldebehörden oder den Gesundheitsämtern. Soweit diese Stellen Teil einer gemeinsamen Verwaltungsebene oder juristischen Person des öffentlichen Rechts sind wie in kreisfreien Städten oder bei den Kreisverwaltungsbehörden, resultiert daraus auch die Pflicht zur »Abschottung« innerhalb dieser Behörden. Der datenschutzrechtliche Behördenbegriff ist also viel enger als der Begriff der juristischen Person des öffentlichen Rechts oder die Verwaltungsebene zu sehen. Die Behörde im Sinne des BDSG und des Datenschutzrechts überhaupt ist deshalb nicht die Gemeinde oder die Kreisverwaltung oder die Polizei schlechthin, sondern als Behörde ist jeweils die einzelne Stelle oder Untereinheit einer juristischen Person zu betrachten, die einen spezifischen Aufgabenbereich zu erfüllen hat. Eine andere Auffassung würde den Datenschutz total unterlaufen, denn sonst könnten z.B. die Kfz-Zulassungsstelle, die Paßbehörde und das Straßen- und Wegeamt sowie das Schulamt über die gleichen Daten verfügen wie das Sozialamt und das Gesundheitsamt und umgekehrt. Denn all dies sind Stellen einer Verwaltungsebene, einer juristischen Person des öffentlichen Rechts bei einer kreisfreien Stadt oder der Kreisverwaltung. Ein besonders einleuchtendes Beispiel für die Notwendigkeit eines eigenen datenschutzrechtlichen Behördenbegriffs sind die Ämter für Verfassungsschutz, die in einigen Ländern organisatorisch als Abteilungen der Innenministerien Teil dieser Behörde sind. Würde man also auf die Behörde Innenministerium abstellen, so könnten alle anderen Abteilungen Zugang zu den Informationen des Verfassungsschutzes haben, was selbstverständlich absurd wäre. Die Personalverwaltung der jeweiligen Behörde könnte ebenfalls alle die an den verschiedenen Stellen benötigten Daten haben. Gäbe es dann auch noch Gemeindevollzugspolizeien wie bis vor einigen Jahren in fast allen Bundesländern, dann wäre auch hier der Datenaustausch mit den anderen Stellen derselben Verwaltungsbehörden ungehindert möglich, wenn man nicht die Notwendigkeit zur Trennung nach der verschiedenen Aufgabenstellung auch in die juristische Person des öffentlichen Rechts hineinprojizierte. Die Frage der Erforderlichkeit ist daher, wie bereits die vorerwähnten Beispiele gezeigt haben, von der jeweiligen *Funktion* der einzelnen Stellen, nicht aber von der nach außen firmierenden und allein rechtsfähigen Gesamtbehörde zu beantworten. Im Prinzip ist dies inzwischen auch weitgehend unbestritten. Das Problem liegt mehr im Detail.

Hinzuweisen ist in diesem Zusammenhang auf die vorbildliche Formulierung des § 150 a Abs. 5 GewO. Hiernach dürfen die Auskünfte aus dem Register »nur den mit der Entgegennahme oder Bearbeitung betrauten Bediensteten zur Kenntnis gebracht werden«. Hier sind die erforderlichen Konsequenzen aus den vorstehenden Erwägungen gezogen. Das gleiche gilt für Art. 17 Abs. 3 S. 2 bay. DSG, wonach mit Ausnahme der Finanzämter als andere Stellen i.S. der Übermittlungsregelung auch »Teile derselben Stelle mit anderen Aufgaben oder anderem räumlichen Bereich« gelten. Diese Bestimmung wurde auch in § 14 Abs. 3 saarl. DSG übernommen.

24

II. Pflicht zur Erteilung und Pflicht zur Verweigerung von Auskünften an die Sicherheitsbehörden

Es liegt im Interesse der Allgemeinheit, den Sicherheitsbehörden bestimmte bei anderen Behörden vorliegende Daten zur Verfügung zu stellen, wenn dies für die rechtmäßige Aufgabenerfüllung der Sicherheitsbehörden unerläßlich ist (das Sonderproblem der teilweise fehlenden Rechtsgrundlage für die Tätigkeit von BND und MAD soll hier zunächst ausgespart werden, hierzu s. u. 3).

Voraussetzung hierfür ist jeweils, daß das Interesse der Allgemeinheit die schutzwürdigen Belange des Betroffenen überwiegt. Hierbei ist einmal entscheidend, zu welchem Zweck welche Daten vom Bürger erhoben wurden und um welche Daten (mehr oder weniger »offene Daten« wie die Anschrift oder das Kfz-Kennzeichen oder sensible Daten die in einem besonderen Vertrauensverhältnis offenbart wurden usw.) es sich handelt. Zum anderen ist ausschlaggebend, ob es auf der Seite der Sicherheitsbehörden um Gefahrenabwehr oder »nur noch« Strafverfolgung geht[11] und wie hoch die jeweilige Gefahr oder das Strafverfolgungsinteresse einzustufen ist.

1. Pflicht zur Erteilung von Auskünften

1.1 Melderegister

An erster Stelle ist das *Melderecht* zu nennen, weil es die geringsten Einschränkungen für Auskünfte enthält. Nach den hier einschlägigen landesrechtlichen Regelungen hat grundsätzlich jedermann, also auch – um nicht zu sagen erst recht – die Sicherheitsbehörde das Recht zur Auskunft über Namen und Anschrift der meldepflichtigen Personen. Bei erweiterten Auskünften (Geburtsdaten, Familienstand usw.) wird die Darlegung eines besonderen Interesses verlangt.

Die Vollzugsbehörden haben generell entweder einen umfassenden Auskunftsanspruch oder es ist ihnen wie nach § 16 a hess MeldeG »jederzeit Einsicht in das Melderegister zu gewähren.«

Wiewohl es jedermann bekannt ist, daß das Meldewesen vorrangig polizeilichen Zwecken dient, ist eine so umfassende pauschale Einsichtsgewährung – die z.T. mit Überlassen der Schlüssel zu den Büroräumen erfüllt wird – nicht erforderlich und damit unzulässig. Es wäre daher z.B. besser, der Polizei einen auf ihre ständigen Bedürfnisse abgestellten Datensatz regelmäßig zur Verfügung zu stellen der sich auf bestimmte »offene« Daten beschränken müßte. Wenn im Einzelfall dann mehr benötigt wird, muß zusätzlich angefragt werden. Dabei wäre jedoch von einer Begründungspflicht für die Sicherheitsbehörden abzusehen, da sie mehr schaden als nützen könnte. Der neue Entwurf eines Melderechtsrahmengesetzes enthält einen entsprechend abgewogenen Lösungsvorschlag, der wie der Entwurf insgesamt hoffentlich bald Gesetz wird.

---

11 zur Bedeutung dieser Unterscheidung näher *Riegel I*, 503

1.2 Bundeszentral- und Erziehungsregister

Auch das *Zentralregisterrecht* enthält ein umfassendes Auskunftsrecht für die Sicherheitsbehörden im Rahmen der »diesen Behörden übertragenen Aufgaben« (§ 39 Abs. 1 Nr. 3 BZRG für Verfassungsschutzbehörden, BND und MAD) bzw. »für Zwecke der Verhütung und Verfolgung von Straftaten« (§ 39 Abs. 1 Nr. 5 BZRG für die den Kriminaldienst verrichtenden Dienststellen der Polizei).

Dagegen erhalten die vorgenannten Behörden keine Auskunft aus dem *Erziehungsregister*. Dies folgt aus dem Vergleich von § 57 BZRG mit § 39 BZRG. Nur die Staatsanwaltschaften, nicht dagegen die Polizei, können Auskunft erhalten. Damit stellt sich gleichzeitig die Frage, ob entsprechende Kenntnisse, die Polizeibehörden oder Nachrichtendiensten aus anderen Quellen zugänglich gemacht wurden (z.B. im Rahmen einer Akteneinsicht bei oder Staatsanwaltschaften), in polizeilichen oder nachrichtendienstlichen Akten aufbewahrt und/oder von Polizei und Nachrichtendiensten verwertet werden können.

Beides muß strikt abgelehnt werden als unzulässige Umgehung der §§ 57 und 59 BZRG. Nach letzterer Bestimmung braucht der von einer Eintragung ins Erziehungsregister Betroffene solche Eintragungen und die ihnen zugrunde liegenden Sachverhalte bei *keiner* Behörde zu offenbaren. Im Gegensatz zur Verschweigung von Vorstrafen, die auch im polizeilichen Führungszeugnis enthalten sind, kann dem Betroffenen aus dem Verschweigen von Eintragungen ins Erziehungsregister keinerlei Nachteil entstehen. Diese Besonderheiten des Erziehungsregisters zwingen zu der vorstehenden Folgerung.

1.3 Verkehrszentralregister

Aus dem *Verkehrszentralregister* sind Auskünfte nur an Polizeibehörden, dagegen nicht an Nachrichtendienste möglich. Dies folgt aus § 30 Abs. 2 i.V.m. § 30 Abs. 1 Nr. 1 StVG, da im Rahmen sicherheitsrelevanter Aufgaben im hier verstandenen Sinn nur für Zwecke der Strafverfolgung oder Verfolgung bestimmter Ordnungswidrigkeiten Auskünfte erteilt werden können und nur die damit befaßten Behörden auskunftsberechtigt sind. Diese Auskunftsregelung soll auch im geplanten Verkehrszentralregistergesetz beibehalten werden.

Nachrichtendienste sind aber zur Verfolgung von Straftaten und Ordnungswidrigkeiten nicht zuständig. Entsprechende Unterlagen dürfen deshalb auch nicht in nachrichtendienstlichen Akten aufbewahrt werden. Dies gilt selbst für die Polizei, soweit sie vorbeugend, gefahrverhütend tätig wird, wie ein Vergleich mit § 39 Abs. 1 Nr. 5 BZRG und § 150a Abs. 2 Satz 2 GewO zeigt (hierzu näher unten 1.6 u. III 4.1.2).

1.4 Kraftfahrzeughalterdatei

Eine Auskunftsregelung über die *Kfz-Halterdatei* durch das KBA in Flensburg besteht dagegen nicht.

Allerdings sind nach § 26 Abs. 5 StVZO die Kfz-Zulassungsstellen gegenüber Behörden generell auskunftspflichtig und ohne daß es einer Begründung bedürfte, wie der Vergleich mit der Auskunftserteilung an »Andere«, also Private, zeigt: diesen gegenüber wird nur bei »Darlegung eines berechtigten Interesses« Auskunft gegeben.

Man wird den Kerngedanken von § 26 Abs. 5 StVZO auch für Auskünfte durch das KBA generalisieren können. Auf längere Sicht wäre allerdings eine klare Regelung insbesondere im Zusammenhang mit automatischem Datenabgleich wünschenswert (hierzu näher VII).

Inwiefern trotz der weiten Formulierung von § 26 Abs. 5 StVZO außer den Polizeibehörden auch Nachrichtendienste Auskünfte erhalten können, erscheint allerdings fraglich. Denn die Kfz-Halterdatei wird man grundsätzlich als zweckgebunden im Zusammenhang mit Straßenverkehr im weitesten Sinne erachten müssen. Andererseits ist zwar die Kfz-Nummer sicher ein »offenes Datum«, doch sind damit Halter und gar Versicherungen noch lange nicht »offen«. Deshalb wird man bei Auskünften stets zumindest einen gewissen Zusammenhang mit Straßenverkehr fordern müssen. Er kann auch für nachrichtendienstliche Tätigkeit gegeben sein (z.B. Kfz als Tarnobjekt etc.). Generell dürfte dies aber nicht der Fall sein.

1.5 Ausländerzentralregister

Keine Regelung über Auskünfte gegenüber Polizei und/oder Nachrichtendiensten besteht auch für das beim Bundesverwaltungsamt geführte AZR.

Die einschlägigen Regelungen für die Tätigkeit des AZR ergeben sich bisher ausschließlich aus der Anlage II AuslGVwV. An gesetzlichen Regelungen fehlt es gänzlich.

Danach ist zunächst eine unbeschränkte gegenseitige Unterrichtung von Ausländerbehörden und AZR vorgesehen.

Außerdem enthält Anlage III »Bestimmungen über die Unterrichtung der Ausländerbehörden durch andere Behörden«. Hier sind unter Nr. 7 auch die *Polizei*behörden erwähnt (vgl. auch unten VI 1.2). Die Nachrichtendienste sind überhaupt nicht erwähnt.

Über eine *gegenseitige* Unterrichtung, sei es im Einzelfall, sei es gar im online-Verkehr zwischen dem AZR und Polizeibehörden, insbesondere dem BKA, oder gar Nachrichtendiensten, enthält die AuslGVwV nebst Anlagen dagegen keine Regelung. Soweit Auskünfte im Einzelfall bisher auf die Amtshilfe gestützt worden sein sollten, ist auf die Ausführungen zu I 2 zu verweisen.

Ob für die Zukunft ein regelmäßiger Datenaustausch, ggf. über Bandabgleich, zwischen dem AZR und den Sicherheitsbehörden eingerichtet werden kann, muß sehr sorgfältig geprüft werden.

Im Verhältnis zu den Nachrichtendiensten dürfte dies von vornherein ausscheiden. Hier muß die Anfrage im Einzelfall – unabhängig von der Sonderproblematik der Tätigkeit von BND und MAD, hierzu s.u. IV – bei der sachaktenführenden Ausländerbehörde ausreichen, die dann auch allein die Erforderlichkeit der Auskunft prüfen kann. Nur dort, wo die zuständige Ausländerbehörde mangels Kenntnis des Wohnsitzes des Betroffenen nicht bekannt ist, kann die Anschrift der sachaktenführenden Stelle – nicht mehr! – im Einzelfall beim AZR erfragt werden, falls eine Nachfrage bei den Meldebehörden nicht aussichtsreich ist.

Es erscheint sehr zweifelhaft, ob für die polizeiliche Information mehr notwendig und zulässig und damit einer eventuellen gesetzlichen Regelung zugänglich ist. Dabei ist zunächst darauf hinzuweisen, daß im Falle einer zu vollziehenden Ausweisungsverfügung oder einem Ausreiseverbot (§§ 10, 19 AuslG) Meldung an das BKA über das LKA erfolgt und die Daten in INPOL zum Zwecke der Fahndung oder der Verhinderung der Ausreise eingestellt werden. (In letzterem Falle dürfen die Daten jedoch grundsätzlich nur den Grenzschutzstellen zugänglich gemacht werden.) Außerdem erfolgt eine Registrierung der entsprechenden Entscheidung im BZR (§ 11 Abs. 1 Nr. 1 und 2 BZRG).

In den Fällen, in denen gegen Ausländer Ermittlungsverfahren oder Maßnahmen der Gefahrenabwehr einzuleiten sind, hat sich die Polizeibehörde ohnehin mit der zuständigen Ausländerbehörde in Verbindung zu setzen. Letztere kann dann auch zur Vorbereitung ihrer *ausländerrechtlichen* Entscheidung weitere Auskünfte über das AZR einholen und prüfen, was hiervon für die Polizei erforderlich ist. Wiederum allein in den Fällen, in denen der gewöhnliche Aufenthalt des Ausländers und damit die zuständige Ausländerbehörde unbekannt ist, ist die direkte Auskunft vom AZR erforderlich. Auch diese Auskunft ist dann grundsätzlich von Annahmefällen abgesehen auf die Adresse der aktenführenden Stellen und den Wohnort des Betroffenen zu beschränken.

Anders ist dies dagegen für den BGS als Grenzschutzeinzeldienst zu beurteilen. Bei ihm geht es um die ständige Erfüllung der Aufgabe nach § 1 Nr. 4a i.V. § 2 BGSG. Dies verlangt sofortige Entscheidungen über Zurückweisungen an der Grenze usw. (vgl. auch § 20 Abs. 4 Satz 2, Abs. 5 u. 6 AuslG). Hier kann die Verweisung an die zuständige Ausländerbehörde nicht ausreichen. Vielmehr ist sofort volle Auskunft erforderlich mit allen Risiken ohne die zugehörigen Akten. Dies ist gleichzeitig ein weiteres Beispiel für notwendige Differenzierungen zwischen den Polizeibehörden.

Ob hierfür ein on-line-Anschluß notwendig ist (mit Beschränkung des Zugriffs auf den vorstehenden Umfang), hängt dann auch unter wirtschaftlichen Gesichtspunkten davon ab, wie oft die Polizei in die Notwendigkeit zur Anfrage beim AZR versetzt wird. Für den Grenzschutzeinzeldienst dürfte dies dagegen auf Grund der vorstehend geschilderten Aufgaben und der Eilbedürftigkeit der Entscheidungen zu bejahen sein.

In jedem Fall aber müßte eine gesetzliche Regelung erfolgen, wenn mehr als eine Auskunft in Einzelfällen für notwendig erachtet wird. Dies schon angesichts des erheblichen Umfangs der Zahl der gespeicherten Ausländer nach Anlage II zur AuslGVwV und auch angesichts der Tatsache, daß selbst die Auskunft aus den Melderegistern gegenüber Polizeibehörden gesetzlich geregelt ist. Die bisherige Praxis der Datenübermittlung des AZR an Polizeibehörden, die weder im Gesetz noch in der Verwaltungsvorschrift zum AuslG eine Stütze hat, erscheint rechtlich höchst unbefriedigend, auch wenn es sich nur um Einzelfallübermittlung handelt.

1.6 Gewerbezentralregister

Aus dem *Gewerbezentralregister* ist die Auskunft gegenüber Nachrichtendiensten ebenfalls nicht möglich. Ähnlich wie § 30 StVG beschränkt auch § 150 a GewO die Auskunftsberechtigung für die Sicherheitsbehörden auf Polizeibehörden. Allerdings ist im Gegensatz zu § 30 StVG die Auskunft nicht auf die Strafverfolgung beschränkt, sondern erstreckt sich auch auf die *Verhütung* entsprechender Delikte (§ 150 a Abs. 2 Nr. 2 GewO).

1.7 Auskunftspflicht nach § 138 StGB

Eine weitere gesetzliche Auskunftspflicht ergibt sich aus *§ 138 StGB.* Wer bei Kenntnis von der Planung oder Ausführung einer der dort genannten Straftaten eine Anzeige unterläßt, macht sich grundsätzlich strafbar, sofern nicht ein Strafbefreiungstatbestand des § 139 StGB eingreift.

§ 138 StGB greift jedoch nicht ein nach vollendeter Tat zur Strafverfolgung. Inwieweit dann eine Pflicht zur Aussage besteht, muß sich aus der StPO (z.B. Umfang der Zeugenpflicht oder Pflicht der Behörden zur Auskunftserteilung) i.V. mit bereichsspezifischen Regelungen über Auskunftspflichten (z.B. §§ 93 ff. AO) ergeben, es sei denn, daß wiederum besondere Auskunfts*verweigerungs*pflichten entgegenstehen, auf die anschließend einzugehen ist.

1.8 Andere Auskunfts- und Mitteilungspflichten

Zu den Mitteilungspflichten der Justizbehörden an die Polizei auf Grund § 4 BKAG und Nr. 11 u. 12 MiStra sowie an Polizeibehörden und Nachrichtendienste auf Grund der RiStBV s.u. III. 3.

2. Pflicht zur Verweigerung von Auskünften

In vielen Fällen hat der Gesetzgeber bereits eindeutige und auch unter den gewachsenen Anforderungen des Datenschutzes vertretbare Abgrenzungen bei der Formulierung der Pflichten zur Erteilung oder zur Verweigerung von Auskünften auch gegenüber Sicherheitsbehörden vorgenommen. Oft wird jedoch auf generalklauselhafte Formulierungen abgestellt, die stets Anlaß zu Interessenkonflikten geben und für alle Seiten, Sicherheitsbehörden wie Auskunftsersuchte und Datenschutzbeauftragte, unbefriedigend sind.

Im folgenden sollen einige der wichtigsten gesetzlichen Regelungen über die Pflicht zur Verweigerung der Auskunft angeführt werden.

2.1 Beispiele

Der Gesetzgeber hat in einer Reihe von Fällen die Interessenabwägung dahingehend entschieden, daß hier eine Auskunft nicht nur verweigert werden *kann* (wie z.B. bei den Zeugnisverweigerungs*rechten* (§§ 52 ff. StPO), sondern verweigert werden *muß.*

29

Als Beispiel seien angeführt das Steuergeheimnis (§ 30 AO), das Sozialgeheimnis (§ 35 SGB I) und vor allem die aus der Strafbestimmung des § 203 StGB abzuleitenden Geheimhaltungspflichten der dort genannten Personengruppen. Hier ist nach Auffassung des Gesetzgebers aus guten Gründen die Schutzbedürftigkeit des Einzelnen größer als das Sicherheitsinteresse der Allgemeinheit.

2.2 Grenzen der Auskunftsverweigerungspflicht

Diese Auskunftsverweigerungspflichten können aber ihrerseits nicht absolut sein. Es wäre absurd, ein Berufs-, Steuer- oder Sozialgeheimnis auch dort nicht preiszugeben zu müssen, wo es um die Abwehr von Gefahren der in § 138 StGB genannten Arten geht oder um die Aufklärung eines Mordes.

Insoweit besteht auch noch Übereinstimmung.[12] Die Probleme beginnen aber dort, wo einerseits nicht eindeutig ist, was alles unter das jeweilige Geheimnis fällt und andererseits ein Bedürfnis besteht, über die vorerwähnten unstreitigen Durchbrechungen hinauszugehen. Soll in Einzelfällen oder gar generell mehr möglich sein? Wenn ja, um welche Daten darf es sich dann handeln usw.?

Um in diesen schwierigen Abgrenzungsfragen Klarheit zu schaffen, ist der Gesetzgeber zum Handeln aufgerufen. Dabei sollte er aber nicht wiederum weitgehend die Flucht in die Generalklausel und/oder nur beispielhafte Aufzählung von Ausnahmetatbeständen antreten, wie es in § 30 Abs. 4 AO geschehen ist. Dort werden bei den in § 30 Abs. 4 Nr. 5 AO als für die Sicherheitsbehörden wichtigstem Ausnehmetatbestand die Probleme nur scheinbar gelöst.[13] Bei der dringenden Neuregelung des Sozialgeheimnisses sollte dieser Fehler nicht wiederholt werden.

Wichtig ist aber festzuhalten, daß eine allgemeine Auskunftspflichtregelung wie § 161 Satz 1 StPO nicht geeignet ist, generell oder in Einzelfällen ausdrücklich geregelte oder auch eindeutig gewohnheitsrechtliche Auskunftsverweigerungspflichten zu durchbrechen, wie es bisher wohl großenteils angenommen wurde.[14] Erst recht gilt dies natürlich für die Pflicht zur allgemeinen Amtshilfe. Die beabsichtigte Neuregelung des Sozialgeheimnisses zeigt, daß der Gesetzgeber dies erkannt hat.

---

12 vgl. für § 203 StGB *Dreher-Tröndle,* Rdnr. 29 ff
13 so im Ergebnis auch *Groll*, Steuergeheimnis u. abgabenrechtliche Offenbarungsbefugnis NJW 1979, 90 ff, 93 f, 96
14 vgl. *Dreher-Tröndle,* Rdnr. 29 zu § 203 m.w. Nachw.

III. Übermittlungspflichten und -grenzen innerhalb der Sicherheitsbehörden im allgemeinen

1. Gesetzliche Übermittlungspflichten für Polizeibehörden

An solchen Übermittlungspflichten sind vor allem §§ 2 bis 4 BKAG zu nennen.

1.1 Übermittlungspflichten nach § 2 BKAG

Gemäß § 2 Abs. 1 Nr. 2 ist hiernach das BKA zur Übermittlung von Erkenntnissen an Strafverfolgungsbehörden und Polizeidienststellen verpflichtet, soweit diese Erkenntnisse die jeweiligen Stellen »betreffen«. Allerdings wird dieser darin enthaltene Auswahlgesichtspunkt bzw. diese Relevanzschwelle, die ja auch § 10 fordert, weitgehend illusorisch, soweit on-line-Anschlüsse an das vom BKA für Bund und Länder betriebene automatisierte INPOL-Auskunftssystem bestehen.

Hier muß jeweils streng geprüft werden, welche Polizeidienststellen oder Staatsanwaltschaften an welches Einzelsystem im Rahmen von INPOL angeschlossen werden können (im einzelnen s.u. V). Pauschalierungen sind dabei allerdings unvermeidbar. Im Verhältnis zwischen Behörden mit grundsätzlich gleichem oder vergleichbarem Auftrag (also z.b. die Kriminaldienst verrichtenden Polizeidienststellen in Bund und Ländern) ist dies auch hinnehmbar. Hiervon geht offenbar auch § 38 AE aus. Wichtig ist dann aber – dem die Praxis im wesentlichen auch bereits entspricht –, daß die übermittelten Daten sich grundsätzlich auf gesicherte Erkenntnisse und im übrigen auf die Angabe von Aktenfundstellen beschränken. Wenn dann die Einzelauskunft bei der aktenführenden Stelle verlangt wird, kann die Relevanzprüfung noch im gebotenen und möglichen Umfang vorgenommen werden.

Außer der Unterrichtungspflicht nach § 2 Abs. 1 Nr. 2 BKAG, die nur die Strafverfolgung betrifft, besteht eine weitere Unterrichtungspflicht gegenüber den Polizeien der Länder zwecks »Unterstützung in der Vorbeugungsarbeit zur Verbrechensverhütung« gemäß § 2 Abs. 1 Nr. 7 BKAG. Da es sich hierbei nicht um Strafverfolgung i.S. Art. 74 Nr. 1 GG, sondern um die rein polizeiliche Aufgabe der Gefahrenabwehr handelt, wird in diesem Fall zu Recht nur von »Polizei der Länder« und nicht von »Strafverfolgungsbehörden des Bundes und der Länder« wie bei § 2 Abs. 1 Nr. 2 BKAG gesprochen.

Andererseits ist eine Trennung nach Erforderlichkeit für Gefahrenabwehr oder Strafverfolgung bei der *Sammlung* der Daten nicht möglich, sei es in den Kriminalakten, sei es erst recht in den Dateien des BKA und/oder der LKA's. Die Unterlagen sind stets potentiell für beide Aufgaben verwertbar. Da aber die überwiegende Zahl allein aus Gründen der Gefahrenabwehr aufbewahrt werden kann, und die Dateien diesem Hauptzweck dienen, wird in der Regel ein on-line-Anschluß von Staatsanwaltschaften nicht möglich sein. Die Auskunft ist ihnen gegenüber grundsätzlich auf Einzelfälle zu beschränken im Rahmen konkreter Strafverfolgung. Deshalb können die Staatsanwaltschaften auch nicht an PIOS angeschlossen werden, da PIOS nicht nur, wie oft verkürzt behauptet wird, Fundstellenverzeichnis für umfangreiche Ermittlungsverfahren, sondern auch und nach allen Anzeichen immer mehr Instrument der vorbeugenden Verbrechensbekämpfung ist. Dagegen bestehen keine Bedenken gegen einen online-Anschluß an die aktuelle Fahndung(mit Ausnahme der polizeilichen Beobachtung).

Nach § 1 BKAG i.V.m. entsprechenden Abkommen wie den Statuten der IKPO gelten die Unterrichtungpflichten auch für ausländische Dienststellen, die für die Strafverfolgung und/oder -verhütung zuständig sind (Art. 2 der IKPO-Statuten, hierzu näher s.u. VIII).

Nachrichtendienste sind dagegen bei den Unterrichtungpflichten nach dem BKAG nicht genannt!

Für den *Landesbereich* gibt es ähnliche Vorschriften über die Unterrichtung anderer Polizeidienststellen (vgl. z.B. Art. 7 bayPOG, § 8‹ Abs. 3 rpPVG).

1.2 Übermittlungspflichten nach § 3 BKAG

Umgekehrt haben die Landeskriminalämter nach § 3 BKAG das BKA über alle zur Erfüllung der Zentralstellenfunktion erforderlichen Angaben zu unterrichten.

Auch hier sind somit *nicht* etwa *alle, sondern nur die zur Erfüllung der Zentralstellenaufgabe erforderlichen Daten* zu übermitteln. Das sind aber nur die von überregionalem Interesse (vgl. auch oben 1. Kap. I 3.2.2). Alles andere hat bei der Zentralstelle nichts zu suchen. Die Frage der Erforderlichkeit wäre nur dann eventuell anders zu sehen, wenn INPOL ein reines Fundstellenverzeichnis wie NADIS wäre, weil dann die Erforderlichkeit der Auskunft aus der Akte auf Anfrage jeweils geprüft werden könnte. Das ist aber bei INPOL gerade nicht der Fall. Die Kurzauskunft über aktuelle und inaktuelle Fahndungsnotierungen etc. sowie über begangene und vermutete Straftaten ist vielmehr der entscheidende Unterschied zwischen INPOL und NADIS. Außerdem aber ist § 1 Abs. 1 Satz 2 BKAG eine eindeutige Grenze, die nach dem BVerfSchG nicht besteht, was an dem grundsätzlich überregionalen Charakter nachrichtendienstlicher Erkenntnisse liegen dürfte. Es ist deshalb sehr zu hoffen, daß eine totale Erfassung aller polizeilich relevanten Daten – deren Vereinbarkeit mit § 3 BKAG dann mehr als fraglich wäre – nie erfolgt.

1.3 Übermittlungspflichten nach § 4 BKAG

Zu erwähnen ist außerdem die *Meldepflicht der Justiz- und Verwaltungsbehörden der Länder nach § 4 BKAG* über Beginn, Unterbrechung und Beendigung von richterlich angeordneten Freiheitsentziehungen an die Landeskriminalämter und die entsprechende Information des BKA durch die Landeskriminalämter. Der Grund dieser Regelung liegt in der Vermeidung unnötiger Fahndungsausschreibungen sowie der Ermittlung von Anhaltspunkten für Alibiüberprüfungen. Die Meldungen nach § 4 BKAG werden in der *Haftdatei* geführt, auf die auch der Generalbundesanwalt Zugriff hat.

Unter die Meldepflicht des § 4 BKAG fallen unstreitig auch Freiheitsentziehungen nach den Unterbringungsgesetzen der Länder. Die Notwendigkeit der Kenntnis solcher Freiheitsentziehungen ist für die Aufgaben der Gefahrenabwehr auch gegeben. Das Problem liegt in der Art der Speicherung und der Zugriffsmöglichkeit auf solche besonders sensible Daten. Sofern daher diese Daten – sei es auf Länderebene, sei es beim BKA – weiterhin zentral gespeichert werden, ist streng darauf zu achten, daß sie nicht mit der allgemeinen Haftdatei vermengt werden und der Zugriff beschränkt wird auf die Kriminalpolizeien. Andere Polizeidienststellen können nur im Einzelfall Auskunft erhalten. (Zur Frage der Zulässigkeit der Speicherung inaktueller Haftnotierungen s.o. 1. Kap. I 3.2.1).

2. Gesetzliche Übermittlungspflichten für Nachrichtendienste

Für die Nachrichtendienste ist die gesetzliche gegenseitige Unterrichtungspflicht zwischen den Verfassungsschutzbehörden nach § 4 BVerfSchG zu nennen.

Außerdem sind §§ 3 Abs. 2 und 7 Abs. 4 G 10 anzuführen. Diese Bestimmungen stecken den Rahmen ab für eine Verwertungsmöglichkeit der bei den Überwachungsmaßnahmen nach dem G 10 anfallenden Erkenntnisse zu anderen Zwecken als denen des jeweils die Maßnahmen konkret durchführenden Nachrichtendienstes: Ergeben sich Erkenntnisse, die für einen anderen Nachrichtendienst relevant sein können und die sich im Rahmen des § 2 G 10 bewegen, ohne daß die polizeiliche Schwelle bereits überschritten wäre, so ist die Weitergabe an den anderen Nachrichtendienst zulässig, ja geboten.

Ist die polizeiliche Eingriffsschwelle dagegen bereits tangiert oder aber handelt es sich um Erkenntnisse, die darauf schließen lassen, daß jemand eine der in § 138 StGB genannten Handlungen plant, begeht oder begangen hat, dann ist auch die Weitergabe dieser personenbezogenen Kenntnisse an die Polizei zulässig und erforderlich.

In allen anderen Fällen aber hat jegliche Übermittlung zu unterbleiben.

3. Übermittlungspflichten zwischen Strafverfolgungs-, Polizeibehörden und Nachrichtendiensten aufgrund von Verwaltungsvorschriften

Hier sind drei innerdienstliche Vorschriften zu nennen, die – unabhängig von der noch näher zu erörternden generellen Sonderproblematik der Datenübermittlung zwischen Polizei und Nachrichtendiensten – ein gleichartiges Problem aufwerfen:
- Die Nummern 205 ff. der RiStBV: sie sehen in Staatsschutzangelegenheiten und Fällen von Organisationsdelikten wie der Bildung krimineller oder terroristischer Vereinigungen (§§ 129, 129a StGB) eine weitgehende Unterrichtung der Nachrichtendienste und des BKA durch die Justizbehörden vor.
- Die Nummern 11 und 12 der MiStra: sie schreiben für die Justizbehörden besondere Mitteilungen an die Polizei in bestimmten Fällen vor.

33

– Die Richtlinien über die Zusammenarbeit in Staatsschutzangelegenheiten: sie verpflichten Verfassungsschutzbehörden, BND, MAD, Polizei und Strafverfolgungsbehörden zu gegenseitiger Unterrichtung über alle bei der einen Behörde anfallenden Erkenntnisse, die für die anderen Behörden relevant sein können.

In allen Fällen also handelt es sich um die Übermittlung von personenbezogenen Daten, und damit um Eingriffsmaßnahmen. Diese bedürfen aber grundsätzlich einer *gesetzlichen* Grundlage. Die vorerwähnten Verwaltungsvorschriften vermögen diese nicht zu ersetzen. Sie lassen sich aber andererseits auch nicht auf gesetzliche Grundlagen zurückführen. Da auch die allgemeine Amtshilfe, wie dargetan, (s.o. I 2) keine ausreichende Rechtfertigung für die Übermittlung von personenbezogenen Daten sein kann, ist die gegenseitige Unterrichtung der vorerwähnten Behörden aufgrund dieser innerdienstlichen Verwaltungsvorschriften nur noch für eine Übergangszeit möglich. Dann muß der Gesetzgeber klare Bestimmungen schaffen, wie sie in anderen Gesetzen, nicht zuletzt in den vorerwähnten BKAG, G 10 und BVerfSchG, erfolgt sind.

4. Grenzen der Übermittlung durch Verwertungsverbote

4.1 Das Beispiel des § 49 BZRG

Fraglich ist, ob und inwieweit Tilgungen in einem besonderen Register die weitere Aufbewahrung entsprechender Unterlagen bei Polizeibehörden und die gegenseitige Unterrichtung sowie die Unterrichtung anderer Sicherheitsbehörden hierüber beeinflussen. Die logische Folge einer solchen Tilgung scheint an sich das absolute Verbot zu sein, solche Unterlagen noch irgendwie weiter zum Nachteil des Betroffenen verwerten. Demgemäß wären Akten, deren einziger Inhalt aus solchen Unterlagen besteht und/oder der zugehörige Datensatz bei elektronischer Speicherung und bei manueller Datei die dazugehörige Karte, zu vernichten. Denn ohne weitere Verwertungsmöglichkeit sind die Unterlagen nicht mehr erforderlich. Und daß die Unterlagen allein für eine eventuelle Verwertung *zugunsten* des Betroffenen aufbewahrt würden, erscheint schon aus Gründen der Optik nicht vertretbar.

4.1.1 Das Problem stellt sich im Falle entsprechender Unterlagen grundsätzlich für alle Register (zur Ausnahme beim Verkehrszentralregister s.u.). Es soll hier jedoch allein anhand des BZRG und der Auskunft aus kriminalpolizeilichen Akten erörtert werden. Dies aus zwei Gründen: zum einen, weil es beim BZRG um die große Masse der allgemeinen Kriminalität geht und hier für den Betroffenen die Tatsache der Tilgung besonders wichtig ist. Zum anderen, weil das BZRG in § 49 ein ausdrückliches Verwertungsverbot für getilgte Straftaten zum Nachteil des Betroffenen *im Rechtsverkehr* enthält, das nur in wenigen, abschließend aufgezählten Fällen (§ 49 Abs. 2, § 50 BZRG) durchbrochen werden kann.

Es ist aber kein Geheimnis, daß die kriminalpolizeilichen Sammlungen, deren Aktenzeichen mit einigen Kurzinformationen (wie Ausschreibung zur Fahndung) im ZPI gespeichert sind, sehr oft auch Unterlagen über bereits getilgte Verurteilungen und ebenso über Freisprüche und eingestellte Ermittlungsverfahren enthalten.[15] In der Aufbewahrung und Auswertung dieser Unterlagen, die die Grundlage für die Zukunftsprognose des Betroffenen bilden, liegt ja der Schwerpunkt polizeilicher vorbeugender Verbrechensbekämpfung. Hierüber unterrichten sich die Polizeibehörden auch gegenseitig. Das BKA hält sich hierzu nach § 2 BKAG auch für verpflichtet. Im übrigen wurde das BKAG nach Inkrafttreten des BZRG novelliert, ohne daß ein Hinweis auf ein Verbot der Unterrichtung nach Tilgung der jeweiligen Verurteilung aufgenommen worden wäre.

Aber auch die Nachrichtendienste konnten bis vor Inkrafttreten der neuen KpS entsprechende Auskünfte erhalten.

4.1.2 Daß *Freisprüche und eingestellte Ermittlungsverfahren* vom Regelungsbereich des BZRG nicht erfaßt werden, weil das BZR im wesentlichen nur Verurteilungen registriert und der Resozialisierungsgedanke im engeren Sinn nur dort relevant sein kann, löst das Problem bezüglich solcher Aktenunterlagen noch lange nicht. Denn hier stellt sich die Frage der späteren Verwertbarkeit erst recht.

Für Eintragungen im *Verkehrszentralregister* dagegen ist das Problem insofern gelöst, als nach § 30 Abs. 1 Nr. 1 StVG Eintragungen nur zur *Verfolgung* von Straftaten oder Ordnungswidrigkeiten verwertet werden dürfen und damit entsprechende Auskünfte gar nicht aus Gründen der vorbeugenden Verbrechensbekämpfung aufbewahrt und schon gar nicht entsprechend verwertet werden dürfen (vgl. auch oben II 1.3). Außerdem ist darauf hinzuweisen, daß in das geplante VZRG ein ausdrückliches Verwertungsverbot aufgenommen werden soll (§ 21 Stand 1.11.1979).

Damit wäre eine Speicherung entsprechender Hinweise nach Tilgung in polizeilichen Informationssystemen eindeutig rechtswidrig. Dies ist auch bei den jetzigen kriminalpolizeilichen Sammlung zu berücksichtigen.

4.2 Wirkung des Verwertungsverbotes nach § 49 BZRG und der Begriff Rechtsverkehr

4.2.1 Die geschriebenen oder sinngemäß allen Tilgungsvorschriften zu entnehmenden Verwertungsverbote dienen der Resozialisierung und sollen damit eine Verwertung im *Rechtsverkehr* verhindern. Die Aufbewahrung der Unterlagen und gegenseitige Unterrichtung über frühere Verurteilungen zunächst nur für polizeiinterne Zwecke aus Gründen der Gefahrenabwehr und vorbeugenden Verbrechensbekämpfung wird man aber nicht als Rechtsverkehr i.S. § ‹9 BZRG und damit i.S. des Gewerbe- und Bundeszentralregisters (das Verkehrszentralregister scheidet ja aus vorgenannten Gründen aus) erachten können. Darüber hinaus ist bei einer Vorschrift wie § 49 BZRG von vornherein bei der Auslegung zu berück-

---

15 vgl. Ziff. 3 KpS

sichtigen, daß die *Gefahrenabwehr im engeren Sinn* in die *alleinige Zuständigkeit der Länder* fällt. § 49 BZRG oder ähnliche *bundesrechtliche Bestimmungen können daher die Unterrichtung aus Polizeiakten zu Zwecken der Gefahrenabwehr nicht beeinflussen,* solange dies polizeiintern geschieht – und nicht zu Zwecken der Strafverfolgung oder nachrichtendienstlicher Tätigkeit etc. für die dem Bund die Gesetzgebungskompetenz zusteht.[15a]

Ein Rechtsverkehr läge aber eindeutig vor bei einer Unterrichtung dieser Behörden. Bei Strafverfolgungsbehörden ist dies besonders offenkundig: sie sollen ja getilgte Vorstrafen gerade nicht mehr verwerten dürfen und würden vom Zentralregister auch keine Auskunft mehr erhalten im Rahmen einer Strafverfolgung. Dann darf dies aber auch nicht über die Unterrichtung durch die Polizei umgangen werden. Ähnliches gilt für die Nachrichtendienste, bei denen die Kenntnisse im Rahmen der Sicherheitsüberprüfungen einfließen könnten.

Außer Polizeibehörden darf also nach Tilgungsreife keine Auskunft *über eine frühere Verurteilung* mehr gegeben werden. Um jede Umgehungsmöglichkeit zu verhindern, wird man aber noch früher ansetzen müssen. Auch die Polizeibehörde darf nach Tilgungsreife bei reiner Strafverfolgung keine Auskunft mehr erhalten. Wo sie vorhanden ist, darf sie nicht verwertet werden, da hier bereits der Rechtsverkehr begönne[16] und die ja insoweit der Leitungsbefugnis der Staatsanwaltschaft untersteht, die dann ebenfalls diese Kenntnisse verwerten könnte.

4.2.2 Obwohl *Freisprüche und eingestellte Verfahren* dem BZRG nicht unterfallen, wird man die vorerwähnten Grundsätze auch hier entsprechend anwenden müssen. D.h. – nach selbstverständlich nur schätzbaren – vergleichbaren Tilgungsfristen des BZRG ist keine Auskunft mehr möglich zu Zwecken der Strafverfolgung, wenn nicht ohnehin die Notwendigkeit – und damit Rechtfertigung – zur Aufbewahrung aufgrund einer entsprechenden Zukunftsprognose schon vorher entfällt.

Es wird nicht einfach sein, hier zu einer praktikablen Lösung zu kommen. Der Weg wird vor allem über abgestufte Aufbewahrungsfristen gesucht werden müssen. Die neuen Richtlinien über kriminalpolizeiliche personenbezogene Sammlungen sind ein *erster* Schritt in die richtige Richtung durch die Wahl einer grundsätzlichen mittleren Frist von 10 Jahren (im Vergleich zu den Zentralregisterfristen von 5 bis 15 Jahren). Doch ist ein solches Raster selbst für Verurteilungen noch zu grob.

Das gilt darüber hinaus aber gerade auch im Falle der Speicherung von Daten über Straftaten, die eingestellt wurden oder bei denen Freispruch erfolgte. Der Sachbearbeiter muß sich bei einer Einstellung oder einem Freispruch, bei dem jeweils erhebliche kriminalistische Zweifel offenbleiben, darüber Gedanken ma-

---

15a vgl. auch jüngst VG Darmstadt, DVBl 1979, 743 f, 744, das ebenfalls nicht entscheidend auf § 49 BZRG sondern auf den Grundsatz der Verhältnismäßigkeit i.V. mit allgemeinen kriminalistischen Erwägungen abstellt
16 näher *Riegel III,* 52; dem entspricht auch Ziff. 5 der neuen KpS

chen, welche vergleichbaren Fristen des BZRG hier anzuwenden sind. Im Zweifel wird die Mindestfrist von 5 Jahren angewendet werden müssen. Zur Verbesserung der Situation muß hier vor allem auch *sichergestellt* werden, *daß die Mitteilungspflicht nach § 11 der MiStra erfüllt und die Ergebnisse von den Polizeibehörden beachtet werden.* Ist dies nicht möglich, so muß gefordert werden, daß reine Anzeigen, deren weiterer Verlauf nicht mehr kontrolliert werden konnte, nach einer sehr kurz bemessenen Frist wieder aus den Dateien oder Akten entfernt und vernichtet werden.

Daß andererseits dort, wo eine Polizeibehörde evtl. unter Verstoß gegen Geheimhaltungspflichten wie § 35 SGB und § 30 AO oder das Arztgeheimnis und Kenntnisse erhalten hat, die nicht nur nicht weitergegeben, sondern von Anfang an nicht in die Akten oder Dateien eingegeben werden durften, eine sofortige Löschung und Vernichtung erfolgen muß nach dieser Feststellung, ist selbstverständlich und sei nur am Rande erwähnt.

IV. Gegenseitige Unterrichtung von Nachrichtendiensten und Polizei im besonderen

1. Abgrenzung der Tätigkeitsbereiche und Rechtsprobleme der Tätigkeit der Nachrichtendienste

1. Die gegenseitige Unterrichtung sowohl der Nachrichtendienste untereinander als auch erst recht zwischen Nachrichtendiensten und Polizei birgt besondere Schwierigkeiten. Dies aus mehreren Gründen:

– Zum einen ist die *Aufgabenstellung* der betreffenden Behörden sehr verschieden. Nachrichtendienstliche Tätigkeit ist nicht gleich nachrichtendienstliche Tätigkeit wie sich besonders plastisch am MAD zeigen läßt. Sein Auftrag betrifft einzig und allein die Sicherheit der Bundeswehr. Nur in Einzelfällen können und dürfen daher Unterlagen anderer Nachrichtendienste für ihn und umgekehrt zur Verfügung stehen. Aber auch dann ist die Zweckbindung der Datensammlung für den jeweiligen Bereich als weitere Schranke des § 10 BDSG – soweit überhaupt übermittelt werden darf, wie noch zu erläutern ist – zu beachten.

Diese Zweckbindung kann auch nicht durch die allgemeine Pflicht zur Amtshilfe und den diese tragenden Gedanken der Einheit der Staatsgewalt überlagert werden.[17] Sonst wären das BDSG und seine Eingrenzung der Zulässigkeit der Übermittlung widersinnig und ebenso jegliche Trennung der staatlichen Aufgabenerfüllung auf verschiedene staatliche Stellen. Deshalb können auch die Regelungen über die Amtshilfe nach §§ 4 ff VwVfG nicht weiterhelfen (vgl. näher oben I. 2).

– Erst recht verschieden sind Aufgaben der Polizei einerseits und der Nachrichtendienste generell andererseits. Zwar haben beide, Polizei und Nachrichtendienste, den Auftrag zur Gefahrenabwehr. Doch betrifft dies nicht den gleichen

17 hierzu jüngst *Bull* 690

Sektor und geschieht dies vor allem nicht auf dieselbe Weise. Insbesondere ist die Polizei grundsätzlich auf die Bekämpfung konkreter Gefahren beschränkt. Auch dort, wo ihr Befugnisse zur vorbeugenden Verbrechensbekämpfung zustehen und damit von der konkreten Gefahr abgesehen werden kann, ist dies nicht vergleichbar mit nachrichtendienstlicher Tätigkeit.

– Die unbestreitbare Brisanz der notwendigerweise weit im Vorfeld konkreter Gefahren stattfindenden Tätigkeit der Nachrichtendienste zwingt für sich zur Vermeidung eines Datenflusses zwischen Nachrichtendiensten und Polizei. Hinzu kommt die *Versagung polizeilicher Befugnisse* für die *Nachrichtendienste*. Zwar ist dies -mangels gesetzlicher Grundlage der Tätigkeit von BND und MAD (mit Ausnahme des G 10-Bereiches) – nur für den Verfassungsschutz ausdrücklich geregelt (vgl. § 3 Abs. 3 Satz 1 BVerfSchG, für den Landesbereich gelten die gleichen Regelungen), doch muß dies ebenso für die anderen Nachrichtendienste gelten. Es wäre auch mehr als unverständlich, gälte die Versagung nur für den auf Grund gesetzlicher Aufgaben- und Befugnisumschreibung tätigen Verfassungsschutz, nicht aber für BND und MAD. Außerdem – wiederum nur für den Verfassungsschutz geregelt (vgl. § 3 Abs. 3 Satz 3 BVerfSchG) – dürfen Nachrichtendienste keiner Polizeibehörde angegliedert werden, um schon rein optisch eine saubere Trennung von Nachrichtendiensten und Polizeibehörden zu bewirken.

Diese Versagung polizeilicher Befugnisse umfaßt auch Eingriffsmaßnahmen, die auf Grund der Generalklausel vorgenommen werden. Denn die Generalklausel ist *die* polizeiliche Grundbefugnis, auch wenn ihr Anwendungsbereich mehr und mehr durch Spezialbefugnisse eingeschränkt wird. Der Versuch, hier eine Aufspaltung vorzunehmen, verkennt somit die polizeirechtliche Dogmatik.

All dies kann nicht ohne Folgen für die Beurteilung der Zulässigkeit der Datenübermittlung von Polizeibehörden an die Nachrichtendienste – sei es aus eigenem Antrieb, sei es auf Ersuchen – bleiben. Vielmehr bedeutet dies für die Polizeibehörden einen Fall unzulässiger Amtshilfe (wie immer man sie auslegen mag) iS. § 5 Abs. 2 Nr. 1 VwVfG im Verhältnis zu den Nachrichtendiensten, *solange keine klare gesetzliche Regelung im Rahmen des Grundsatzes der Verhältnismäßigkeit erfolgt.*

– Die Tätigkeit der Nachrichtendienste unterliegt nunmehr – vom G 10-Bereich abgesehen – der Kontrolle nach dem PKG. Diese Kontrolle und die Versagung polizeilicher Befugnisse würden aber weitgehend unterlaufen, wenn die Polizei, die ja nicht der Kontrolle nach dem PKG unterliegt, Eingriffsmaßnahmen für die Nachrichtendienste vornimmt und diesen die dabei gewonnenen personenbezogenen Erkenntnisse übermittelt.

– MAD und BND haben bis heute keine gesetzlich geregelte Aufgabenzuweisung und Befugnisgrundlage, soweit dies nicht dem G 10 entnommen werden kann. Beide Nachrichtendienste werden aber auch außerhalb des G 10-Bereiches durch gezielte Beobachtung, Sammlung und Auswertung von Daten oder sonstige Eingriffsmaßnahmen tätig. Das ergibt sich mit aller Deutlichkeit aus § 2

Abs. 3 PKG. Denn gemäß dieser Bestimmung richtet sich die Kontrolle der Maßnahmen aufgrund des G 10-Gesetzes weiterhin nach § 9 G 10. Nur für die im PKG – soweit es BND und MAD betrifft – leider auch nicht rudimentär umschriebene andere Tätigkeit der Nachrichtendienste gilt dieses Gesetz. Würde es sich aber bei dieser anderen Tätigkeit nicht um z.t. brisante Eingriffstätigkeit handeln, hätte es des PKG gar nicht bedurft. Bei diesen anderen Maßnahmen handelt es sich aber nach allgemeinen rechtsstaatlichen Grundsätzen nicht um *rechtmäßige* Tätigkeit, weil diese Eingriffsmaßnahmen nicht auf *gesetzlicher* Grundlage erfolgen. Das gilt im übrigen auch dort, wo der eine Rechtsgrundlage fordernde Eingriff nur »zwangsläufig« oder »unbeabsichtigt« erfolgt, weil die jeweilige Handlung nicht auf personenbezogene sondern ausschließlich sachgebundene Information abziele. Das wurde z.b. als Rechtfertigung für das vom BGS durchgeführte Fotografieren von Ausweisdokumenten und Übersenden der gesamten Filme an den BND herangezogen. Aber auch ein »zwangsläufiger« Eingriff bedarf einer Rechtsgrundlage, zumal wenn die Maßnahme regelmäßig erfolgt und die Behörde von vornherein weiß, daß die gewünschten Kenntnisse gar nicht ohne Eingriffsmaßnahmen erhalten werden können.[18] (In Nr. 17.1 der SoGK ist dies sogar ausdrücklich formuliert, wenn es dort heißt, daß »Pässe aller Art mit *allen* Eintragungen« zu fotografieren sind und zwar heimlich anläßlich der zu anderen Zwecken gesetzlich geregelten Grenzübertrittskontrolle.)

Der Gesetzgeber hat dies an anderer Stelle auch anerkannt. Dies beweist die für die sogenannte strategische Kontrolle des BND geschaffene Befugnis zur Postkontrolle nach § 3 G 10. Auch hier geht es jedenfalls vorwiegend um Sachinformation. Aber um sie zu erhalten, müssen Briefe i.S. Art. 10 GG geöffnet werden. Daraus hat der Gesetzgeber die richtige Konsequenz durch Verabschiedung von § 3 G 10 gezogen.

Auch diese Tatsachen müssen bei der Prüfung der Zulässigkeit von Datenübermittlung zwischen Nachrichtendiensten untereinander und Polizeibehörden berücksichtigt werden. Daß die Tätigkeit von MAD und BND in mehreren Gesetzen – nicht zuletzt im Parlamentarischen Kontrollgesetz und im BDSG – vorausgesetzt wird, vermag an den fehlenden Rechtsgrundlagen nichts zu ändern, da die stillschweigende Voraussetzung der Tätigkeit von Behörden nicht deren Rechtsstaatlichkeit präjudizieren kann. Ob Art. 87 a GG außer bezüglich der Sicherheitsüberprüfung für den MAD als Aufgabenumschreibung ausreicht, muß bezweifelt werden. Jedenfalls genügt er nicht als Befugnisgrundlage.

Keinesfalls genügt das Haushaltsgesetz als Grundlage für die Eingriffstätigkeit des Staates, wie von den zuständigen Stellen manchmal vorgebracht wird. Das Haushaltsgesetz war auch zu Recht stets nur als ausreichende Grundlage für staatliche Tätigkeit im Bereich der *Leistungsver*waltung anerkannt worden. Und selbst

---

18 hierzu vgl. auch *Bleckmann*, Allgemeine Grundrechtslehren 1979, S. 230 ff, 232, 234 m.w. Nachw.

hierfür wird in Lehre und Rechtsprechung jüngst zunehmend eine jeweils materiell-gesetzliche Grundlage gefordert.[19]

Für den Bereich der *Eingriffs*verwaltung kann daher nicht ernsthaft auf das (formelle) Haushaltsgesetz zurückgegriffen werden. Dies widerspräche auch in eklatanter Weise dem in der ständigen höchstrichterlichen Rechtsprechung geforderten Grundsatz, wonach dort, wo die Rechtssphäre des Bürgers in nicht nur unerheblicher Weise berührt wird (wie eben auch bei der Tätigkeit der Nachrichtendienste), alle wesentlichen Entscheidungen – und das ist selbstverständlich mehr als die rein finanzielle Ausstattung der jeweiligen Behörde – vom Gesetzgeber selbst getroffen werden müssen.[20]

2. Direkte und indirekte gesetzliche Restriktionen über gegenseitige Unterrichtung von Nachrichtendiensten und Polizeibehörden

Neben den bereits erörterten direkten gesetzlichen Grenzen der gegenseitigen Unterrichtung von Nachrichtendiensten und Polizei aufgrund von Maßnahmen nach dem G 10-Gesetz (s.o. III 2) lassen sich den allgemeinen *gesetzlichen* Unterrichtungsregelungen für Polizei- und Verfassungsschutzbehörden weitere Hinweise für die hier vertretenen engen Grenzen eines Informationsaustausches zwischen diesen Behörden entnehmen.

Das gilt zunächst für § 2 BKAG und die parallelen landesrechtlichen Bestimmungen. Dort wird für das BKA (bzw. das LKA) als Zentralstelle im Bereich der Polizei jeweils nur die Unterrichtungspflicht gegenüber anderen Polizei- und/oder Strafverfolgungsbehörden postuliert. Wenn man in bestimmten Fällen eine Unterrichtungspflicht auch gegenüber Nachrichtendiensten (oder wenigstens ein Auskunftsrecht derselben) gewollt hätte, dann hätte dies der Gesetzgeber ähnlich wie z.B. im BZRG ausdrücklich regeln müssen.

Daß aber die allgemeine Amtshilfe i. S. Art 35 Abs. 1 GG eine solche Regelung nicht ersetzen kann, wie oben (I. 2) dargelegt, zeigt gerade das BVerfSchG. Dort wird nämlich differenziert zwischen der allgemeinen Amtshilfe im Verhältnis zu allen anderen staatlichen Behörden (§ 3 Abs. 4 BVerfSchG) einerseits und der gesteigerten Amtshilfe andererseits in Form eines ständigen Informationsaustausches, der aber zu Recht beschränkt ist auf die Verfassungsschutzbehörden des Bundes und der Länder (§ 4 Abs. 1BVerfSchG).

---

19 zum Gesetzesvorbehalt in der Leistungsverwaltung vgl. OVG Berlin DVBl 1975, 905 = NJW 1975, 1938; BVerwG U. v. 15.4.1977, BayVBl 1977, 950 f; *Krebs,* Grundrechtlicher Gesetzesvorbehalt und Pressesubventionierung DVBl 1977, 632, *Schenke,* Gesetzesvorbehalt und Pressesubvention, Der Staat 1976, 553 ff sowie *Bleckmann* (FN 18), S. 230 f

20 vgl. BVerfG E 33, 1, 115; 159; E 34, 165; E 41, 251, 259 f; E 45, 400, 417 f; E 47, 46, 47, 78 ff; BVerwG E 47, 194, 201; vgl. auch *Becker,* Aus der neueren Rechtsprechung des BVerwG zu den Grundrechten DÖV 1978, 573 ff, 578 sowie *Bull* 691 f

Hätte man den Austausch primär (personenbezogener) Informationen – zu Unrecht – als Unterfall der allgemeinen Amtshilfe erachtet, dann hätte es des § 4 BVerfSchG gar nicht bedurft. Das gilt auch für die Landesverfassungsschutzgesetze. Dort wird ebenfalls in aller Regel zwischen Auskunfts- und Mitteilungspflichten der Landesbehörden gegenüber dem Landesamt für Verfassungsschutz einerseits und der generellen Amtshilfe als Gegensatz hierzu unterschieden (vgl. z.B. § 3 Berliner Landesverfassungsschutzgesetz;[21] die anderen VerfSchG enthalten überwiegend gleiche Regelungen).

Somit erscheint also eine Übermittlung von Nachrichten anderer Behörden als des Verfassungsschutzes an das BfV oder die LfVs nicht bereits dann zulässig, wenn es nicht ausdrücklich verboten ist wie in § 57 BZRG für das Erziehungsregister oder in § 3 Abs. 2 und 7 Abs. 3 G 10. Umgekehrt, also für die Unterrichtung anderer Sicherheitsbehörden durch das BfV oder die LfVs muß ähnliches gelten, von bestimmten Grenzfällen wie den in § 7 Abs. 3 G 10 genannten abgesehen (insbesondere Straftaten im Sinne von § 138 StGB). Richtlinien wie für die Zusammenarbeit in Staatsschutzangelegenheiten[22] vermögen an dieser Rechtslage, die sich expressis verbis oder konkludent aus den vorgenannten Bestimmungen ergibt, nichts zu ändern.

Das gilt ebenso für landesrechtliche innerdienstliche Erlasse oder Verwaltungsvorschriften zu den Landesverfassungsschutzgesetzen, wie z.B. dem nach wie vor gültigen Erlaß des Baden-Württembergischen Innenministeriums zur Durchführung der Verordnung der vorläufigen Regierung über die Errichtung eines Landesamtes für Verfassungsschutz.[23] Zwar wäre dieser Erlaß mit den umfangreichen Meldepflichten polizeilicher Dienststellen an das LfV durch die Landesverordnung[24] gedeckt, denn dort ist nichts enthalten über die Versagung polizeilicher Befugnisse für das LfV. Doch erging die Verordnung als Ausführungsverordnung zum Bundesverfassungsschutzgesetz, das damals bereits diese Befugnisversagung enthielt. Damit gilt auch hier – unabhängig von der rechtsgrundsätzlich bedenklichen Art der baden-württembergischen Regelung über den Verfassungsschutz in Form einer Ausführungsverordnung zum BVerfSchG – die noch zu erörternde Auswirkung dieser Bestimmung auf Mitteilungspflichten. Ähnliches gilt für die übrigen Landesgesetze soweit sie – anders § 3 Abs. 4 BVerfSchG – die Pflicht anderer Behörden zur Amtshilfe gegenüber dem LfV nicht nur schlicht wiederholen, sondern durch ausdrückliche Anführung von Nachrichten- und Aktenübermittlung auch ohne Anforderung oder Auskunftserteilung auf Anforderung präzisieren und diese dadurch von der allgemeinen Amtspflicht unterscheiden (vgl. z.B.

---

21 i.d.F. d. Bek. v. 6.4.1974 GB 1 S. 1250
22 hierzu *Riegel V,* 952; der vollständige Text wurde veröffentlicht in Frankfurter Rundschau v. 7.11.1979 S. 5
23 v. 30.3.1953 GABl S. 117
24 v. 10.11.1952 GBl S. 49

Art. 4 Abs. 2 und 3 bay. VerfSchG,[25] § 3 Abs. 1 und 2 berl. VerfSchG[21], je § 5 br.,[26] nieders.[27],[28] saarl.[29] und § 3 schl.-h.[30] VerfSchG).

3. Konsequenzen

Die vorstehend angeführten Rechtsvorschriften, Fakten und Gesichtspunkte zwingen zu folgenden Konsequenzen für die Zulässigkeit der Datenübermittlung zwischen Polizeibehörden und Nachrichtendiensten:

– Die Versagung polizeilicher Befugnisse für die Nachrichtendienste muß so verstanden werden, daß letztere die Polizei weder um »Amtshilfe« bitten dürfen, im Rahmen derer polizeiliche Befugnisse anzuwenden sind, noch daß die Polizei aus eigenem Antrieb den Nachrichtendiensten Erkenntnisse mitteilen darf, die sie unter Einsatz polizeilicher Befugnisse gewonnen hat. Dies gilt auch für das polizeiliche gezielte Beobachten und Befragen von Personen, da auch dies einen Eingriff darstellt und somit eine polizeiliche Befugnis in Anspruch genommen werden muß, auch wenn dies bisher die Generalklausel ist. Eine Nachrichtenübermittlung an MAD und BND muß auch deshalb unterbleiben, weil die Übermittlung von Erkenntissen für Zwecke der empfangenden Behörde grundsätzlich die rechtmäßige Aufgabenerfüllung dieser Behörde voraussetzt. Dies ist aber mangels gesetzlicher Aufgaben- und Befugnisumschreibung für die letztgenannten Nachrichtendienste nicht der Fall, soweit sie nicht im Rahmen des G 10 tätig werden.

Keine Probleme stellen sich natürlich für die Übermittlung rein sachbezogener oder anonymisierter Erkenntnisse der Polizei an die Nachrichtendienste.

– Bei Mitteilungen des BfV und der LfVs an die Polizei gilt über den G 10-Bereich hinaus § 7 Abs. 3 G 10 als absolute Grenze der Zulässigkeit der Übermittlung. der weite Rahmen des § 10 BDSG kann hier nicht zum Tragen kommen wegen der besonderen zu 1. geschilderten Gründe.

– BND und MAD können über den Umfang des § 3 Abs. 2 Satz 2 und 7 Abs. 3 G 10 hinaus grundsätzlich ebenfalls keine Erkenntnisse an die Polizei übermitteln. Dies deshalb, weil Eingriffsmaßnahmen dieser Behörden außerhalb des G 10-Bereiches nicht auf gesetzlicher Grundlage und damit nach allgemein dogmatischen Erwägungen in rechtswidriger Weise gewonnen werden. Da die Polizei selbst keine Eingriffsmaßnahmen ohne Rechtsgrundlage vornehmen könnte, würde bei einer Zulässigkeit der Übermittlung von in rechtswidriger Weise gewonnenen Erkenntnissen durch MAD und BND an die Polizei dieser gesicherte

25 i.d.F.d. Bek. v. 8.8.1974 GVBlS. 467
26 v. 5.3.1974 GBl S. 115
27 v. 12.7.1976 GVBl S. 181
28 v. 23.1.1975 GVBl S. 33
29 v. 8.7.1957 ABl S. 669, geändert durch G. v. 7.11.1973 Abl S. 789
30 i.d.F. v. 20.7.1973 GVOBl S. 273

Grundsatz des Polizeirechts umgangen. Sollte die Polizei dennoch Erkenntnisse erhalten haben, so dürfen diese nicht verwertet werden. Als einzige *Ausnahme* wird man jedoch den Bereich des § 138 StGB erachten müssen, weil insoweit das Interesse der Allgemeinheit an der Gefahrenabwehr stärker wiegt als die Tatsache der rechtswidrigen Gewinnung der Erkenntnisse durch diese Behörden, deren Tätigkeit ja nicht grundsätzlich als mit einer rechtsstaatlichen Ordnung unvereinbar erachtet werden kann. Der Rahmen des § 138 StGB ist hier auch für die Weitergabe und Verwertung zu Zwecken der Strafverfolgung zugrundezulegen analog dem Rechtsgedanken der §§ 3 Abs. 3 Satz 2 und 7 Abs. 3 G 10.

Wenn diese aus der Rechtslage abzuleitende Auffassung dazu führen sollte, daß sowohl eine wirksame Gefahrenabwehr der Polizei als auch andererseits eine effektive und als notwendig erachtete Tätigkeit der Nachrichtendienste nicht möglich ist, dann muß der Gesetzgeber Klarheit über die Bedeutung der Versagung polizeilicher Befugnisse für die Nachrichtendienste schaffen. Außerdem muß die Tätigkeit von BND und MAD grundsätzlich gesetzlich geregelt werden. (Für die Frage der übergangsweisen Zulässigkeit der bisherigen Praxis s.o. 1. Kapitel I. 2.2.)

V. Übermittlung im automatisierten Datenverbund

Die Erforderlichkeit der Datenübermittlung ist besonders sorgfältig zu prüfen, wo ein automatisierter Datenverbund besteht mit unmittelbarer Abruf- und eventuell Eingabeberechtigung. Hier ist die Übermittlung des Gesamtdatenbestandes, auf den mit dem einzelnen Gerät zugegriffen werden kann, bereits durch den Anschluß des Gerätes vollzogen, weil dadurch die Daten zum Abruf bereit gehalten werden nach der Legaldefinition des § 2 Abs. 2 Satz 2, letzte Alt.[31] Dies ist von besonderer Bedeutung für die Polizeibehörden und Nachrichtendienste mit ihren automatisierten Datenverbundsystemen INPOL und NADIS. Denn man könnte zunächst versucht sein zu sagen, Polizei sei gleich Polizei, Gefahrenabwehr gleich Gefahrenabwehr und nachrichtendienstliche Tätigkeit gleich nachrichtendienstliche Tätigkeit. Dies, weil der Schutz der Verfassung und die Beobachtung sicherheitsgefährdender Bestrebungen ebenfalls dem gemeinsamen Ziel des Schutzes der freiheitlichen demokratischen Grundordnung dienten. Deshalb müsse jede Polizeibehörde die Daten der anderen Polizeibehörden zur Verfügung haben können und jeder Nachrichtendienst die Daten des anderen Nachrichtendienstes. Zu der eventuellen online-Verbindung zwischen Nachrichtendiensten und Polizeibehörden wäre der Sprung dann auch nicht mehr allzu weit.

Mit anderen Behörden erscheint ein online-Verbund der Sicherheitsbehörden grundsätzlich problematisch. Ohne eindeutige gesetzliche Regelung, die auch den genauen Umfang und Zweck des Verbundes normieren müßte, ist dies in jedem

31 näher *Ordemann-Schomerus,* Anm. 2 zu § 2 sowie *Simitis etc.* Rdnr. 94 ff zu § 2

Fall unzulässig. Dabei ist auch darauf hinzuweisen, daß alle gesetzlichen Auskunftsregelungen gegenüber Sicherheitsbehörden sich bisher stets auf Auskünfte *in Einzelfällen* beziehen (s.o. II. 1).

1. Stand des Online-Verbundes allgemein

Im Hinblick auf immer wieder in der Publizistik und andernorts anzutreffende falsche Darstellungen sei zunächst darauf hingewiesen, daß es nur zwischen den Verfassungsschutzbehörden des Bundes und der Länder sowie zwischen BKA und den Landes- sowie einigen Bundespolizeibehörden einen Online-Verkehr gibt. Dagegen besteht kein Online-Verkehr zwischen BND und MAD sowie zwischen BND, MAD und BfV, obwohl dies nach den NADIS-Richtlinien möglich wäre. Diese Richtlinien bedürfen jedoch gerade im Hinblick auf die heutigen Erkenntnisse und Erfordernisse des Datenschutzes der Neubesinnung. Der bisherige teilweise Verbund zwischen BKA und BfV ist dagegen weitgehend aufgehoben.

2. Zugriffsberechtigung im INPOL-Verbund

Auch im INPOL-Verbund besteht gegenwärtig eine relativ zufriedenstellende Abstufung hinsichtlich der Zugriffsberechtigung, womit bereits im Prinzip anerkannt wird, daß Polizei eben doch nicht gleich Polizei ist. Unabhängig davon muß jedoch bei weiteren Ausbauplänen von automatisierten Verbundsystemen streng auf die jeweilige Erforderlichkeit der Daten für den angeschlossenen Teilnehmer geachtet werden je nach der betreffenden Aufgabenstellung. Das muß grundsätzlich auch gelten, wenn der automatisierte Anschluß nur zur Auffindung des Aktenzeichens und nicht zu weiteren Angaben führt wie z.B. beim NADIS. Denn bereits aus der Tatsache, daß eine Akte in einer bestimmten Abteilung über eine bestimmte Person geführt wird, können Rückschlüsse gezogen werden.

2.1 Die Ebenen Bund und Länder

Bei der notwendigen Differenzierung zur Zugriffsberechtigung im polizeilichen Informationssystem sind bereits die Ebenen Bund und Länder zu beachten. Während die Länder umfassend für Gefahrenabwehr und vorbeugende Verbrechensbekämpfung zuständig sind, hat der Bund hier nur jeweils spezielle Aufgaben zu erfüllen, die z.T. sehr detailliert umschrieben und gerade wegen der Primärzuständigkeit der Länder (vgl. Art. 30 und 83 GG sowie § 5 BKAG) grundsätzlich keiner extensiven Auslegung zugänglich sind. Deshalb kann es z.B. nicht richtig sein, daß der *Bundesgrenzschutz* alles erhalten muß, was auch die Länderpolizeien brauchen und umgekehrt, denn der Auftrag deckt sich nicht wie ein Vergleich zwischen (stellvertretend) § 1 ME und §§ 1 bis 6 BGSG zeigt. Das gilt erst recht für noch speziellere Polizeibehörden des Bundes wie die *Bahnpolizei* oder den *Zollgrenzdienst*, die *Zollfahndung* oder gar die *Strompolizei* und *Hausinspektion des Deutschen Bundestages*.

Einen Sonderfall stellt jedoch die Konstellation dar, die die generelle Wahrnehmung von Aufgaben einer Behörde durch Bedienstete einer anderen Behörde betrifft, wie z.b. bei der polizei- und zollrechtlichen Abfertigung des grenzüberschreitenden Reiseverkehrs nach §§ 62, 67, 68 BGSG.
Hier müssen selbstverständlich die jeweils tätigen Beamten des Zollgrenzdienstes die dem Grenzschutzeinzeldienst zur Verfügung stehenden Daten erhalten und umgekehrt. Im letzteren Fall ist dann auch keine Verletzung des Steuergeheimnisses (§ 30 AO) gegeben. Von diesem Sonderfall abgesehen aber muß auch im Verhältnis BGS-Zoll stets sorgfältig geprüft werden, *wer was wozu* erhalten kann.

2.2 Differenzierung auch innerhalb der Polizeien der Länder

Die Notwendigkeit zur grundsätzlichen funktionellen Differenzierung bei der Datenübermittlung besteht aber auch *innerhalb der Polizeien der Länder*. Dies nicht nur im Vergleich zwischen Landespolizeieinheiten die – wie die Bayerische Grenzpolizei – grenzpolizeiliche Aufgaben wahrnehmen und anderen. Hier dürfte die Notwendigkeit zur Trennung der generellen Zugriffsberechtigung zwischen der allgemeinen Polizei und der Grenzpolizei (oder grenzpolizeiliche Aufgaben wahrnehmenden Dienststelle; denn entscheidend aus datenschutzrechtlicher Sicht ist die funktionelle Aufgabenwahrnehmung, nicht, ob dies durch Gesetz oder innerdienstliche Vorschrift übertragen wurde) noch am evidentesten sein. Sie ist hier wie im Verhältnis BGS und allgemeine Polizei gegeben.
Aber auch *innerhalb der allgemeinen Länderpolizeien* kann keine grundsätzliche und generelle Verfügbarkeit der bei den verschiedenen *Polizeifunktionen Kriminalpolizei, Schutzpolizei einschließlich Wasserschutzpolizei* und gar *Bereitschaftspolizei* anfallenden Daten zulässig sein. Dies folgt zwingend aus dem spezifischen datenschutzrechtlichen Begriff der Behörde als der mit einer bestimmten Aufgabe befaßten Einheit. Das gilt auch für die auf verschiedene Dienststellen der Polizei verteilten Aufgaben. Dabei spielt es datenschutzrechtlich keine Rolle, ob die Trennung oder Gliederung in Kriminal-, Schutz-, Wasserschutz- und Bereitschaftspolizei wie in den meisten Ländern gesetzlich festgelegt ist (vgl. § 56 bwPolG, Art. 5 und 7 bay POG teilweise, § 67 brPolG, § 64 hessSOG, § 81 rpPVG, § 7 saarl. PVG teilweise, § 3 schl.-h. POG) und auch die Aufgabenzuweisung noch gesetzlich geregelt ist wie z.B. in Baden-Württemberg (vgl. 2. VO des Innenministeriums zur Durchführung des Polizeigesetzes),[32] Bremen (vgl. §§ 70 ff br. PolG), Hessen (vgl. hess PolOrgVO),[33] Rheinland-Pfalz (vgl. §§ 82 ff rpPVG), oder ob diese Trennung allein auf innerdienstlichen Erlassen beruht. Entscheidend ist die Wahrnehmung unterschiedlicher Schwerpunktaufgaben. Diese sind unbestreitbar z.B. bei der Schutzpolizei vorwiegend die Überwachung des Straßenverkehrs und Verfolgung der sog. Kleinkriminalität sowie das

---

32 v. 8.10.1968, GBl S. 440
33 v. 31.1.1974 GVBl II 310–38

Nebenstrafrecht und Umweltschutzrecht, wie es sehr anschaulich und beispielhaft in § 5 hessPolOrgVO festgelegt ist; bei der Wasserschutzpolizei dagegen neben der Überwachung des Wasserstraßenverkehrs vor allem die im Zusammenhang damit stehende Kleinkriminalität und das Neben- wie Umweltschutzstrafrecht, wie es ebenfalls in § 7 hessPolOrgVO niedergelegt ist. Die Aufgabe der Kriminalpolizei besteht dagegen in der Verfolgung und vorbeugenden Bekämpfung der Schwerkriminalität einschließlich der Staatsschutzdelikte. Und auch hier sind noch weitere Differenzierungen beim Zugriff auf Datenbestände nötig, wie es in der Abschottung der Staatsschutzabteilungen in den LKÄ's und im BKA z.B. grundsätzlich der Fall ist. Allerdings wäre es wünschenswert, wenn in allen Bundesländern ähnlich klare gesetzliche Aufgabenzuweisungen erfolgten wie in Hessen.

Daß alle vorerwähnten Polizeiarten jeweils bei Gefahr im Verzug für den ersten Zugriff in allen Fällen von Gefahrenabwehr oder Strafverfolgung zuständig sind, ja sein müssen, und auch alle Polizeibeamten Polizei i.S. § 163 StPO und zu Recht auch an das aktuelle Fahndungssystem angeschlossen sind, ändert hieran nichts. Denn danach ist der Fall stets an die der innerdienstlichen oder gesetzlichen Aufgabenverteilung entsprechende Stelle abzugeben. Dies ergibt sich z.B. auch aus Art. 3 bayPOG. Dort ist zwar in Art. 3 Abs. 1 die umfassende Zuständigkeit jeder allgemeinen Polizeibehörde mit Ausnahme der Grenz- und Bereitschaftspolizei festgelegt. Doch hat dies letztlich nur haftungsrechtliche Bedeutung[34] und gilt auch grundsätzlich nur für den ersten Zugriff. Denn unbeschadet dieser »Grundzuständigkeit« gibt Art. 3 Abs. 2 bayPOG die Möglichkeit der Zuweisung verschiedener örtlicher *und sachlicher* Dienstbereiche, wovon ja auch Gebrauch gemacht wurde. Damit ergibt sich von der Funktionsverteilung kein Unterschied z.B. zur hessischen Regelung. Dies gilt jedenfalls für die datenschutzrechtlichen Konsequenzen, denn *die funktionelle Zuständigkeit ist jedenfalls datenschutzrechtlich ein Fall sachlicher Zuständigkeit.*[35]

Als Ergebnis ist deshalb festzuhalten, daß nicht nur im Verhältnis der Polizeien des Bundes und der Länder, sondern auch jeweils untereinander eine sorgfältige Zugriffskontrolle erfolgen muß. Einzelauskünfte sind hiervon natürlich ausgenommen. Ein on-line-Anschluß aber ist nur statthaft bei im wesentlichen gleicher Aufgabe. Es ist daher erfreulich, daß beim Ausbau von INPOL grundsätzlich nur die Kriminaldienst verrichtenden Stellen des Bundes und der Länder an die erweiterten Auskunftssysteme angeschlossen werden sollen. Dazu können auch nicht die Schutzpolizeien gezählt werden, die lediglich die Aufgaben im Bereich der Kleinkriminalität wahrnehmen. Diese wird aber i.d.R. nicht überregionaler Art sein. Damit können entsprechende Daten von vornherein nicht beim BKA gespeichert sein, wie aus § 1 Abs. 1 Satz 2 BKAG folgt (vgl. auch oben 1. Kap. I 3.2.2 und III. 1.1). Für die Rechtfertigung zur vorbeugenden ed-Behandlung und Auf-

---

34 vgl. auch *Martin-Samper,* Anm. 4a zu Art. 1
35 vgl. auch *Simitis etc* Rdnr. 10 zu § 9

bewahrung der Unterlagen ist dagegen nach dem Verhältnismäßigkeitsgrundsatz die (dringende) Wiederholungsgefahr schwererer Straftaten zu fordern (vgl. die Rechtsgedanken in § 45 a Abs. 2 hessSOG und § 16 Abs. 2 AE). Bei solchen Straftaten aber ist grundsätzlich die Kriminalpolizei, nicht die Schutzpolizei zuständig usw. Somit spricht alles dafür, die hier geforderte klare Trennung beim on-line-Verkehr im INPOL-System zwischen Schutz- und Kriminalpolizei vorzunehmen. Zu Recht erwähnt daher § 150 a Abs. 2 Nr. 2 GewO beim Kreis der Auskunftsberechtigten allein die »Kriminaldienst verrichtenden Dienststellen der Polizei«, die mit der Verhütung und Verfolgung der entsprechenden Straftaten befaßt sind. Andere Dienststellen der Polizei können also grundsätzlich keine Auskunft erhalten. Ähnlich präzisiert Nr. 12 MiStra die auskunftsberechtigte Dienststelle als »(Kriminal-)Polizeidienststelle«.

2.3 Beispiele

2.3.1 Als ein in jüngster Zeit stark diskutiertes und eindeutiges Beispiel für Daten, die nur die Personalausweisstelle bei den Meldebehörden einerseits, die Grenzpolizei andererseits betreffen und daher grundsätzlich auch nur ihnen und nicht auch anderen Polizeibehörden zugänglich sein dürfen, sei auf den Vermerk zur Verhinderung des Grenzübertritts verwiesen: Solange er nur im Reisepaß stand, war dies unbedenklich, da man sich anderen Behörden gegenüber im Inland auch durch den Personalausweis ausweisen kann. Da dieser Vermerk nunmehr aber gemäß § 2 Abs. 2 PersAuswG auch in den Personalausweis eingetragen werden kann, der generelles Ausweisdokument ist, bestehen hiergegen größte Bedenken, obwohl das sachliche Anliegen, nämlich die Verhinderung der Umgehung des Eintrags im Paß durch Verwendung des Personalausweises zum Grenzübertritt verständlich ist. Auch wenn es sich hierbei nicht um Daten in Dateien handelt, so ist dieses Beispiel doch geeignet als Illustration zum Grundproblem, zumal man ja die Lösung darin suchen könnte, den Sperrvermerk via INPOL an die Grenzschutzstellen zu übermitteln. Und umgekehrt befinden sich die für den Grenzschutz erforderlichen Angaben der Sichtvermerkssperrliste (also der sichtvermerkspflichtigen Personen, denen kein Sichtvermerk erteilt werden soll und die deshalb an der Grenze auch keinen Ausnahmesichtvermerk erhalten können) zu Recht im geschützten Bestand, weil sie nur für die Zurückweisung an der Grenze notwendig sind. Im Inland ist dieser Datenbestand außerdem noch für die Ausländerbehörden notwendig für den Fall, daß der Betroffene die Grenze unkontrolliert passiert hat und nun im Inland den Sichtvermerk beantragen sollte. Es bestünden dabei keine Bedenken, ihnen insoweit den Zugang zum geschützten Bestand zu gewähren. Andere Behörden aber benötigen diese Daten nicht und dürfen daher auch keinen Zugriff auf den entsprechenden Bestand haben. Aber selbst ein Hinweis auf weiteren Bestand, auf den selbst kein Zugriff besteht, ist tunlichst zu vermeiden.

Dies wäre vor allem bei der Einstellung der zollrechtlichen Überwachung nach Ziff. 4 der PDV 384.2 zu beachten, falls dies über den sehr breit zugänglichen aktuellen Fahndungsbestand geschehen sollte unabhängig von den grundsätzlichen Bedenken bezüglich der Rechtsgrundlage (s.o. I. 2).

Es muß somit jeweils sorgfältig geprüft werden, ob überhaupt und wenn ja in welchem Umfang die gegenseitige Übermittlung der Daten durch die Einstellung in und den Anschluß an das Verbundsystem möglich ist: der *Grenzfahndungsbestand* geht prinzipiell nur die Beamten des BGS und des Zolls (wegen der Übertragung der Aufgaben nach § 62 BGSG auf die Zollverwaltung) sowie die Bayerische Grenzpolizei (im Hinblick auf die Übernahme der Aufgaben in Bayern durch die bayerische Grenzpolizei gem. § 63 BGSG) etwas an. Das gilt erst recht, wenn solche Daten aus dem aktuellen Fahndungsbestand im inaktuellen Stand des Zentralen Personenindex unter vorbeugenden Gesichtspunkten aufbewahrt werden. Für das geplante Informationssystem der Zollfahndung muß daher ebenfalls sehr genau überlegt werden, ob und inwieweit es mit dem allgemeinen ZPI des BKA bzw. von INPOL vermengt werden kann und damit allen anderen angeschlossenen Polizeidienststellen generell zur Verfügung steht. Hier dürfte bereits das Steuergeheimnis nach § 30 AO eine Barriere darstellen neben der spezifischen und der Zollfahndung exklusiv übertragenen Aufgabe.

2.3.2 Für das System PIOS als Ermittlungshilfe zur Erledigung umfangreicher Terrorismus- und Rauschgiftverfahren, darüber hinaus aber auch als Instrument der vorbeugenden Verbrechensbekämpfung auf diesem Gebiet, gelten die vorgenannten Bedenken erst recht: da außer dem BKA keine Bundespolizeibehörde einen entsprechend umfassenden Auftrag hat, allenfalls am Rande mitbeteiligt sein kann, dürfen andere Bundespolizeibehörden als das BKA auch nicht angeschlossen werden. Dies ist gegenwärtig auch nicht der Fall. Auch bei den Ländern haben zurecht nur die Landeskriminalämter Zugriff, da bei ihnen die Zuständigkeit für diesen Bereich liegt. Diese streng begrenzte Zugriffsregelung ist auch deshalb notwendig, weil in PIOS nicht nur erwiesene Tatsachen gespeichert werden.

2.3.3 Ein Sonderproblem im Zusammenhang mit dem polizeilichen Informationssystem stellte der teilweise Anschluß des BfV und damit letztlich auch der LfV's dar. Ein solcher Online-Anschluß erschien aus zwei Gründen nicht zulässig: einmal wegen § 3 Abs. 3 Satz 1 BVerfSchG und der parallelen Landesbestimmungen, wonach den Verfassungsschutzbehörden grundsätzlich polizeiliche Befugnisse versagt sind. Das muß sich letztlich auch auf die Erkenntnisse erstrecken, die mittels polizeilicher Befugnisse gewonnen wurden.[36] Dies könnte allerdings der Gesetzgeber ändern durch eine Präzisierung des Verhältnisses von § 3 Abs. 3 Satz 1 zur Amtspflicht nach § 3 Abs. 4 BVerfSchG die für sich ja in dieser allgemeinen Form keine Berechtigung zur Datenübermittlung darstellt, was im übrigen auch der Vergleich mit § 4 BVerfSchG und der dort geregelten speziellen Unterrichtung der Verfassungsschutzbehörden ergibt.

36 näher *Riegel V*, 953 f u. oben 1

Zum anderen aber wegen der völlig verschiedenen Aufgabenstellung: Strafverfolgung hat nichts zu tun mit der Aufgabe der Verfassungsschutzämter oder der Nachrichtendienste generell. Dies aber ist entscheidend für den gegenseitigen Datenfluß. Und die Aufgaben zur Gefahrenabwehr sind grundverschiedener Natur. Einen automatisierten Datenverbund zwischen Polizeibehörden und Nachrichtendiensten kann es daher aus diesen Gründen von vornherein nicht geben. Möglich ist nur der Datenaustausch im Einzelfall, bei dem die Erforderlichkeitsprüfung gewährleistet ist. Allerdings setzt auch dies im Verhältnis Polizeibehörden und Nachrichtendiensten voraus, daß über die Tragweite von § 3 Abs. 3 Satz 1 BVerfSchG Einigung herrscht. Es ist sehr erfreulich, daß der teilweise Verbund zwischen BKA und BfV seit kurzem beendet ist und damit die Konsequenz aus den vorstehenden Überlegungen gezogen wurde.

2.3.4 Andererseits ist es bedenkenfrei, wenn alle *Polizei*behörden des Bundes und der Länder an das *aktuelle Fahndungssystem* (mit Ausnahme des besonderen geschützten Grenzfahndungsbestandes des BGS) angeschlossen sind. Denn das Festhalten eines zur Festnahme Ausgeschriebenen oder die Meldung eines zur Beobachtung Ausgeschriebenen ist Aufgabe aller Polizeibehörden. Dies kann jedoch nicht für die Zollüberwachung und -fahndung gelten, da insoweit § 30 AO entgegensteht.

2.3.5 Dagegen könnte eine Datei über personenbezogene Daten im Zusammenhang mit der allein vom BKA zu erteilenden Unbedenklichkeitsbescheinigung nach § 33 Abs. 2 Nr. 2 d der GewO nie in das polizeiliche Informationssystem einbezogen werden, weil keine andere Polizeibehörde diese Aufgabe hat.

Dies führt gleichzeitig erneut zu dem bereits erwähnten Problem der gegenseitigen Unterrichtung bzw. *Datenübermittlung innerhalb einer Behörde mit verschiedenen Aufgabenbereichen:* die vorerwähnten Daten dürfen auch im BKA grundsätzlich nur der hierfür zuständigen Abteilung zugänglich sein, die wiederum umgekehrt keine Berechtigung für den Zugriff auf PIOS oder die Fahndung haben kann. Und im BfV kann zwar jede Stelle alle gespeicherten Daten abrufen (die wie erwähnt nur die persönlichen Identifizierungsdaten und das Aktenzeichen umfassen). Die zugehörigen Akten dürfen jedoch den verschiedenen Abteilungen nicht ohne weiteres zur Verfügung stehen. Diese Abschottungserfordernisse auch innerhalb einer Behörde werden in der Praxis auch als Grundsatz im wesentlichen anerkannt und befolgt.[37]

Insgesamt aber dürften die vorstehenden Darlegungen gezeigt haben, daß es wünschenswert wäre, die Zulässigkeit von online-Anschlüssen jeweils durch Gesetz zu regeln und dieses problematische Feld nicht allein den betroffenen oder interessierten Verwaltungsbehörden zu überlassen. Das gilt zumindest für den Sicherheitsbereich.

---

37 für INPOL vgl. *Wiesel-Gerster,* S. 29

VI. Auskunftserteilung durch Sicherheitsbehörden an andere Stellen

Der Grundsatz der Zweckbindung der jeweiligen Datensammlung und die Restriktionen, die sich daraus sowie aus den angeführten gesetzlichen Bestimmungen und allgemeinen verfassungsrechtlichen Überlegungen bereits für den Datenaustausch der Sicherheitsbehörden untereinander ergeben, zwingen erst recht zu Beschränkungen hinsichtlich der Auskunftserteilung an andere Stellen.

1. Notwendigkeit gesetzlicher Regelung

Die Zulässigkeit der Auskunftserteilung oder Datenübermittlung *an andere Behörden* muß jeweils *gesetzlich* festgelegt sein.

1.1 Für die Nachrichtendienste

Für die *Nachrichtendienste* gilt dies grundsätzlich uneingeschränkt. Der weite Rahmen des § 10 ist nicht anwendbar. Die Unterrichtungspflichten in den Verfassungsschutzgesetzen sowie im G 10 beziehen sich stets nur auf Behörden, die im Sicherheitsbereich tätig sind, primär nur auf die anderen Nachrichtendienste. Hierzu sei verwiesen auf § 3 Abs. 2 G 10, § 4 BVerfSchG, für den Landesbereich die besonders klare Regelung in Baden-Württemberg nach § 3 Verfassungsschutzverordnung i.V. mit Nr. 2 des Runderlasses des Innenministeriums vom 30.3.1953.[38] Soweit dagegen in manchen Landesverfassungsschutzgesetzen von anderen als »staatlichen Stellen« gesprochen wird, (vgl. § 6 der VerfSchGe von Bremen, Hamburg, Niedersachsen und Rheinland-Pfalz) ist der Begriff »staatliche Stellen« nach der Zweckbindung der Daten auf Sicherheitsbehörden beschränkt zu verstehen. Andere Behörden dürfen grundsätzlich keine Auskünfte erhalten. Zumindest müßte dies gesetzlich festgelegt sein. Da insoweit aber nirgends gesetzliche Bestimmungen ersichtlich sind, entfällt auch aus diesem Grund jede entsprechende Möglichkeit der Datenübermittlung an andere Stellen als Sicherheitsbehörden. Hiervon ausgenommen ist die (bei Einstellungsüberprüfungen auf gerichtsverwertbare Tatsachen beschränkte) Mitteilung an Geheimschutzbeauftragte bei anderen Behörden durch die Verfassungsschutzämter. Unabhängig davon, daß die Geheimschutzbeauftragten in gewisser Hinsicht in den Kreis der Sicherheitsbehörden einbezogen werden können, läßt sich die Befugnis hierzu ableiten aus der den Verfassungsschutzämtern gesetzlich obliegenden Aufgabe zur Mitwirkung bei der Sicherheitsüberprüfung (vgl. § 3 Abs. 2 Nr. 1 und 2 BVerfSchG und die entsprechenden landesrechtlichen Bestimmungen) i.V. mit den beamten- und tarifrechtlichen Regelungen, die zur Not als materiell-rechtliche Grundlage für die Sicherheitsüberprüfung erachtet werden können (vgl. aber oben 1. Kap. I 2.3).

---

38 GABl. S. 117

Im übrigen folgt die absolute Beschränkung der Mitteilung an andere Behörden aus der besonderen Tätigkeit der Nachrichtendienste und dürfte nicht zuletzt in deren eigenem Interesse liegen.

1.2 Für Polizeibehörden

Für Auskünfte durch Dienststellen der *Polizei* an andere Behörden muß prinzipiell dasselbe gelten. Der Inhalt von Polizeiakten ist allein für die Polizei und nicht für andere Stellen bestimmt. Zurecht geht Ziff. 5.1 der KpS von diesem Grundsatz aus. Eine Durchbrechung aber darf nur auf gesetzlicher Grundlage zugelassen werden. § 2 Abs. 1 Nr. 2 BKAG ist ein gutes Beispiel hierfür.

Für eine Übergangszeit wird man jedoch eine Ausnahme auch ohne ausdrückliche gesetzliche Regelung im Verhältnis zu den Verwaltungsbehörden akzeptieren können, die ebenfalls Aufgaben der Gefahrenabwehr wahrnehmen, wenn auch nicht mit vollzugspolizeilichem Charakter. Als Beispiel sei die Meldepflicht der Polizei an die Ausländerbehörden erwähnt. Sie besteht bei Einleitung strafrechtlicher Ermittlungsverfahren gegen einen Ausländer wegen eines Vergehens oder eines Verbrechens oder wenn ein Ausländer wegen erheblicher Verstöße gegen die öffentliche Sicherheit oder Ordnung in Erscheinung getreten ist (vgl. AuslGVwV, Anl. III Ziff. 7). Insofern kann man auch den Rechtsgedanken des § 29 VwVerfG zugrundelegen (Akteneinsichtsrecht durch Beteiligte). Deshalb ist auch Ziff. 5.4.6 der KpS, die eine entsprechende Unterrichtung vorsieht, prinzipiell noch tragbar. Für die Zukunft sollte aber eine gesetzliche Umschreibung der Zulässigkeit der Unterrichtung anderer Behörden mit Aufgaben der Gefahrenabwehr erfolgen. Dies ist vordringlich dort zu fordern, wo es nicht um Einzelauskunft auf Anfrage sondern – wie bei der o.a. Mitteilungspflicht der Polizei – um regelmäßige Übermittlungsfälle geht. Der richtige Standort für die Kriminalpolizei wäre § 2 BKAG bzw. die parallelen landesrechtlichen Bestimmungen.

2. Grundsätzliches Verbot einer Auskunftserteilung an *Privatpersonen* außer dem Betroffenen.

Die Möglichkeit einer Auskunftserteilung an Privatpersonen außer dem Betroffenen selbst (in einem die Zweckgefährdung sicherheitsbehördlicher Maßnahmen vermeidbaren Umfang, vgl. auch Ziff. 6 der KpS) ist dagegen grundsätzlich abzulehnen. Sie ergibt sich z.B. durch Umkehrschluß aus dem baden-württ. Landesverfassungsschutzrecht (s.o. zu 1.1). § 6 Abs. 1 des Hamburger und § 6 Abs. 1 des Niedersächsischen VerfSchG bestimmen zu Recht auch ausdrücklich, daß die Erkenntnisse des Verfassungsschutzes grundsätzlich nicht an andere als staatliche Stellen (zur einschränkenden Auslegung dieses Begriffs s.o. 1.1) weitergegeben werden dürfen. Doch muß dies auch ansonsten selbstverständlich sein.

Folgende generell umschreibbare Ausnahmen sind jedoch zuzulassen:
– Für *Nachrichtendienste und Polizei,* soweit es auf der Grundlage *gesicherter* Erkenntnisse darum geht, durch Mitteilung bestimmter Sachverhalte (Warnung vor einem bestimmten Angehörigen eines wichtigen Betriebes) schwerwiegende

Gefahren von Personen oder Betrieben abzuwehren, die zur Vermeidung der Zweckgefährdung oder aus anderen faktischen Gründen (unbekannter Aufenthalt des Betriebsangehörigen) noch nicht sofort anderweitig (z.B. durch Verhaftung) abgewendet werden können.

Die Rechtsgrundlage für die *Polizei* hierfür ist in der polizeilichen Generalklausel zu sehen. Damit sind gleichzeitig die Grenzen der Auskunft bzw. Mitteilung (die Polizei handelt ja in solchen Fällen eigeninitiativ und nicht erst auf Anfrage) aufgezeigt, denn nach der polizeilichen Generalklausel ist eine Maßnahme nur zur Abwehr einer konkreten Gefahr möglich und eine Spezialbefugnis besteht nicht.

Für die *Nachrichtendienste* ist dagegen eine gesetzliche Klarstellung zu fordern, soweit sie nicht schon in einigen Landesgesetzen besteht (s.u.). § 3 Abs. 3 Satz 2 BVerfSchG oder vergleichbare Bestimmungen können keine Grundlage sein, da eine solche Unterrichtung nicht dem Sammeln oder Auswerten von Erkenntnissen im Sinne von § 3 Abs. 1 BVerfSchG dient. Für BND und MAD fehlt es ohnehin an einer Regelung.

Eine Regelung über mögliche Ausnahmen im oben beschriebenen Sinne enthalten in generalklauselartiger (aber doch im hier erläuterten Sinne eingrenzbarer) Form je § 6 der LVerfSchGe von Bremen, Hamburg, Niedersachsen und Rheinland-Pfalz.

Dabei werden die Ausnahmemöglichkeiten zu Recht jeweils darauf beschränkt, daß es sich hierbei um Fälle handeln muß, in denen dies »zum Schutz der demokratischen Grundordnung, des Bestandes oder der Sicherheit des Bundes oder eines Landes erforderlich« ist. Außerdem ist dies jeweils nur mit Zustimmung des Innenministers oder Innensenators zulässig, wie es die vorgenannten Landesgesetze (mit Ausnahme von Rheinland-Pfalz) vorsehen. Nach der Regelung in Hamburg ist außerdem jeweils der Parlamentarische Kontrollausschuß hiervon zu unterrichten.

Eine solche, wenn auch generalklauselartige, Regelung ist unter den zusätzlichen verfahrensrechtlichen Kautelen tragbar. Gleichwohl muß darauf hingewiesen werden, daß solche Fälle der Mitteilung an Private nur höchst selten sein können. Dies schon deshalb, weil der normale Weg darin bestehen wird, die Kriminalpolizei und die Staatsanwaltschaft zu benachrichtigen, damit die Personen, von denen die Gefährdung ausgeht, festgenommen werden können.

Mit den vorstehenden Erwägungen ist dargetan, daß der Rahmen des § 11 hinsichtlich der Datenübermittlung durch Sicherheitsbehörden an Stellen außerhalb des öffentlichen Bereichs ebenso wenig tauglicher Ausgangspunkt ist wie § 10 für die Datenübermittlung innerhalb des öffentlichen Bereichs durch Sicherheitsbehörden, nachdem letztere Bestimmung noch nicht einmal taugliches Kriterium für die Datenübermittlung selbst sein kann.

VII. Datenabgleich der Sicherheitsbehörden mit anderen Stellen

1. Art der Maßnahme

Datenabgleich geschieht in der Weise, daß Bänder einer Behörde mit einem Datenbestand der anderen Behörde auf automatischem Wege verglichen werden. Zweck dieses Abgleichs ist meist die Feststellung ergänzender Daten wie insbesondere Anschriften oder -änderungen zur Aufenthaltsermittlung und zur Einleitung weiterer polizeilicher oder nachrichtendienstlicher Maßnahmen. Dabei erfolgen die entsprechenden Ausdrucke dann, wenn eine Übereinstimmung von Daten des abzugleichenden Bandes mit dem anderen Datenbestand gegeben ist. Sowohl das Übersenden des Bandes zum Abgleich als auch die Ausdrucke sind Übermittlungsvorgänge. Im Ergebnis handelt es sich um eine technisch vereinfachte Summierung von Einzelauskünften.

2. Kriterien der Zulässigkeit am Beispiel eines Datenabgleichs zwischen BKA und KBA

Die grundsätzliche Zulässigkeit des Datenabgleichs ist daher zunächst nach den allgemeinen Grundsätzen der Datenübermittlung zu beurteilen, wofür auf die vorstehenden Ausführungen (I – VI) verwiesen werden kann.

Zusätzlich ist jedoch für die *Art und Weise* der Durchführung des Datenabgleichs der Verhältnismäßigkeitsgrundsatz in besonderem Maße dort zu beachten, wo es um einen Abgleich zwischen Behörden mit völlig verschiedenen Aufgabenbereichen geht. Dies ist z.b. der Fall bei einem Abgleich zwischen BKA und KBA. In einem solchen Fall ist es unerläßlich sicherzustellen, daß das KBA unter keinen Umständen die Daten des BKA (oder einer anderen Polizeibehörde) wahrnehmen kann. Dies nicht nur, weil die Kenntnis dieser Daten für das KBA unnötig und damit unzulässig wäre, denn die Daten des BKA sind solche zur Erfüllung polizeilicher Aufgaben, die dem KBA gerade nicht obliegen. Und die Verhinderung der Wahrnehmung muß sich sowohl auf die zum Abgleich verwendeten Daten als auch um die bei Identität erfolgten Ausdrucke beziehen.

Die Pflicht, eine Wahrnehmung dieser Daten durch das KBA zu verhindern resultiert vor allem auch daraus, daß es sich hierbei um brisante Daten handelt, mit denen bei leichtfertigem Umgang viel Unheil angerichtet werden kann, wenn der Betroffene diskriminiert *oder* gewarnt wird. In *beiden* Fällen ist der einmal eingetretene Schaden kaum wieder gutzumachen.

Diese Brisanz ist im konkreten Fall umgekehrt – also bei Wahrnehmung der Daten des KBA durch das BKA oder eine andere Polizeibehörde – zwar nicht gegeben, weil die Halterdatei nichts anderes ist als ein Melderegister der Kfz-Halter für Zwecke des Straßenverkehrsrechts, die Einstellung dort also keinerlei diskriminierenden Charakter hat. Dennoch muß dafür gesorgt werden, daß auch insoweit keine Wahrnehmung der Halterdaten durch das BKA – erst recht natürlich keine

Kopie – möglich ist, soweit es nicht die Ausdrucke betrifft. Denn eine Kenntnis anderer Halterdaten ist nicht erforderlich und deren Übermittlung wäre damit schon nach dem weiten Wortlaut von § 10 BDSG unzulässig. Schließlich müssen Kopien des abgeglichenen Datenbestandes, die eventuell aus Sicherheitsgründen zunächst entstanden sein sollten, sofort nach Beendigung des Datenabgleichs vernichtet werden. Ein reiner Hinweis auf dem Sicherungsband, daß in einem bestimmten Zeitraum durch bestimmte Personen ein Datenabgleich durchgeführt worden sei, wäre dagegen unschädlich.

Außerdem wäre ein solcher Abgleich durch das BKA oder eine andere Polizeibehörde, die einen Abgleich mit dem KBA durchführen muß, selbst durchzuführen. Der umgekehrte Fall wäre dagegen als zumindest sehr problematisch zu erachten, da das KBA keinen polizeilichen Auftrag hat und die Amtshilfe hier keine ausreichende Grundlage ist, da sie ja auch für die Datenübermittlung nicht ausreichend legitimiert. Schließlich ergibt sich die Notwendigkeit hierzu auch aus der Forderung, in jedem Fall eine Wahrnehmung des Datenbestandes der Polizeibehörde durch das KBA zu verhindern wegen der Brisanz der Daten.

Unabhängig davon wäre es wünschenswert, wenn der Gesetzgeber die Fälle, in denen er eine Übermittlung von Daten an Behörden mit anderem Auftrag zulassen will – insbesondere Polizeibehörden und Nachrichtendienste, denn hier wird sich Ärger nie vermeiden lassen – bereichsspezifisch regelte. § 10 BDSG oder landesrechtliche Parallelvorschriften sind, wie bereits erwähnt, kein tauglicher Rahmen, da hiernach im Grunde fast alles möglich wäre. Dem steht aber die jeweilige Zweckbindung der Datensammlung entgegen.

Bezüglich des KBA ist zwar die Auskunft aus dem *Verkehrszentralregister* speziell geregelt (§ 30 StVG), nicht aber aus der *Halterdatei*. Allerdings ist insoweit eine Analogie zu § 26 Abs. 5 StVZO möglich, wonach die Kfz-Zulassungsstellen im Einzelfall auf Antrag Behörden Auskunft über die Fahrzeuge, Halter und die Versicherungen erteilen. Dabei ist für Behörden nicht einmal eine Begründungspflicht gegeben, wie der Umkehrschluß aus § 26 Abs. 2 zweite Alt. ergibt, wonach »anderen« – also Privatpersonen – »bei Darlegung eines berechtigten Interesses« ebenfalls Auskunft erteilt wird, während diese Forderung nach dem Wortlaut der vorgenannten Bestimmung nicht greift für Behörden.

Die Erteilung von Auskünften durch das KBA statt durch Kfz-Zulassungsstellen ist jedoch im Ergebnis kein qualitativer, sondern nur ein quantitativer Unterschied. Anders wäre es erst bei einem nach der gegenwärtigen Rechtslage nur schwer denkbaren Datenverbund zwischen BKA und KBA, denn in diesem Fall wäre jeweils der gesamte Datenbestand übermittelt, sodaß von einem Einzelfall nicht mehr die Rede sein könnte. Dennoch wäre es gerade auch wegen der Regelung in § 30 StVG für das Verkehrszentralregister wünschenswert, ähnlich § 26 Abs. 5 StVZO für das KBA eine klare Regelung bezüglich der Auskunft aus der Halterdatei zu schaffen. Ein geeigneter Standort wäre sowohl die StVZO als auch ein KBA-Gesetz, in dem einheitlich alle Auskunftsrechte und/oder -pflichen des KBA geregelt werden könnten.

Es darf abschließend bemerkt werden, daß die vorstehenden Ausführungen am Beispiel des Datenabgleichs zwischen KBA und BKA für jeden Datenabgleich von Behörden mit verschiedenen Aufgaben im grundsätzlichen ebenso gelten. Zusätzlich sind jedoch die jeweiligen evtl. Besonderheiten zu berücksichtigen, soweit eine Übermittlung von Daten überhaupt zulässig ist.

VIII. Datenübermittlung an und von Sicherheitsbehörden des Auslands

1. Pflichten zur grenzüberschreitenden Datenübermittlung

Nach Art. 2 der IKPO-Statuten sind die Mitgliedstaaten der IKPO verpflichtet zu einer »möglichst umfassenden gegenseitigen Unterstützung aller Kriminalpolizeibehörden im Rahmen der in den einzelnen Ländern geltenden Gesetze«.

Dazu gehört selbstverständlich in erster Linie auch die Übermittlung von Daten, wenn es z.b. darum geht, Fahndungsersuchen an das Ausland zu leiten oder im Inland für das Ausland durchzuführen zum Zwecke der Festnahme, zur Auslieferung, Aufenthaltsermittlung oder der Ermittlung Vermißter. Die PDV 384.1 enthält unter Ziff. 2.1.3 hierzu recht detaillierte Vorschriften. Nationale Zentralstelle für den Interpol-Verkehr ist das BKA (§ 1 Abs. 2 BKAG). Außerdem ist das BKA generell zuständig für den Dienstverkehr mit ausländischen Polizei- und Justizbehörden zwecks Bekämpfung »internationaler gemeiner Verbrecher« (§ 10 BKAG). Daten gehen somit entweder in das INPOL-System oder werden aus dem INPOL-System übermittelt. Online-Anschlüsse bestehen bereits mit einigen ausländischen Interpol-Dienststellen. Sie beschränken sich bisher jedoch wegen der damit verbundenen Probleme nur auf den Bereich der Kfz-Sachfahndung. Die Einbeziehung weiterer Sachfahndungskomplexe ist geplant. Über Möglichkeiten im Bereich der Personenfahndung wird allerdings diskutiert. Einen umfangreichen Datenaustausch sieht z.b. auch das Abkommen über die Zusammenarbeit der Polizeibehörden im deutsch-französischen Grenzgebiet vom 3.2.1977 (BGBl. 1978 II, 1402) vor. Dieser Datenfluß wird sich noch verstärken im Rahmen des Vollzugs der europäischen Übereinkommen vom November 1964 über die Ahndung von Zuwiderhandlungen im Straßenverkehr, der *Überwachung* bedingt Verurteilter oder bedingt entlassener Personen und das Europäische Übereinkommen vom 28. Mai 1970 über die internationale Geltung von Strafurteilen, wonach ausländische Strafurteile, Bußgeldbescheide etc. im Inland vollstreckt werden können. Allerdings sind diese drei Übereinkommen von der Bundesregierung bisher nicht ratifiziert, weil es an den innerstaatlichen Voraussetzungen zur Umsetzung und Ausführung fehlt. Diese sollen durch das als Referentenentwurf vorliegende Gesetz über die internationale Rechtshilfe in Strafsachen geschaffen werden.

Für die Nachrichtendienste existiert keine Art. 2 IKPO-Statuten entsprechende Regelung, zumindest ist eine solche nicht bekannt. Dennoch besteht auch hier ein Datenaustausch.

2. *Grenzen durch § 11 BDSG*

Nach §11 ist die Datenübermittlung an Behörden und sonstige Stellen des Auslandes dann möglich, wenn entweder die ausländische Behörde die Daten benötigt *und* ein berechtigtes Interesse hierzu glaubhaft macht oder aber die Übermittlung im Interesse der übermittelnden Stelle liegt (also z.B. inländische Fahndungsersuchen an das Ausland) *und* schutzwürdige Belange des Betroffenen nicht beeinträchtigt werden (§ 11 Satz 3 i.V.m. Satz 1 und 2) »nach Maßgabe der für diese Übermittlung geltenden Gesetze und Vereinbarungen.»Letzteres ist trotz des nicht ganz klaren Wortlauts eine selbständige Voraussetzung neben § 11 Satz 1 und 2. Doch sind auch dann die Schutzregelungen nach § 11 S. 1 u. 2 zu beachten. Internationale Vereinbarungen verdrängen § 11 also nicht.[39] Dies könnte allein durch vorrangiges Gemeinschaftsrecht geschehen, während der denkbare Vorrang nach Art. 25 GG hier nicht möglich erscheint. Deshalb ist bei entsprechenden gemeinschaftsrechtlichen Rechtsakten streng darauf zu achten, daß § 11 S. 1 u. 2 nicht umgangen wird. Allerdings kann die Zulässigkeit nach § 11 Satz 1 und 2 auch ausgeschlossen werden und zwar auch durch eine Verwaltungsvereinbarung. Lediglich eine Erleichterung der Voraussetzungen des § 11 BDSG wäre durch eine Verwaltungsvorschrift nicht möglich. Deshalb bestehen keine Bedenken gegen Absatz 6 der Verwaltungsvorschrift zu § 13 StVZO auch nach Inkrafttreten von § 11 BDSG, wonach Auskünfte aus dem Verkehrszentralregister an ausländische Behörden und Gerichte *nur* bei entsprechender völkerrechtlicher Vereinbarung möglich sind.

Doch ist zu fordern, daß die Voraussetzungen des § 11 Satz 1 und 2, soweit es um die Beachtung der schutzwürdigen Belange des Betroffenen geht, stets beachtet werden beim Abschluß entsprechender Vereinbarungen. Deshalb gilt diese Einschränkung auch für Absatz 6 der Verwaltungsvorschrift zu § 13 StVZO. Soweit auf Art. 2 IKPO als entsprechender Vereinbarung abzustellen ist, gilt dies ohnehin, da Art. 2 auf den »Rahmen der in den einzelnen Ländern geltenden Gesetze« verweist. In § 28 Abs. 4 1. WaffV i.d.F. d. Bek. v. 15.2.1979 (BGBl. I S. 184), also lange nach Verkündigung des BDSG, scheint dies nicht beachtet worden zu sein. Denn nach dieser Bestimmung sollen u.a. auch Name und Anschrift des inländischen Versenders von Waffen an ausländische Polizeidienststellen von Interpol mitgeteilt werden. Voraussetzung ist lediglich die Gewährleistung der Gegenseitigkeit. Diese rein völkerrechtliche Einschränkung hat aber nichts zu tun mit der

---

39 vgl. *Ordemann-Schomerus,* Anm. 3 zu § 11, *Simitis etc.* Rdnr. 35 zu § 11, die zu Recht auf den dieses Ergebnis stützenden Wortlaut verweisen; in jedem Fall wird § 11 beim Abschluß entsprechender Vereinbarungen beachtet werden müssen;
zu Unrecht aA *Auernhammer,* Rdnr. 15 zu § 11, *Gallwas etc.* Rdnr. 42 zu § 11 und *Weigert,* BayVBl 1980 Heft 3
die bei letzteren vorgebrachten Praktikabilitätserwägungen schlagen schon deshalb nicht durch, weil hierdurch nicht die innerstaatlichen Schutzvorschriften aus den Angeln gehoben werden dürfen, vgl. auch *Riegel VI* und Duplik zu Weigert aaO, BayVBl 1980 Heft 3

Gewährleistung der schutzwürdigen Belange des Betroffenen. Auch wenn § 28 Abs. 4 1. WaffV nur eine Soll-Vorschrift ist, bestehen hiergegen doch große Bedenken aus den vorgenannten Gründen. § 28 Abs. 4 1. WaffV ist daher nur haltbar bei einschränkender Auslegung unter Beachtung der Pflichten nach § 11 S. 1 und 2 BDSG. Auf Grund einer diesbezüglichen Anfrage des BfD soll diese Vorschrift daher dahingehend geändert werden, daß grundsätzlich nur die Daten des ausländischen Erwerbers, nicht auch die des inländischen Verkäufers mitgeteilt werden. Bis dahin wird das BKA bereits entsprechend verfahren.

Ähnliches gilt für die Auskunft aus dem Bundeszentralregister nach § 53 BZRG: auch hier ist § 11 BDSG zu beachten. Für § 53 Satz 1 ist dabei darauf hinzuweisen, daß bei Abschluß entsprechender Vereinbarungen von vornherein von den zuständigen Stellen vermieden wird, völkerrechtliche Verträge zu schließen, die der Forderung des § 11 BDSG nicht gerecht werden. Für die Erteilung der Zustimmung des BMJ in den Fällen, in denen solche Vereinbarungen fehlen ist dies dagegen unproblematisch, da hier ja noch in jedem Einzelfall die Prüfung i.S. § 11 BDSG möglich ist und keine Gefahr besteht, gegen völkerrechtliche Verpflichtungen zu verstoßen.

3. Mindestvoraussetzungen zur Wahrung der schutzwürdigen Belange des Betroffenen

Genau hier, nämlich in der Wahrnehmung der schutzwürdigen Belange des Betroffenen, liegt das Problem bei der Datenübermittlung an ausländische Sicherheitsbehörden, solange kein vergleichbarer Standard an Datenschutzrecht vorliegt. Denn *der Betroffene darf durch die Übermittlung seiner persönlichen Daten an das Ausland nicht schlechter gestellt werden in der Gesamtheit seiner Rechte.* Das umschließt auch z.B. die Anrufung einer neutralen Prüfungsinstanz wie einen Datenschutzbeauftragten oder eine entsprechende Einrichtung.[40] Außerdem muß sichergestellt sein, daß bei Vorliegen der Löschungsvoraussetzungen im Inland evtl. an das Ausland weitergegebene Daten ebenfalls gelöscht werden. Ansonsten könnten inländische Löschungsfristen auch mühelos umgangen werden, indem entsprechende Daten z.B. bei Interpol Paris weiter verfügbar blieben für die inländischen Polizeibehörden. Zwar bestimmt Ziff. 2.1.3.4 letzter Absatz von PDV 384.1 für die *inländischen* Polizeibehörden, daß diese Daten nach Erledigung der Ausschreibung sofort zu löschen sind. Was aber geschieht im umgekehrten Fall, wenn Daten zu einem Fahndungsersuchen an das Ausland gegeben wurden, mit den Daten im Ausland? Weitere Probleme ergeben sich aus dem grenzüberschreitenden Datenaustausch anderer als Polizeibehörden wie z.B. der Sozialversicherungsträger: hier ist z.B. sicherzustellen, daß das Sozialgeheimnis im Ausland nicht durch nach innerstaatlichem Recht verbotene Weitergabe an andere Behör-

40 vgl. auch 1. Tätigkeitsbericht, S. 63 ff

den verletzt wird, sonst könnte man auf diesem Wege letztlich alle innerstaatlichen Kautelen aus den Angeln heben.

Es wird nicht einfach sein, all diese Fragen zufriedenstellend zu lösen. Bemühungen zu einer Bewältigung der allgemeine Probleme des internationalen Datenaustausches laufen in verschiedenen internationalen Gremien. Sie müssen jedoch ergänzt werden durch Sonderregelungen für den Sicherheitsbereich.[41] Solange hier keine befriedigende Lösung gefunden ist, muß ein Online-Anschluß zwischen ausländischen Sicherheitsbehörden und dem BKA als nationalem Zentralbüro der IKPO unter allen Umständen verhindert werden.

Das gilt natürlich ebenso für einen möglichen Datenaustausch per Online-Verkehr mit dem Ausland. Relevant wird dies bei Realisierung der Pläne der EG über einen totalen Datenaustausch der EG-Mitgliedstaaten zur Gewährleistung der ordnungsgemäßen Anwendung des EG-Zoll- und Agrarrechts. Hier sollte doch erst für einheitliches Datenschutzrecht gesorgt werden. In jedem Fall muß sichergestellt sein, daß das Steuergeheimnis (§ 30 AO) nicht verletzt wird, daß also die Informationen nur solchen Personen der jeweiligen Behörden zugänglich gemacht werden, die mit der Durchsetzung der EG-Bestimmungen befaßt sind. Diesen Austausch will § 30 AO natürlich nicht verhindern.[42] Das verlangt im übrigen auch § 117 Abs. 3 Nr. 2 AO und ist zurecht Inhalt der Geheimhaltungsklausel von Art. 7 der EG-Richtlinien vom 19.12.1977 über die gegenseitige Amtshilfe im Bereich der direkten Steuern (ABlEG Nr. L 336/15 vom 27.12.1977).

Doch sind damit die übrigen Datenschutzprobleme, insbesondere Fragen der Löschung, der Einsichtsrechte usw. noch lange nicht gelöst. Die Pflicht zur Wahrung der schutzwürdigen Belange eines Betroffenen, wie sie § 11 fordert, ist weiter als die Pflicht zur Wahrung des Steuergeheimnisses. Auch eine Bestimmung wie Art. 8 der vorerwähnten Amtshilferichtlinie reicht noch nicht aus, weil hier als alleinige Grenze des Auskunftsaustausches der Fall genannt ist, daß der Beschaffung oder Verwertung entsprechender Auskünfte durch die um Auskunft ersuchte Behörde auch für die eigenen steuerlichen Zwecke gesetzliche Vorschriften oder ihre Verwaltungspraxis entgegenstünden. Fragen innerstaatlicher Löschungs- und/oder Auskunftspflichten gegen den Betroffenen sowie der gerichtliche und außergerichtliche Schutz sind damit noch nicht gelöst.

Solange dies aber jeweils nicht wenigstens rudimentär der Fall ist, solange bestehen »erhebliche Bedenken« gegen eine Übermittlung, wie es Nr. 3 a MiStra als Versagungsgrund für Mitteilungen an supranationale Behörden ausdrücklich formuliert.

---

41 vgl. die Nachw. bei *Ordemann-Schomerus,* Einl. 3.7, Tätigkeitsbericht S. 64 f u. *Riegel VI*

42 vgl. konkret zum grenzüberschreitenden Datenaustausch in Steuersachen und zur Bedeutung des Steuergeheimnisses hierbei *Runge,* RIW/AWD 1979, 73 ff (73, 84 ff); leider läßt Runge jegliches Eingehen auf die datenschutzrechtliche Problematik i.V. mit § 11 BDSG vermissen, hierzu *Riegel,* RIW/AWD 1979, 458 f

Voraussetzung dafür aber, daß eine solche Bestimmung wie Nr. 3 a MiStra oder die eingangs genannten überhaupt anwendbar ist, ist gerade auch im EG-Bereich mit den vielfältigen Zusammenarbeitsregelungen, daß kein vorrangiges, unmittelbar wirksames Gemeinschaftsrecht zur Datenübermittlung verpflichtet ungeachtet des § 11 BDSG oder sonstiger sich aus innerstaatlichem Recht ergebender Kautelen.[43]

---

43 näher *Riegel VI* m.w. Nachw.

3. Kapitel Berichtigung, Sperrung und Löschung von Daten im Bereich der Sicherheitsbehörden

I. Allgemeines

Es gibt vier Grundfälle bei der Speicherung von Daten, in denen der Betroffene verletzt sein kann und bei denen ihm ein Anspruch auf Korrektur im weitesten Sinne gegenüber der speichernden Stelle zusteht bzw. letztere eine Pflicht zur Korrektur trifft. Es handelt sich hierbei um die Fälle der
– erwiesenen Unrichtigkeit
– zweifelhaften Richtigkeit
– fehlenden Erforderlichkeit für weitere Aufbewahrung
– der Unzulässigkeit der Erhebung der Daten von Anfang an.
In all diesen Fällen statuiert das Gesetz die Pflicht der Behörde und/oder den Anspruch des Betroffenen auf
– Berichtigung (bei erwiesener Unrichtigkeit)
– Sperrung (bei nicht beweisbarer Richtigkeit und Wegfall der Erforderlichkeit)
– Löschung (bei Wegfall der Erforderlichkeit unabhängig oder in Verbindung
  mit einem Anspruch des Betroffenen sowie bei anfänglicher Unzulässigkeit der Speicherung).

II. Berichtigung

Schädlich sowohl für die Sicherheitsbehörden als auch erst recht für den Betroffenen ist nicht nur die unzulässige Speicherung von Daten, sondern auch im Falle grundsätzlicher Zulässigkeit die Speicherung unrichtiger Daten. Hier ist von Amts wegen gemäß § 14 Abs. 1 zu berichtigen. Dies kann je nach Sachlage sowohl durch einen neuen berichtigenden Zusatz oder durch Löschung eines Teiles des Datensatzes und Ersetzung durch richtige Daten (z.B. Anschrift) oder nur durch Löschung eines Datums (z.B. Hinweis auf bestimmte Straftat, die aber von einer anderen Person begangen wurde) geschehen. Voraussetzung ist in allen Fällen, daß die Unrichtigkeit eindeutig feststeht.

III. Sperrung

Steht die Unrichtigkeit nicht fest, kann lediglich die Richtigkeit der gespeicherten Daten von der speichernden Stelle nicht nachgewiesen werden und bestreitet der Betroffene die Richtigkeit, dann sind die entsprechenden Daten zu sperren (§ 14 Abs. 2 Satz 1). Der Betroffene braucht also nicht etwa die Unrichtigkeit zu beweisen (dann würde ja auch der Berichtigungsanspruch nach § 14 Abs. 1 eingreifen). Die bloße Behauptung der Unrichtigkeit genügt vielmehr für den Sperrungsanspruch, wenn der speichernden Stelle der Gegenbeweis nicht gelingt. Diese hat also die Beweislast für die Richtigkeit der gespeicherten Daten.[1] Das entspricht den allgemeinen Grundsätzen zur Beweislast im Eingriffsverwaltungsrecht, um das es im Bereich der Sicherheitsbehörden ja geht.

Eine weitere Pflicht zur Sperrung besteht dann, wenn die Kenntnis für die speichernde Stelle nicht mehr erforderlich ist (§ 14 Abs. 2 Satz 2). Für die Sicherheitsbehörden, jedenfalls für die Polizeibehörden, ist dies kaum relevant, denn nach Polizeirecht ist eine Maßnahme (hier alst das Speichern in Dateien oder generell auch das Aufbewahren von Akten) nur so lange zulässig, bis der Zweck der Speicherung erreicht ist oder sich zeigt, daß er nicht erreicht werden kann (vgl. § 2 Abs. 3 ME, der ja mehr und mehr übernommen wird in den Landespolizeigesetzen). Als bereichsspezifische Regelung geht dies dem § 14 Abs. 2 Satz 2 vor (§ 45).

Zu recht sehen die neuen Richtlinien über kriminalpolizeiliche personenbezogene Sammlungen den Fall der Sperrung auch gar nicht vor nach Wegfall der Erforderlichkeit, sondern verlangen dann kategorisch die Vernichtung der Akten und Löschung der zugehörigen Daten. Ausnahmen hiervon sind grundsätzlich nicht denkbar.

Für die Alternative des bloßen Bestreitens der Richtigkeit dagegen ist der Fall der Sperrung noch bedeutsam. Denn Sperren heißt nicht Löschen, sondern nur das grundsätzliche Verbot weiterer Verarbeitung, insbesondere der Übermittlung der Daten (§ 14 Abs. 2 Satz 3). In bestimmten Ausnahmefällen kann dies sogar durchbrochen werden. Das kann wichtig sein in Zeiten extremer Gefahrensituationen. Außerdem können die Daten sofort voll verfügbar (reaktiviert) gemacht werden, wenn die Richtigkeit durch die Behörde im nachhinein noch dargetan werden kann und die Erforderlichkeit weiterer Speicherung zu bejahen ist.

Aber auch insoweit wird das Sperren im Bereich der Sicherheitsbehörden nur selten vorkommen. Voraussetzung des Bestreitens ist ja die Kenntnis des Betroffenen von der Speicherung, an der es oft fehlen wird, soweit eine heimliche Tätigkeit vorliegt und die Behörden sich auf ihr Auskunftsverweigerungsrecht nach § 13 Abs. 2 berufen. Dennoch könnte es gerade über die Kontrolltätigkeit der Datenschutzbeauftragten und im Bereich des Bundes des BfD relevant werden, wenn der Betroffene eine bestimmte Vermutung schildert, die im Zusammenhang mit Speicherung stehen könnte, dies in der Tat der Fall ist und der Landesdatenschutz-

---

1 insofern zumindest mißverständlich *Ordemann-Schomerus,* Anm. 3 zu § 14

beauftragte oder der BfD dann stellvertretend für den Betroffenen gegenüber der speichernden Stelle die Richtigkeit der gespeicherten Daten substantiiert bestreiten kann.

Die Hauptprobleme des § 14 und der parallelen Landesvorschriften liegen aber bei dem nun zu erörternden Anspruch auf oder der Pflicht zum Löschen.

IV. Löschen

1. Möglichkeit und Pflicht

Gemäß § 14.Abs. 3 sind drei Fälle des Löschens zu unterscheiden:
– Zum einen die *Möglichkeit* für die Behörde, dann zu löschen, wenn die weitere Erforderlichkeit der Aufbewahrung zu verneinen ist *und* kein Grund zu der Annahme besteht, daß gerade die Löschung (u.U. durch den damit verbundenen Wegfall künftiger Beweismöglichkeiten) schutzwürdige Belange des Betroffenen verletzt (§ 14 Abs. 3 Satz 1).
– Zum anderen die *Pflicht* zur Löschung, wenn die Speicherung von Anfang an unzulässig war (§ 14 Abs. 3 Satz 2 1. Alt), weil die rechtlichen Voraussetzungen für die Erhebung der Daten überhaupt nicht vorlagen.
– Schließlich die *Pflicht* zur Löschung, wenn die weitere Erforderlichkeit nicht mehr gegeben ist und der Betroffene die Löschung verlangt (§ 14 Abs.3 Satz 2, 2. Alt.).
Der Unterschied zur ersterwähnten Löschungsvariante liegt hier darin, daß im Falle des Löschungsverlangens durch den Betroffenen die eventuelle Verletzung seiner schutzwürdigen Belange durch die Löschung nicht mehr zu prüfen ist nach dem Gesetzeswortlaut.

Die beiden letzten Alternativen sind im Grundsätzlichen unproblematisch. Für die Sicherheitsbehörden muß dagegen die erste Alternative – fakultative Löschung bei Fehlen weiterer Erforderlichkeit statt lediglich Sperrung – ebenfalls als Löschungs*pflicht* gesehen werden. Im Bereich der Sicherheitsbehörden muß aus den bereits zur Sperrung genannten Gründen und wegen der oft gegebenen Brisanz der gespeicherten Daten gelöscht werden, wenn die weitere Erforderlichkeit nicht mehr gegeben ist. Gleiches gilt natürlich für die Vernichtung der zugehörigen Akten. Sollten aus anderen – verwaltungsmäßigen – Gründen die Akten insgesamt oder Teile von ihnen noch erforderlich sein (z.B. Schadensersatzforderung nach Wegfall der Erforderlichkeit aus Gründen der öffentlichen Sicherheit), dann muß eine andere Form der Aufbewahrung *ausschließlich* für die damit befaßte Verwaltungsstelle gefunden werden.

Neben dem bereits erwähnten § 2 Abs. 3 ME ergibt sich dies für alle Sicherheitsbehörden auch aus den verschiedenen bereits bestehenden gesetzlichen Regelungen über die Vernichtung von Unterlagen (einschließlich der dazu gespeicherten Daten, und seien es auch nur die Aktenzeichen), und/oder einschließlich der hierzu ergangenen Rechtsprechung. Es sei zu erst erinnert an die jahrelange gefestigte Rechtsprechung zur Vernichtung erkennungsdienstlicher Unterlagen.[2] Ausdrückliche gesetzliche Pflichten zur Vernichtung der Akten oder Löschung der Daten nach Wegfall der Erforderlichkeit enthalten darüber hinaus die bereits mehrfach erwähnten Tilgungsfristen des Bundeszentralregisters (§ 43 ff. BZRG), des Gewerbezentralregisters (§ 153 Gewerbeordnung), des Verkehrszentralregisters (§ 30 StVG i.V.m. § 13 a StVZO).

Außerdem sei hingewiesen

– auf § 163 c Abs. 4 StPO über die Vernichtung erkennungsdienstlicher Unterlagen bei Nicht-Tatverdächtigen *unmittelbar* nach der Identitätsfeststellung, also nach Zweckerreichung;

– auf § 100 b Abs. 5 StPO über die Vernichtung der Unterlagen, die bei der Überwachung des Fernmeldeverkehrs nach § 100 a StPO angefallen sind, wenn sie »zur Strafverfolgung nicht mehr erforderlich« sind;

– auf § 7 Abs. 4 G 10 über die Vernichtung der durch die Überwachungsmaßnahmen der dem Brief-, Post- und Fernmeldegeheimnis unterliegenden Sendungen angefallenen Unterlagen, wenn sie nicht mehr zu dem in § 7 Abs. 3 G 10 genannten Zweck (Erforschung und Verfolgung der in § 2 G 10 oder Erforschung, Verfolgung und Verhütung einer der in § 138 StGB abschließend genannten Straftaten) »nicht mehr erforderlich« sind;

– auf § 86 Abs. 3 StVollzG über die Vernichtung von ed-Unterlagen, die zur Sicherung des Strafvollzugs angefertigt wurden nach Entlassung aus den Vollzug auf Antrag des Entlassenen;

– auf §§ 42 bis 44 AE, als weiteres Beispiel für entsprechende Gesetzesvorschläge.

Aus dieser Gesamtschau bereichsspezifischer Vorschriften die § 14 Abs. 3 vorgehen (§ 45) i.V.m. dem Grundsatz der Verhältnismäßigkeit ergibt sich eindeutig, daß die nach § 14 an sich gegebene Möglichkeit der reinen Sperrung bei Wegfall der Erforderlichkeit anstatt der Löschung, für die Sicherheitsbehörden nicht gegeben sein kann. Insofern ist deshalb die Kritik an der mißverständlichen Formulierung von § 10 Abs. 2 ME berechtigt, wonach der Betroffene die Vernichtung der erkennungsdienstlichen Unterlagen verlangen kann bei Wegfall weiterer Erforderlichkeit. Das klingt so, als bestehe selbst dann keine Pflicht zur Vernichtung, was aber nicht gemeint war und nicht gemeint sein konnte. Darüber hinaus muß es schon wegen § 14 Abs. 3 i.V.m. den vorstehenden Erwägungen eine *Vernichtung* polizeilicher Unterlagen *von Amts wegen* nach Wegfall der Erforderlichkeit geben. Der nordrhein-westfälische Polizeigesetzentwurf enthält hierzu eine erfreuliche Klarstellung in § 10 Abs. Satz 2.[3] aber auch das (bedauerliche) Schweigen des ME[4] vermag hieran nichts zu ändern. Durch die neuen Richtlinien über die kriminalpolizeilichen personenbezogenen Sammlungen wird das Pro-

---

2 statt vieler vgl. *Kleinknecht,* Rdnr. 13 u. 16 zu § 81 b, *Riegel,* Zum Problem der Anfertigung und Vernichtung erkennungsdienstlicher Unterlagen DÖV 1978, 17 ff, 19 f
3 LT-Drucks. 8/4080 v. 6.2.1979
4 vgl. *Riegel* (FN 2), 20 f, *Heise-Riegel,* Anm. 4 zu § 10

blem auch im hier erläuterten Sinne entschieden. Die vorstehenden Erwägungen gelten ebenso für § 86 Abs. 3 StVollzG, nach dessen Formulierung gleichfalls der Eindruck entstehen könnte, als sei nur auf Antrag des Betroffenen zu verrichten.

2. Das Wann des Löschens im engeren Sinn

Mit den vorstehenden Erwägungen ist jedoch das Problem des Zeitpunkts der Löschung im Sinne § 14 nur im Grundsätzlichen gelöst, soweit es nicht die Prüfung aufgrund Individualantrags betrifft oder aber im Zusammenhang mit der Feststellung der Unzulässigkeit der Speicherung überhaupt. Eine sehr schwierige Frage ist jedoch, wann im übrigen die Erforderlichkeit für die weitere Aufbewahrung nicht mehr zu bejahen ist.

Gewisse Anhaltspunkte können die jeweiligen Tilgungsfristen des Bundeszentralregisters, Gewerberegisters und Verkehrszentralregisters sein. Aber bereits hier sind erhebliche Differenzierungen festzustellen, weil eben die Erforderlichkeit für weitere Aufbewahrung nicht pauschal gesehen werden kann. So ist im Bereich der Polizei- und Strafverfolgungsbehörden eine grundsätzliche Abschichtung zwischen Bedürfnissen für die Strafverfolgung einerseits, Gefahrenabwehr andererseits notwendig. Und die unabweisbaren Notwendigkeiten im Rahmen der *polizeilichen* Gefahrenabwehr sind wiederum nicht gleichzusetzen mit denen der *nachrichtendienstlichen* Gefahrenabwehr, sprich Spionageabwehr und Gegenaufklärung. Außerdem sind Fristen, die für die Spionage unerläßlich scheinen, für die Speicherung über sog. verfassungsfeindliche Bestrebungen entschieden zu lang. So muß auch noch innerhalb eines Amtes – wie hier des BfV – differenziert werden. Gleiches gilt für MAD und BND, wobei bei letzterem – sieht man einmal vom für den MAD gleichermaßen relevanten Grundsatzproblem der fehlenden Rechtsgrundlagen ab –» wohl die längsten Fristen erforderlich sind.

Hier bedarf es jeweils sorgfältiger Überlegungen, deren Ergebnisse einerseits verhindern müssen, daß das Kind mit dem Bade ausgeschüttet wird, die aber andererseits die Interessen des Datenschutzes nach heutigen Erkenntnissen voll berücksichtigen.

Nur die absoluten Grenzen lassen sich leicht ziehen:

Fristen, wie die bis 1979 gültigen im Bereich der Polizei für Kriminalakten, die pauschal auf das 90. Lebensjahr oder 25 Jahre nach Entlassung abstellen oder ähnliches sind ebenso indiskutabel wie eine Forderung, grundsätzlich etwa nach 1 bis 2 Jahren alles zu löschen i.S. § 14 Abs. 3. Darüber sind sich auch alle ernsthaft Beteiligten einig.

Die neuen Richtlinien über kriminalpolizeiliche personenbezogene Sammlungen sind ein *erster* sehr positiver Schritt in die richtige Richtung mit Überprüfungsfristen für die weitere Erforderlichkeit von 10 (allgemein) – 5 (Jugendliche) dund 3 (Kinder) Jahren nach der ersten Speicherung. Allerdings muß die generelle 10-Jahresfrist (und entsprechend die anderen Fristen) nach deutlich aufgefächert werden. Insbesondere sind dort besonders kurze Fristen zu fordern, wo – wie im

Rauschgift- und Terrorismusbereich – die Verdachtsschwelle aus guten Gründen zunächst sehr weit nach vorne verlegt werden muß. Vor allem muß dies auch gelten für zur Beobachtung ausgeschriebene Personen, wenn es sich um solche handelt, gegen die ausschließlich die zur Ausschreibung führenden Verdachtsmomente vorliegen. Entfallen diese Voraussetzungen, bleiben nach den jetzigen Regelungen die Daten entsprechend den KpS-Fristen im inaktuellen Bestand. Für Erwachsene gilt dann die 10-Jahresfrist. Dies ist sehr bedenklich. Hier müssen kürzere Fristen gefunden werden. Als Prinzip hat zu gelten, daß vorverlagerte Verdachtsmomente kurzen Löschungsfristen für Löschung im physikalischen Sinn unterliegen. Sie dürfen ohne das Hinzutreten neuer Verdachtsgründe nicht mit der Prognose bezüglich überführter Straftäter gleich (lang) behandelt werden.

Bei den Nachrichtendiensten laufen ähnliche Überlegungen, die aber aus den vorgenannten Gründen von anderen Zeitvorstellungen ausgehen müssen. Besonders hervorzuheben ist für das BfV die Einführung der Zeitspeicherung, wonach in bestimmten Fällen bereits nach 2 Jahren die weitere Erforderlichkeit der Aufbewahrung überprüft wird. Hier wird im wahrsten Sinne des Wortes das »Vergessen« programmiert. Es wird jedoch noch weiterer Erfahrungen bedürfen, ehe insgesamt von zufriedenstellenden Fristenregelungen gesprochen werden kann, die wohl noch stärkerer Differenzierungen bedürfen als auch in den kürzlich beschlossenen neuen Fristen zugrunde gelegt, um dem Grundsatz der Verhältnismäßigkeit voll Rechnung zu tragen. Ein Weg hierzu wäre evtl., indem der jeweilige Sachbearbeiter gleich zu Beginn vermerkt, ob eine kürzere als die generelle Frist, die ja nur einen Höchstrahmen darstellt, möglich und damit auch geboten ist. Kein Problem stellt sich natürlich beim *Individualanspruch*, der ja neben diesen notwendig generalisierenden Fristen stets zulässig ist und die Prüfung ad hoc ungeachtet der allgemein geltenden Fristen ermöglicht. Dasselbe gilt bei Feststellung neuer Tatsachen, die beweisen, daß die Speicherung entweder von Anfang an unzulässig war oder jedenfalls vom Zeitpunkt der neuen Kenntnisse an nicht mehr erforderlich ist.

Unabhängig davon muß darauf hingewiesen werden, daß allgemeine Fristenregelungen in keinem Fall eine Selbstbindung nach unten bewirken und damit eine Verkürzung der Fristen im Einzelfall verbinden könnten. Wenn somit vor Ablauf der Regelfrist anläßlich einer Einzelfallprüfung festgestellt wird, daß die Unterlagen bereits zu diesem Zeitpunkt nicht mehr erforderlich sind, dann müssen die Daten gelöscht und die Akten vernichtet werden. Dem entsprechen auch die KpS (vgl. Ziff. 8.2 2. Anstrich und 8.3.3. gegen 8.3.4).

3. Das »Wie« des Löschens

3.1 Der Begriff des Löschens

Dieser Begriff wird zum Teil noch uneinheitlich verwendet insbesondere im polizeilichen Sprachgebrauch. Dort wird unter Löschen oft lediglich die Inaktualisierung einer Fahndungsnotierung verstanden. D.h., die Ausschreibung zur Fahndung wird beendet nach Erledigung, weil der Flüchtige von der Polizei gefaßt wurde. Wer nur an die Fahndung angeschlossen ist, wie z.B. die Dienststellen des Grenzschutzeinzeldienstes oder die Bahnpolizei oder die Hausinspektion des Deutschen Bundestages, erhält dann keine Auskunft mehr über seinen Bildschirm. In den Fällen aber, in denen die Daten noch zur vorbeugenden Verbrechensbekämpfung benötigt werden, bleiben die Personalien und auch der Hinweis, daß die Person und warum sie einmal ausgeschrieben war, weiterhin verfügbar im Zentralen Personenindex. Wer hieran angeschlossen ist, erhält somit die Auskunft weiterhin. Werden dagegen die Daten auch im ZPI gelöscht, so daß sie überhaupt nicht mehr verfügbar sind, dann liegt nach diesem Sprachgebrauch »Vernichten« vor. Das ist alles keine Augenwischerei, sondern eine reine Frage der Terminologie.

Wegen der bestehenden Datenschutzgesetze sollte man sich jedoch dringend auf einen einheitlichen Sprachgebrauch einigen, soweit es um Daten in Dateien geht. Hiernach ist Löschen »das Unkenntlichmachen gespeicherter Daten ungeachtet der dabei angewendeten Verfahren« (§ 2 Abs. 2 Satz 4). Jedenfalls im Bereich der Sicherheitsbehörden kann schon im Hinblick auf den Sprachgebrauch der erwähnten gesetzlichen Bestimmungen über die »Vernichtung« von Unterlagen (§§ 10 Abs. 2 ME, 100 b Abs. 5 StPO, 7 Abs. 4 G 10 usw.) kein Zweifel daran sein, daß Löschen nicht anders als Löschen im physikalischen und nicht nur im logischen Sinn zu verstehen ist.[6] Es muß also eine vollkommene Tilgung der Datensätze dergestalt vorgenommen werden, daß es nach dem Stand der Technik unmöglich ist, die Daten wieder verfügbar also lesbar zu machen. Löschen im Sinn von § 14 ist also das was im vorerwähnten polizeilichen Sprachgebrauch zum Teil noch als Vernichten bezeichnet wird und was im Rahmen der zu 2 geschilderten Fristen vorgenommen wird. Der Begriff Vernichtung sollte jedoch nur noch für die damit verbundene Beseitigung der zugehörigen Akten verwendet werden. Die neuen Richtlinien über die kriminalpolizeilichen personenbezogenen Sammlungen verwenden diese Begriffe auch im hier zugrunde gelegten Sinne und sprechen von Vernichten der Akten einerseits und von Löschen im physikalischen Sinne der zugehörigen Daten andererseits.

---

5 vgl. *Wiesel-Gerster*, S. 84 u. 105 u. PDV 384. 1 Ziff. 3.4.2 ff
6 vgl. auch *Riegel II*, 275 f; auch die neuen KpS gehen zu Recht von physikalischer Löschung aus

3.2 Verfahren bei Sicherungsbeständen

Bei der Datenverarbeitung müssen aus gerade von den Datenschutzgesetzen geforderten *Sicherungsgründen* jeweils Duplikate des aktuellen Datenbestandes vorhanden sein, um jederzeit den Originalbestand bei Ausfall, Sabotage, Brand etc. wieder herstellen zu können. Dies geschieht durch Überspielen des aktuellen Datenbestandes in bestimmten Zeitabständen sowie gleichzeitiger Protokollierung der Veränderungen ab dem Zeitpunkt des Überspielens. Die Duplikate werden an anderer Stelle gelagert. Ein gezielter Zugriff auf eine zu löschende Einzelinformation ist nur unter erheblichen Schwierigkeiten möglich.

Es erschiene unrealistisch und unvertretbar auch vom Verwaltungsaufwand her, wollte man hier verlangen, daß in jedem Fall, in dem ein Datensatz zu löschen ist, dies auch sofort im Sicherungsbestand durchzuführen ist. Es muß allerdings gewährleistet sein, daß die Löschung der Daten dort in einem vertretbaren zeitlichen Abstand zum Auskunftsbestand erfolgt. Dies geschieht dadurch, daß der Sicherungsbestand in kurzen Zeitabständen durch Wiederverwendung und Totalüberspielung oder auf andere Weise vollständig gelöscht wird. Damit ist eine Umgehung der Pflicht zur physikalischen Löschung grundsätzlich verhindert. Allerdings muß auch dafür Sorge getragen werden, daß nicht doch im Einzelfall ein im aktuellen Bestand bereits gelöschtes Datum wieder »reaktiviert« wird. Deshalb sind diese Daten dort bis zur endgültigen Löschung zu sperren (vgl. auch Ziff. 9.1 der KpS). Das kann z.B. dadurch geschehen, daß eine Notiz zum Archivierungsbestand genommen wird, die auf den gelöschten Datensatz hinweist, der somit nicht mehr verwendet werden darf. Die Notiz(en) muß (müssen) dann ebenfalls nach der Gesamtlöschung des Sicherungsbestandes vernichtet werden.

Des weiteren ist darauf zu achten, daß die Freigabefristen zur Wiederverwendung oder sonstigen Löschung der Sicherungsbänder nicht teilweise dadurch unterlaufen werden, daß die erforderliche Anzahl der Generationen von Sicherungsbändern in diesem Zeitraum nicht erreicht wird. Hier müssen dann die notwendigen organisatorischen Maßnahmen getroffen werden, um die Freigabe in einem für die Löschungspflicht nach § 14 Abs. 3 vertretbaren Zeitraum durch dieses Sicherungsprinzip nicht zu verhindern.

Bei den *Nachrichtendiensten* ergibt sich eine zusätzliche Besonderheit dadurch, daß dort außer den normalen Archivierungsbeständen, deren Löschung in der vorstehend geschilderten Art erfolgt, noch zusätzlich *Protokollbänder* geführt werden, die jede Abfrage, Eingabe, Änderung, Löschung mit der Bezeichnung der abfragenden Stelle ebenfalls aus Sicherheitsgründen aufzeichnen.[7]

Die Bänder wurden bisher sehr lange aufbewahrt, ohne daß irgendwann Löschungen erfolgt wären. Zu diesen Bändern hat aber jeweils nur ein Referat Zugang. Die Löschung eines Einzeldatensatzes ist hier wohl noch schwieriger als bei der zeitlich in regelmäßiger Folge durchgeführten Löschung der Sicherungsbestände. Doch auch hier muß dafür gesorgt werden, daß Einzelinformationen verschwin-

---

7 hierzu näher 1. Tätigkeitsbericht, S. 29

den, wenn sie zu löschen sind. Dabei kann es allerdings sein, daß ein Teil dieser als besonders qualifiziert gesperrt zu erachtenden Daten für sehr lange Zeit aus den zu 2 genannten Gründen noch aufbewahrt werden muß, auch wenn die zugehörigen Daten im Auskunftsbestand bereits gelöscht sind. Dies darf allerdings nicht gelten bei Unzulässigkeit der Speicherung, die sowohl durch rechtskräftiges Urteil als auch aufgrund einer Prüfung des Amtes selbst oder desBfD (im Bereich der Länder der Landesbeauftragten) festgestellt werden kann.

Wegen des besonderen Arbeitsaufwandes, der beim Löschen in den Protokollbändern notwendig ist, wird man jedoch nicht stets sofort das Absuchen auf die entsprechenden Daten verlangen können. In dieser Zeit muß dann aber durch die bereits geschilderte Verfahrensweise ebenfalls gesichert werden, daß keinesfalls auf diese Daten zurückgegriffen wird in dem Zeitraum, in dem sie noch in den Protokollbändern gespeichert sind. Sie sind also bereits so zu behandeln, als wären sie durchwegs physikalisch gelöscht.

3.3 Befugnis zum Löschen

Wer *löschungsbefugt* ist, richtet sich danach, wer »Herr der Daten« ist, wer also die Daten eingegeben hat. Auf die hierzu gemachten Ausführungen (1. Kapitel II) kann verwiesen werden.

Wichtig dabei ist, daß alle Stellen, bei denen evtl. Unterlagen über die zu löschenden Daten vorliegen und die solche gespeichert haben, hiervon unterrichtet werden und dann gleichfalls ihre Daten löschen sowie zugehörige Akten (-teile) vernichten. Es ist dann allerdings nicht auszuschließen, daß die andere Stelle – insbesondere die Zentralstelle wie das BKA oder das BfV – die Daten als eigene übernimmt und neu eingibt, weil aufgrund neuer Erkenntnisse oder einer anderen oder einer weitergehenden Aufgabenstellung (z.B. § 2 BKAG, § 3 BVerfSchG) die Daten dort weiter benötigt werden.[8] In diesen Fällen muß aber dafür Sorge getragen werden, daß die andere Stelle, die zu löschen hat, weil für sie die Daten nicht mehr erforderlich sind, diese dann auch nicht wieder über den Verbund erhält. D.h., daß die Zugriffsberechtigung im Online-Verkehr entsprechend zu ändern ist, da sonst der Löschungsanspruch des Betroffenen völlig in der Luft hinge.

In diesem Bereich wird es ebenfalls noch vieler Überlegungen bedürfen, ehe eine rundum zufriedenstellende Lösung gefunden ist (vgl. auch oben 1. Kapitel II).

---

8 näher *Riegel II,* 276 sowie Ziff. 9.4 der KpS

C. Die rechtliche Stellung der Sicherheitsbehörden nach den Datenschutzgesetzen

1. Kapitel Allgemeine Sonderregelungen der Sicherheitsbehörden

Es ist keine Neuigkeit, daß sonst übliche Rechte des Bürgers oder Pflichten von Behörden und Gerichten dort eingeschränkt sind, wo es darum geht, vordringliche sicherheitsrechtliche Belange nicht zu gefährden, insbesondere weil ansonsten der Zweck der Maßnahme vereitelt würde. Hierzu sei erinnert

- an die *Benachrichtigungspflicht nach § 101 Abs. 1 StPO* im Rahmen der Überwachung des Fernmeldeverkehrs: Sie ist nur Pflicht, »sobald dies ohne Gefährdung des Untersuchungszwecks geschehen kann«;
- an das *Recht auf Anwesenheit eines Verteidigers* bei richterlicher Vernehmung im Rahmen des Ermittlungsverfahrens: Es ist dort beschränkt, wo es »den Untersuchungserfolg gefährden würde« (§ 168 c Abs. 5 Satz 2 i.V.m. Abs. 2 StPO); eine ähnliche Vorschrift enthält das Polizeirecht, wofür stellvertretend auf § 15 Abs. 2 ME und 22 Abs. 2 Satz 2 AE verwiesen werden kann;
- an die *Benachrichtigungspflicht über getroffene Maßnahmen nach dem G 10:* Sie greift erst nach Einstellung der Maßnahmen ein, sonst wäre die Anordnung von vornherein sinnlos, und nur dann, »wenn eine Gefährdung des Zwecks der Beschränkung ausgeschlossen werden kann« (§ 5 Abs. 5 G 10);[1]
- an das *Akteneinsichtsrecht des Bürgers im Verwaltungsverfahren:* Es ist dort beschränkt, wo durch die Akteneinsicht »die ordnungsgemäße Erfüllung der Aufgaben der Behörde beeinträchtigt, das Bekanntwerden des Inhalts der Akten dem Wohle des Bundes oder eines Landes Nachteile bereiten würde oder soweit die Vorgänge nach einem Gesetz oder ihrem Wesen nach, namentlich wegen der berechtigten Interessen der Beteiligten oder dritter Personen, geheimgehalten werden müssen« (§ 29 Abs. 2 VwVerfG stellvertretend auch für die parallelen landesrechtlichen Vorschriften);
- an das *Akteneinsichtsrecht des Verteidigers im Strafverfahren:* es kann vor Abschluß der Ermittlungen versagt werden, wenn dies den Untersuchungszweck gefährden könnte (§ 147 Abs. 2 StPO);
- an das *Akteneinsichtsrecht des Beamten und seines Verteidigers im Disziplinarverfahren:* es ist beiden im Stadium der Vorermittlung nur gestattet, »soweit dies ohne Gefährdung des Ermittlungszweckes möglich ist« (§§ 26 Abs. 3, 40 Abs. 1 Satz 4 BDO);

1 i.d.F. des ÄnderungsG v. 13.9.1978, BGBl I S. 1546

– es ist auch in der höchstrichterlichen Rechtsprechung seit jeher anerkannt, daß überwiegende Sicherheitsbelange der Offenlegung von (Teil-)Vorgängen entgegenstehen können.[2]

Damit ist natürlich nichts darüber gesagt, daß im Einzelfall nicht doch zugunsten des Betroffenen abgewogen werden könnte und dann auch müßte bei der pflichtgemäßen Ermessensentscheidung. Aber grundsätzlich und generell wird man solche »Rückzugspositionen« der Sicherheitsbehörden nicht ausschließen können. Eine Ausnahme findet sich soweit ersichtlich lediglich im Beamtenrecht, wo gemäß § 90 BBG (entsprechend § 56 BRRG und die landesrechtlichen Vorschriften) ein umfassendes Akteneinsichtsrecht des Beamten verbürgt ist, das § 29 VwVfG vorgeht. Ob dies haltbar ist, hängt davon ab, ob man der bisher wohl herrschenden Auffassung folgt, die jüngst vom Bundesverwaltungsgericht bekräftigt wurde und wonach Sicherheitsakten (also insbesondere die im Zusammenhang mit der Sicherheitsüberprüfung des Beamten anfallenden Akten) »keine Personalakten im Sinne des § 90 Satz 1 BBG« sind und erstere im übrigen »ihrem Wesen nach geheimgehalten werden müssen«.[3]

Schließt man sich der Gegenauffassung an, dann wird man den uneingeschränkten Akteneinsichtsanspruch des Beamten nicht mehr aufrechterhalten können, da die Möglichkeit der Geheimhaltung jedenfalls in Fällen eindeutig überwiegender Sicherheitsbelange nicht von der Hand zu weisen ist.[4]

Von dogmatischer Bedeutung für das Datenschutzrecht ist in diesem Zusammenhang die Trennung der Sicherheitsakten von den Personalakten auch unter folgendem Aspekt:

Gemäß § 7 Abs. 3 gelten für die Datenverarbeitung die §§ 23 bis 27, also die Bestimmungen über die Datenverarbeitung für eigene Zwecke, statt der §§ 9 bis 14 entsprechend, soweit es »frühere, bestehende oder zukünftige dienst- oder arbeitsrechtliche Rechtsverhältnisse betrifft«. Diese Bestimmung hat den Zweck der Vereinheitlichung des Datenschutzrechts für Beamten, Angestellte und Arbeiter.[5] Sie bewirkt u.a., daß für diesen gesamten Bereich die Veröffentlichungspflicht nach § 12 nicht eingreift, andererseits zugunsten des Bediensteten geringere Einschränkungen mit sich bringt, insbesondere im Bereich des Auskunftsrechts. Auf die Sicherheitsakten ist § 7 Abs. 3 allerdings nicht anwendbar, wenn man in Übereinstimmung mit dem Bundesverwaltungsgericht diese nicht als Bestandteil der

---

2 vgl. näher die Nachw. bei *Riegel II,* 227 unter FN 22
3 vgl. BVerwG U. v. 26.1.1978, DÖV 1978, 926 ff = DVBl 1978, 606 ff m. Anm. *Wiese* DVBl 1979, 846 ff
4 so auch im Ergebnis *Wiese* aaO (FN 3) 847
5 statt vieler *Ordemann-Schomerus,* Anm. 6 zu § 7; kritisch *Gallwas etc.* Rdnr. 36 ff zu § 7, die für eine ersatzlose Streichung von § 7 Abs. 3 plädieren, weil eine gleiche Regelung wie für privatrechtliche Bedienstete nicht angebracht sei, da öffentliche Bedienstete naturgemäß stärkere Einschränkungen hinnehmen müßten als die Bediensteten in der Privatwirtschaft u. im übrigen § 7 Abs. 3 gegen Art. 33 Abs. 5 GG verstoße

Personalakten ansieht. Insoweit gelten also die §§ 9 bis 14, im übrigen dagegen die §§ 23 ff. Das ist eine sicher nicht besonders glückliche Spaltung. Bezüglich der Geheimhaltungsmöglichkeit greift aber dann voll § 13 Abs. 2 ein und das als bereichsspezifisches Recht zu erachtende Einsichtsrecht nach § 90 BBG geht dann nicht vor.[6]

Insgesamt aber ist es vom Grundsatz her weder verwunderlich noch angreifbar, wenn der Gesetzgeber auch in den Datenschutzgesetzen Rechte der Betroffenen und Pflichten der Behörden im Interesse der Sicherheit beschränkt hat. Eine andere Frage ist natürlich die Ausgestaltung und Handhabung im einzelnen, worauf nunmehr einzugehen ist.

---

6 aA offenbar *Wiese* (FN 3), 849, der auch insoweit § 7 Abs. 3 i.V. §§ 23 ff für anwendbar
   hält mit der Folge, daß dann § 26 Abs. 4 statt § 13 Abs. 2 eingreift

2. Kapitel: Die Sonderregelungen nach den Datenschutzgesetzen

I. Veröffentlichungspflichten

Soweit nicht wegen § 7 Abs. 3 aus den vorgenannten Gründen eine Veröffentlichungspflicht entfällt mangels Anwendbarkeit der §§ 12 ff. im dienst- und arbeitsrechtlichen Bereich, sind die Behörden und sonstigen öffentlichen Stellen grundsätzlich zur Veröffentlichung ihrer Speicherungen verpflichtet bezüglich
– der Datenart (z.B. Name, Vorname, Geburtsdatum)
– der Aufgaben (z.B. Dokumentation für bestimmte Zwecke)
– des betroffenen Personenkreises (Kriegsversehrte, Sportler, Abgeordnete)
– der Stellen an die regelmäßig übermittelt wird (z.B. keine)
– der Art der zu übermittelnden Daten (z.B. alle, oder keine).
Dieser Pflicht sind die Bundesbehörden durch die Veröffentlichung im Bundesanzeiger nachgekommen.[1] Die Veröffentlichungspflicht gilt dabei sowohl für manuelle wie automatisch betriebene Dateien. Nicht zu dieser Veröffentlichung verpflichtet ist allerdings der in § 12 Abs. 2 genannte Behördenkreis. Das sind zunächst die Sicherheitsbehörden im engeren Sinn, nämlich die Nachrichtendienste BND, MAD und BfV, die Polizeibehörden (für den Bund also neben BKA und BGS alle anderen Polizeibehörden im formellen und/oder materiellen Sinn)[2] sowie die Behörden der Staatsanwaltschaft. Die vorgenannten Behörden sind dabei *grundsätzlich* von der Veröffentlichungspflicht ausgenommen. Finanzbehörden und andere Behörden des Bundesministers der Verteidigung als der MAD sind dagegen nur dann von der Veröffentlichungspflicht befreit, wenn entweder die Sicherheit des Bundes durch die Veröffentlichung berührt wird oder (bezüglich der Finanzbehörden) soweit sie in Erfüllung ihrer Aufgaben nach der Abgabenordnung personenbezogene Daten zur Überwachung und Prüfung speichern.

Daß diese Behörden nicht die gleichen uneingeschränkten Veröffentlichungspflichten haben können wie andere, erklärt sich aus den vorgenannten Gründen. Fraglich ist nur, ob man hier nicht zum Schaden der Sicherheitsbehörden selbst mehr tut als nötig, denn ein Teil der Dateien ist ohnehin bekannt in der Öffentlichkeit, auch wenn er meist ohne Sachkenntnis diskutiert und kritisiert wird. Es

1 Beilage Nr. 34/78 v. 21.12.1978
2 zum Kreis der hierunter fallenden Behörden vgl. *Riegel*, ZRP 1978, 257 ff

könnte einer Entkrampfung dienen, hier wenigstens teilweise zu veröffentlichen. Die Sicherheitsbehörden sollten sich überlegen, ob eine solche Flucht nach vorne nicht besser wäre als zu viel Geheimniskrämerei. Zumindest sollte überprüft werden, ob nicht für einen Teilbereich des Katalogs nach § 12 Abs. 1 eine Veröffentlichungspflicht auch der Sicherheitsbehörden vorgesehen werden könnte[3] Anknüpfungspunkt könnte dabei der Umfang der dem BfD zu meldenden automatischen Dateien der Sicherheitsbehörden sein (§ 19 Abs. 4 Satz 5). Das gilt erst recht für die von vornherein nur bedingt von der Veröffentlichungspflicht befreiten Behörden der Verteidigungs- und Finanzverwaltung.

Begrüßenswert ist dagegen die Ausnahme des § 12 Abs. 2 Satz 3 für gesetzlich vorgeschriebene Register oder sonstige auf Grund von Rechts- oder Verwaltungsvorschriften zu führende Dateien. Diese Vorschriften kann jedermann einsehen. Eine zusätzliche Veröffentlichung erschiene hier in der Tat überflüssig. Für den Sicherheitsbereich im weiteren Sinn sind hiervon betroffen das Bundeszentralregister, Verkehrszentralregister, Ausländerzentralregister und Gewerbezentralregister.

II. Auskunftspflichten

Nach § 13 Abs. 1 – und für den Bereich des § 7 Abs. 3 nach § 26 Abs. 2 – ist den von der Datenverarbeitung Betroffenen grundsätzlich auf Antrag Auskunft zu erteilen. Soweit § 7 Abs. 3 eingreift, ist der Betroffene sogar nach § 26 Abs. 1 bei der erstmaligen Speicherung davon zu benachrichtigen, sofern er nicht auf andere Weise hiervon Kenntnis erhält. Dies betrifft vor allem auch den großen Kreis der Wehr- und Zivilersatzdienstpflichtigen, die nach dem Willen des Gesetzgebers ebenfalls von § 7 Abs. 3 umfaßt sein sollen.[4]

Von der Auskunftspflicht nach § 13 Abs. 1 sind generell und ohne Einschränkung, damit auch ohne Verpflichtung zur Interessenabwägung im Einzelfall, die Behörden befreit, die nach § 12 Abs. 2 Nr. 1 von der Veröffentlichungspflicht befreit sind. Für die übrigen Behörden sowie nach § 26 Abs. 4 Satz 2 kommt es dagegen darauf an, ob die Auskunft »die öffentliche Sicherheit und Ordnung gefährden oder sonst dem Wohle des Bundes oder eines Landes Nachteile bereiten würde«.

Das pauschale Auskunftsverweigerungs*recht* (das *nicht* die *Pflicht* zur Auskunftsverweigerung bedeutet) hat von Anfang an viel Kritik erfahren. Man muß in der Tat fragen, ob nicht die Möglichkeit der Auskunftsverweigerung im Einzelfall, die dann jeweils eine Prüfung voraussetzt, genügt und letztlich auch mehr den Interessen der Sicherheitsbehörden an größerer Transparenz dort wo sie möglich ist entspricht.[5] Dieses Auskunftsverweigerungsrecht kann natürlich auch nicht durch

---

3 so auch *Simitis* etc., Rdnr. 31 zu § 12
4 zur Kritik hieran, die jedoch de lege lata fehlgeht, vgl. *Gallwas* etc. Rdnr. 36 ff zu § 7
5 vgl. auch *Simitis* etc, Rdnr. 8 zu § 13 u. 1. Tätigkeitsbericht S. 30 f

die Kontrolle des BfD oder der Landesdatenschutzbeauftragten im jeweiligen Zuständigkeitsbereich umgangen werden.

Aus der bisherigen Praxis ist jedoch festzuhalten, daß die Sicherheitsbehörden keineswegs pauschal von § 13 Abs. 2 Gebrauch machen. Im Rahmen der Kontrolltätigkeit wurde des öfteren von verschiedenen Sicherheitsbehörden dem Wunsch, eine volle oder teilweise Auskunft erteilen zu können, nachgegeben. Auch ist aus mancher Eingabe zu entnehmen, daß einige Behörden von vornherein auf eine Anfrage eine soweit wie möglich umfassende Auskunft erteilt hatten. Manche Kritiker des Auskunftsverweigerungsrechtes der Sicherheitsbehörden, die oft wenig informiert sind (sein wollen), nehmen diese Fakten leider nicht oder zu wenig zur Kenntnis.

Man muß dabei auch berücksichtigen, daß unbestreitbar nicht alles gesagt werden kann, ohne Maßnahmen der Sicherheitsbehörden zu verletzen, die vorrangigen Interessen der Allgemeinheit dienen. Wer letzteres jedoch will, sollte es offen bekennen. Darüber hinaus muß auch bedacht werden, daß Auskünfte nur dann erteilt werden können, wenn keine Gefahr besteht, daß sie nicht in Fällen der Auskunftsverweigerung Rückschlüsse ermöglichen auf notwendig geheimzuhaltende Maßnahmen. Das ist eine Gefahr, deren sich gerade auch die Datenschutzbeauftragten bewußt sein müssen und sicher auch sind.

Besonders erfreulich in diesem Zusammenhang ist auch zu erwähnen, daß in den neuen Richtlinien über kriminalpolizeiliche personenbezogene Sammlungen in Ziff. 6 von § 13 Abs. 2 kein Gebrauch gemacht wird. Dort wird ausdrücklich festgelegt, daß dem Betroffenen auf Antrag Auskunft erteilt werden kann, wenn sein Interesse an der Auskunft das öffentliche Interesse an der Geheimhaltung überwiegt. Nach dem sehr diskussionswürdigen § 46 AE bestünde in solchen Fällen sogar eine gesetzliche Auskunfts*pflicht.*

III. Kontrollen durch die Datenschutzbeauftragten und Regelung über die den Datenschutzbeauftragten zu meldenden Dateien

1. Umfang der Kontrollkompetenz der Datenschutzbeauftragten des Bundes und der Länder

1.1 Beschränkung der Prüfungsbefugnis durch den Dateibegriff?

Die Prüfungsbefugnis der Datenschutzbeauftragten erstreckt sich unstreitig nicht nur auf die Einhaltung der Bestimmungen der formellen Datenschutzgesetze. Vielmehr ist die Beachtung der materiell weitaus umfangreicheren und bedeutenderen bereichsspezifischen Datenschutzregelungen, wie sie beispielhaft in § 45 BDSG angeführt sind und oben (A I) angesprochen wurden, ebenso von der Prüfungskompetenz umfaßt. Nur dies allein bewirkt auch eine substantielle Prüfungsbefugnis, zumal diese vollkommen ausgehöhlt werden könnte, wäre das Recht der Datenschutzbeauftragten zur Einzelprüfung allein auf die Wahrung der

Bestimmungen der formellen Datenschutzgesetze beschränkt. Dies deshalb, weil deren Vorschriften durch bereichsspezifisches Datenschutzrecht verdrängt werden und jedenfalls im Sicherheitsbereich für die Zulässigkeit des Speicherns und Übermittelns allein auf die jeweilige Rechtsmaterie zurückgegriffen werden muß (s.o. B 1. und 2. Kapitel). Doch kann die Einbeziehung des bereichsspezifischen Datenschutzrechts andererseits nicht die Loslösung vom Bezug zur Datenverarbeitung in Dateien bedeuten. Die gegenteilige Auffassung, die darauf abstellt, daß die bereichsspezifischen Datenschutzbestimmungen auch soweit sie beispielhaft in § 45 oder in landesrechtlichen Parallelvorschriften wie § 35 hess. DSG genannt sind, unabhängig von der Verarbeitung personenbezogener Daten in Dateien gelten,[6] dürfte dagegen mit dem jetzigen Recht nicht vereinbar sein, auch wenn sie rechtspolitisch sicher wünschenswert ist.

Zunächst ist darauf hinzuweisen, daß § 45 oder bestehende landesrechtliche Parallelvorschriften auch für das bereichsspezifische Datenschutzrecht auf die Anwendung für Speicherung in Dateien abstellen. Das heißt natürlich nicht, daß all diese Bestimmungen über Steuergeheimnis, Zeugnisverweigerungsrechte, Verwertungsverbote usw. nicht auch unabhängig von der Verarbeitung personenbezogener Daten in Dateien beachtet werden müßten, wenn es also z.B. allein um Verarbeitung in Akten geht. Doch ist für die Beachtung der übrigen Vorschriften, aber auch für die Befugnis der Datenschutzbeauftragten, allein die Verarbeitung in Dateien relevant. Das heißt, der BfD oder ein Landesdatenschutzbeauftragter kann bereichs-spezifisches Datenschutzrecht ebenso wie die Bestimmungen des BDSG oder der Landesdatenschutzgesetze nur dann und nur insoweit in seine Einzelprüfung mit einbeziehen, wenn es sich um eine Datenverarbeitung in Dateien handelt.[7]

Der in § 19 und den landesrechtlichen Bestimmungen enthaltene Hinweis auf die Kontrolle der Einhaltung auch »anderer Vorschriften über den Datenschutz«[8] oder »die Einhaltung des Datenschutzes«[9] vermag hieran nichts zu ändern.

Die allgemeinen Bestimmungen der §§ 1 Abs. 2 und 2 Abs. 3 Nr. 3, die die außerhalb von Dateien stattfindende Verarbeitung personenbezogener Daten ausdrücklich ausschließen vom Anwendungsbereich des BDSG (und gleiches gilt für die LandesDSGe), gelten auch für § 19 als Bestimmung des besonderen Teils des BDSG.

Das entspricht allgemeiner Hermeneutik. Hätte man die Prüfungskompetenz des Datenschutzbeauftragten vom Zusammenhang mit Dateien lösen wollen, so hätten die allgemeinen Bestimmungen in § 19 (bzw. den landesrechtlichen Paral-

---

6 so *Gallwas etc.*, Rdnr. 11 zu § 19
7 so auch *Ordemann-Schomerus*, Anm. 2 u. 4.1 zu § 19, *Simitis etc.* Rdnr. 13 zu § 19
8 so mehr oder weniger wortgleich §§ 19 Abs. 1 BDSG, 20 Abs. 1 br DSG, 23 Abs. 1 hess DSG, 18 Abs. 1 nieders. DSG, 26 Abs. 1 nrw DSG, 17 Abs. 1 rp DSG, 19 Abs. 1 schl.-h. DSG
9 so Art. 28 Abs. 1 bayDSG, § 20 Abs. 1 saarl. DSG

lelvorschriften) und damit die daraus resultierende Begrenzung ausdrücklich für nicht anwendbar erklärt werden müssen. Dies ist aber nicht der Fall.

Daß in § 19 entgegen § 45 kein Hinweis auf die Verarbeitung in Dateien enthalten ist, ist kein Gegenargument. §§ 1 und 2 würden aus den vorgenannten Gründen für § 45 auch gelten, wenn die Beschränkung auf die Verarbeitung in Dateien nicht in § 45 ausdrücklich wiederholt wäre.

Festzuhalten bleibt somit, daß die Datenschutzbeauftragten nur dann Einzelprüfungen vornehmen können, wenn eine Speicherung in Dateien vorliegt. Dabei muß natürlich auch geprüft werden, ob dies der Fall ist. Eine weitere Prüfung eventuell vorhandener Akten, Dokumente etc. ist jedoch nicht möglich, wenn die Akten, Dokumente usw. nicht personenbezogen gespeichert sind. Hier ist aber eine Beratungsmöglichkeit gegeben, die auch stets wahrgenommen werden sollte. Für die Zukunft ist jedoch zu fordern, daß die Datenschutzbeauftragten nicht nur bei ihrer allgemeinen Beratungsfunktion sondern auch bei der Einzelprüfung nicht an den Dateienbegriff gebunden sind. Bereits jetzt ist dies über all dort der Fall, wo die Speicherung in Dateienform deshalb nicht (mehr) vorgenommen wird, um die Kontrolle der Datenschutzbeauftragten zu umgehen. .

1.2 Der Notstandsvorbehalt der Sicherheitsbehörden

Für die Kontrolle der Dateien und zugehörigen Akten durch den BfD (und ebenso die Datenschutzbeauftragten der Länder) besteht jedoch die Möglichkeit der jeweils zuständigen obersten Bundes-(Landes-)Behörden, im Einzelfall festzustellen, »daß die Einsicht in Unterlagen und Akten die Sicherheit des Bundes oder eines Landes gefährdet« (§ 19 Abs. 3 Satz 4). Das nordrhein-westfälische DSG hat keine solche Einschränkung (§ 26). Doch hat der nordrhein-westfälische DSB weder BND noch MAD zu kontrollieren. Das rheinland-pfälzische DSG beschränkt sie auf die Prüfung beim Verfassungsschutz (§ 20 Satz 4).

Es ist schwer sich Fälle vorzustellen, in denen dies akut werden könnte. Bisher ist davon jedenfalls im Zuständigkeitsbereich des BfD kein Gebrauch gemacht worden. Für den polizeilichen Bereich erscheint die Beschränkung ohnehin nicht denkbar, wie gerade auch die Regelung im rheinland-pfälzischen DSG zeigt. Deshalb sollte man die Bedeutung dieser Bestimmung nicht überbetonen. Viel schlimmer ist es, wenn die Nachrichtendienste, für die allein diese Bestimmung relevant sein könnte, generell der Kontrolle durch den Datenschutzbeauftragten entzogen sind, wie dies im saarländischen DSG für den Landesverfassungsschutz der Fall ist (§ 20 Abs. 1 HS 2). Deshalb wird dort zu Recht eine entsprechende Novellierung gefordert.

2. Art und Umfang der Dateienmeldung

Eine weitere Ausnahmeregelung besteht bezüglich der Meldung der automatisch betriebenen Dateien zum besonderen Register der Datenschutzbeauftragten, das nicht für jedermann einsehbar ist.

Auch hier sind für den Bereich des Bundes die Nachrichtendienste generell ausgenommen (§ 19 Abs. 4 Satz 4). Die übrigen im erwähnten § 12 Abs. 2 Nr. 1 genannten Sicherheits-, Verteidigungs- und Finanzbehörden können sich dagegen auf eine Übersicht über »Art und Verwendungszweck« der Dateien beschränken (z.B. Fahndungsdatei zur Wiederergreifung bestimmter Personen).

In den Ländern, die jedoch nur den Verfassungsschutz als Nachrichtendienst kennen, nicht aber BND und MAD, bestehen zum Teil Abweichungen. So ist in Bayern auch der Verfassungsschutz nicht von der Meldung ausgenommen. In Hessen und in Bremen sind dagegen auch manuell geführte Dateien dem Datenschutzbeauftragten zu melden.

Für diese Ausnahmen gilt das zur allgemeinen Veröffentlichungspflicht Gesagte entsprechend.

D. Fortentwicklung des Datenschutzrechtes und Grundrecht auf Datenschutz?

Die Erfahrungen mit den Datenschutzgesetzen sind noch relativ kurz. Die Datenschutzgesetze sind zum Teil beinahe noch druckfrisch. Dennoch wurden von Anfang an Verbesserungsvorschläge gemacht. Sie betrafen vor allem auch den Sicherheitsbereich und reichen von Änderung in den Datenschutzgesetzen selbst bis hin zu Änderungen oder gar der Neuschaffung bereichsspezifischen Datenschutzrechtes. Ein erstmaliger geschlossener Vorschlag hierzu wurde für den Polizeibereich in den §§ 37 bis 46 AE unterbreitet.

Außerdem wurde und wird sehr stark die Schaffung eines speziellen Grundrechts auf Datenschutz propagiert. Nordrhein-Westfalen hat im Zusammenhang mit der Verabschiedung des Landesdatenschutzgesetzes inzwischen als einziges Land ein solches Grundrecht geschaffen durch den neuen Art. 4 Abs. 2 der nordrhein-westfälischen Landesverfassung. Deshalb soll hier kurz auf diese Fragen eingegangen werden.

1. Kapitel Änderung der Datenschutzgesetze und/oder Schaffung bereichsspezifischen Datenschutzrechtes?

Was den Sicherheitsbereich angeht, so kann gesagt werden, daß eine Änderung der einschlägigen Bestimmungen zumindest jetzt und in den nächsten Jahren verfrüht wäre. Wie aus hierzu ergangenen Ausführungen ersichtlich, ist die Praxis dabei, manche starre Bestimmung wie insbesondere das pauschale Auskunftsverweigerungsrecht von selbst aufzulockern. Andere Bestimmungen sind nicht so tragisch, wie es nach ihrem Wortlaut den Anschein haben mag. Es wäre nicht gut, hier sich zeigende äußerst positive Tendenzen in den verschiedenen erwähnten innerdienstlichen Vorschriften oder auch allein aufgrund der täglichen Praxis durch vorschnelle Änderungen der gesetzlichen Grundbestimmungen zu unterbrechen. Ein längeres Abwarten erscheint hier ratsam. Unabhängig davon muß der Schwerpunkt der Fortentwicklung des Datenschutzes ohnehin im bereichsspezifischen Datenschutzrecht liegen. Auch hier sollte jedoch nichts überstürzt werden durch voreilige Verabschiedung gesetzlicher Regelungen. Deshalb erscheint es richtig, zunächst den Weg der amtlicherseits auch zu Recht in Angriff genommenen Verbesserungen innerdienstlicher Vorschriften zu wählen, wie es bezüglich der neuen Richtlinien über kriminalpolizeiliche personenbezogene Sammlungen oder der im BfV angewandten neuen Löschungsvorschriften auch geschieht. Die hierdurch gegebene Flexibilität nach beiden Richtungen – es könnte ja nicht nur zu wenig, sondern auch zuviel des Guten getan werden – sollte man nicht durch nur schwerfällig zu ändernde gesetzliche Vorschriften, sei es auch nur in Form von Rechtsverordnungen, aufgeben.

Auf längere Sicht erscheint dann allerdings die *gesetzliche* Verankerung weiterer bereichsspezifischer datenschutzrechtlicher Grundregelungen unerläßlich. Doch muß noch sorgfältig geprüft werden, ob dies durch eine Vielzahl von Minidatenschutzgesetzen (mit unvermeidbarer Wiederholung allgemeinen Datenschutzrechts wie die Vorschläge des AE zeigen) oder durch Konkretisierung der bestehenden, mehrfach erwähnten Regelungen über Auskunftspflichten und Sammlungspflichten etc. sowie deren Ergänzung in Rechtsverordnungen und/oder Verwaltungsvorschriften geschehen soll. Verfasser würde nach aller bisheriger Erfahrung letzterem Weg eindeutig den Vorzug geben.[1]

1 näher *Riegel*, Musterentwurf und Alternativentwurf für ein einheitliches Polizeigesetz DVBl 1979, 709 ff, 716

2. Kapitel: Grundrecht auf Datenschutz?

Die Diskussion um das Grundrecht auf Datenschutz erinnert sehr stark an die inzwischen zu Recht abgeflaute Diskussion um ein Grundrecht auf saubere Umwelt. Hier wird nicht nur jeweils verkannt, daß die vorhandenen Grundrechte, insbesondere Art. 1 und 2 GG sowie die zu A 1. Kap. genannten Vorschriften bereits ausreichende Ansatzpunkte für entsprechende grundrechtliche Absicherung des Datenschutzes liefern. Auf diese Bestimmungen hat ja auch das Bundesverfassungsgericht jeweils entscheidend abgestellt in seinen gerade zur Stützung von datenschutzrechtlichen Forderungen herangezogenen berühmten Entscheidungen wie dem Mikrozensus-Urteil und dem Urteil zum Gesetz zu Art. 10 GG (E 27, 1 ff. und E 30, 1 ff.).

Darüber hinaus wird die Wirkung einer solchen grundrechtlichen Bestimmung überschätzt. Entscheidend wird der Datenschutz durch vernünftiges allgemeines und bereichsspezifisches Datenschutzrecht gesichert und durchgesetzt, nicht durch ein Grundrecht, wie immer es ausgestaltet sein mag.[1] Deshalb sollte man das nordrhein-westfälische Beispiel nicht zum Anlaß nehmen, nun mit hängender Zunge in das Grundgesetz und die übrigen 10 Landesverfassungen ein Grundrecht auf Datenschutz aufzunehmen. Die hierzu nötige Kraft ist bei der Ausgestaltung des einfachen Datenschutzrechts besser investiert. Eine klare Rechtsgrundlage für die Tätigkeit von BND und MAD erscheint dem Verfasser ungleich wichtiger als ein Grundrecht auf Datenschutz.

---

1 im Ergebnis so auch 1. Tätigkeitsbericht S. 65 f und jüngst *Bull,* Thesen zur verfassungsrechtlichen Verankerung des Datenschutzes, Computerwoche v. 28. September 1979, S. 20 f; *ders.,* Zur verfassungsrechtlichen Verankerung des Datenschutzes in Öffentliche Verwaltung und Datenverarbeitung 1979, 3 ff

Anhang

A   Gesetzliche Vorschriften und Gesetzentwürfe

1. Grundgesetz

v. 23. Mai 1949, BGBl. I S. 1

I. Die Grundrechte

Artikel 1   Schutz der Menschenwürde

(1) Die Würde des Menschen ist unantastbar. Sie zu achten und zu schützen ist Verpflichtung aller staatlichen Gewalt.

(2) Das Deutsche Volk bekennt sich darum zu unverletzlichen und unveräußerlichen Menschenrechten als Grundlage jeder menschlichen Gemeinschaft, des Friedens und der Gerechtigkeit in der Welt.

(3) Die nachfolgenden Grundrechte binden Gesetzgebung, vollziehende Gewalt und Rechtsprechung als unmittelbar geltendes Recht.

Artikel 2   Persönliche Freiheitsrechte

(1) Jeder hat das Recht auf die freie Entfaltung seiner Persönlichkeit, soweit er nicht die Rechte anderer verletzt und nicht gegen die verfassungsmäßige Ordnung oder das Sittengesetz verstößt.

(2) Jeder hat das Recht auf Leben und körperliche Unversehrtheit. Die Freiheit der Person ist unverletzlich. In diese Rechte darf nur auf Grund eines Gesetzes eingegriffen werden.

Artikel 3   Gleichheit vor dem Gesetz

(1) Alle Menschen sind vor dem Gesetz gleich.

(2) Männer und Frauen sind gleichberechtigt.

(3) Niemand darf wegen seines Geschlechtes, seiner Abstammung, seiner Rasse, seiner Sprache, seiner Heimat und Herkunft, seines Glaubens, seiner religiösen oder politischen Anschauungen benachteiligt oder bevorzugt werden.

Artikel 4 Glaubens-, Gewissens- und Bekenntnisfreiheit

(1) Die Freiheit des Glaubens, des Gewissens und die Freiheit des religiösen und weltanschaulichen Bekenntnisses sind unverletzlich.

(2) Die ungestörte Religionsausübung wird gewährleistet.

(3) Niemand darf gegen sein Gewissen zum Kriegsdienst mit der Waffe gezwungen werden. Das Nähere regelt ein Bundesgesetz.

Artikel 5 Recht der freien Meinungsäußerung

(1) Jeder hat das Recht, seine Meinung in Wort, Schrift und Bild frei zu äußern und zu verbreiten und sich aus allgemein zugänglichen Quellen ungehindert zu unterrichten. Die Pressefreiheit und die Freiheit der Berichterstattung durch Rundfunk und Film werden gewährleistet. Eine Zensur findet nicht statt.

(2) Diese Rechte finden ihre Schranken in den Vorschriften der allgemeinen Gesetze, den gesetzlichen Bestimmungen zum Schutz der Jugend und in dem Recht der persönlichen Ehre.

(3) Kunst und Wissenschaft, Forschung und Lehre sind frei. Die Freiheit der Lehre entbindet nicht von der Treue zur Verfassung.

Artikel 8 Versammlungsfreiheit

(1) Alle Deutschen haben das Recht, sich ohne Anmeldung oder Erlaubnis friedlich und ohne Waffen zu versammeln.

(2) Für die Versammlungen unter freiem Himmel kann dieses Recht durch Gesetz oder auf Grund eines Gesetzes beschränkt werden.

Artikel 9 Vereinigungsfreiheit

(1) Alle Deutschen haben das Recht, Vereine und Gesellschaften zu bilden.

(2) Vereinigungen, deren Zwecke oder deren Tätigkeit den Strafgesetzen zuwiderlaufen oder die sich gegen die verfassungsmäßige Ordnung oder gegen den Gedanken der Völkerverständigung richten, sind verboten.

(3) Das Recht, zur Wahrung und Förderung der Arbeits- und Wirtschaftsbedingungen Vereinigungen zu bilden, ist für jedermann und für alle Berufe gewährleistet. Abreden, die dieses Recht einschränken oder zu behindern suchen, sind nichtig, hierauf gerichtete Maßnahmen sind rechtswidrig. Maßnahmen nach den Artikeln 12 a, 35 Abs. 2 und 3, Artikel 87 a Abs. 4 und Artikel 91 dürfen sich nicht gegen Arbeitskämpfe richten, die zur Wahrung und Förderung der Arbeits- und Wirtschaftsbedingungen von Vereinigungen im Sinne des Satzes 1 geführt werden.

Artikel 10 Brief-, Post- und Fernmeldegeheimnis

(1) Das Briefgeheimnis sowie das Post- und Fernmeldegeheimnis sind unverletzlich.

(2) Beschränkungen dürfen nur auf Grund eines Gesetzes angeordnet werden. Dient die Beschränkung dem Schutze der freiheitlichen demokratischen Grundordnung oder des Bestandes oder der Sicherung des Bundes oder eines Landes, so kann das Gesetz bestimmen, daß sie dem Betroffenen nicht mitgeteilt wird und daß an die Stelle des Rechtsweges die Nachprüfung durch von der Volksvertretung bestellte Organe und Hilfsorgane tritt.

Artikel 11 [Freizügigkeit]

(1) Alle Deutschen genießen Freizügigkeit im ganzen Bundesgebiet.

(2) Dieses Recht darf nur durch Gesetz oder auf Grund eines Gesetzes und nur für die Fälle eingeschränkt werden, in denen eine ausreichende Lebensgrundlage nicht vorhanden ist und der Allgemeinheit daraus besondere Lasten entstehen würden oder in denen es zur Abwehr einer drohenden Gefahr für den Bestand oder die freiheitliche demokratische Grundordnung des Bundes oder eines Landes, zur Bekämpfung von Seuchengefahr, Naturkatastrophen oder besonders schweren Unglücksfällen, zum Schutze der Jugend vor Verwahrlosung oder um strafbaren Handlungen vorzubeugen, erforderlich ist.

Artikel 13 [Unverletzlichkeit der Wohnung]

(1) Die Wohnung ist unverletzlich.

(2) Durchsuchungen dürfen nur durch den Richter, bei Gefahr im Verzuge auch durch die in den Gesetzen vorgesehenen anderen Organe angeordnet und nur in der dort vorgeschriebenen Form durchgeführt werden.

(3) Eingriffe und Beschränkungen dürfen im übrigen nur zur Abwehr einer gemeinen Gefahr oder einer Lebensgefahr für einzelne Personen, auf Grund eines Gesetzes auch zur Verhütung dringender Gefahren für die öffentliche Sicherheit und Ordnung, insbesondere zur Behebung der Raumnot, zur Bekämpfung von Seuchengefahr oder zum Schutze gefährdeter Jugendlicher vorgenommen werden.

Artikel 16 [Ausbürgerung, Auslieferung, Asylrecht]

(1) Die deutsche Staatsangehörigkeit darf nicht entzogen werden. Der Verlust der Staatsangehörigkeit darf nur auf Grund eines Gesetzes und gegen den Willen des

Betroffenen nur dann eintreten, wenn der Betroffene dadurch nicht staatenlos wird.

(2) Kein Deutscher darf an das Ausland ausgeliefert werden. Politisch Verfolgte genießen Asylrecht.

Artikel 17 [Petitionsrecht]

Jedermann hat das Recht, sich einzeln oder in Gemeinschaft mit anderen schriftlich mit Bitten oder Beschwerden an die zuständigen Stellen und an die Volksvertretung zu wenden.

Artikel 17 a [Einschränkung von Grundrechten bei Soldaten]

(1) Gesetze über Wehrdienst und Ersatzdienst können bestimmen, daß für die Angehörigen der Streitkräfte und des Ersatzdienstes während der Zeit des Wehr- oder Ersatzdienstes das Grundrecht, seine Meinung in Wort, Schrift und Bild frei zu äußern und zu verbreiten (Artikel 5 Abs. 1 Satz 1 erster Halbsatz), das Grundrecht der Versammlungsfreiheit (Artikel 8) und das Petitionsrecht (Artikel 17), soweit es das Recht gewährt, Bitten und Beschwerden in Gemeinschaft mit anderen vorzubringen, eingeschränkt werden.

(2) Gesetze, die der Verteidigung einschließlich des Schutzes der Zivilbevölkerung dienen, können bestimmen, daß die Grundrechte der Freizügigkeit (Artikel 11) und der Unverletzlichkeit der Wohnung (Artikel 13) eingeschränkt werden.

Artikel 18 [Verwirkung von Grundrechten]

Wer die Freiheit der Meinungsäußerung, insbesondere die Pressefreiheit (Artikel 5 Abs. 1), die Lehrfreiheit (Artikel 5 Abs. 3), die Versammlungsfreiheit (Artikel 8), die Vereinigungsfreiheit (Artikel 9), das Brief-, Post- und Fernmeldegeheimnis (Artikel 10), das Eigentum (Artikel 14) oder das Asylrecht (Artikel 16 Abs. 2) zum Kampfe gegen die freiheitliche demokratische Grundordnung mißbraucht, verwirkt diese Grundrechte. Die Verwirkung und ihr Ausmaß werden durch das Bundesverfassungsgericht ausgesprochen.

Artikel 19 [Einschränkung von Grundrechten]

(1) Soweit nach diesem Grundgesetz ein Grundrecht durch Gesetz oder auf Grund eines Gesetzes eingeschränkt werden kann, muß das Gesetz allgemein und

nicht nur für den Einzelfall gelten. Außerdem muß das Gesetz das Grundrecht unter Angabe des Artikels nennen.

(2) In keinem Falle darf ein Grundrecht in seinem Wesensgehalt angetastet werden.

(3) Die Grundrechte gelten auch für inländische juristische Personen, soweit sie ihrem Wesen nach auf diese anwendbar sind.

(4) Wird jemand durch die öffentliche Gewalt in seinen Rechten verletzt, so steht ihm der Rechtsweg offen. Soweit eine andere Zuständigkeit nicht begründet ist, ist der ordentliche Rechtsweg gegeben. Artikel 10 Abs. 2 Satz 2 bleibt unberührt.

Artikel 35 [Rechts- und Amtshilfe]

(1) Alle Behörden des Bundes und der Länder leisten sich gegenseitig Rechts- und Amtshilfe.

(2) Zur Aufrechterhaltung oder Wiederherstellung der öffentlichen Sicherheit oder Ordnung kann ein Land in Fällen von besonderer Bedeutung Kräfte und Einrichtungen des Bundesgrenzschutzes zur Unterstützung seiner Polizei anfordern, wenn die Polizei ohne diese Unterstützung eine Aufgabe nicht oder nur unter erheblichen Schwierigkeiten erfüllen könnte. Zur Hilfe bei einer Naturkatastrophe oder bei einem besonders schweren Unglücksfall kann ein Land Polizeikräfte anderer Länder, Kräfte und Einrichtungen anderer Verwaltungen sowie des Bundesgrenzschutzes und der Streitkräfte anfordern.

(3) Gefährdet die Naturkatastrophe oder der Unglücksfall das Gebiet mehr als eines Landes, so kann die Bundesregierung, soweit es zur wirksamen Bekämpfung erforderlich ist, den Landesregierungen die Weisung erteilen, Polizeikräfte anderer Länder zur Verfügung zu stellen, sowie Einheiten des Bundesgrenzschutzes und der Streitkräfte zur Unterstützung der Polizeikräfte einsetzen. Maßnahmen der Bundesregierung nach Satz 1 sind jederzeit auf Verlangen des Bundesrates, im übrigen unverzüglich nach Beseitigung der Gefahr aufzuheben.

Artikel 40 [Präsident; Geschäftsordnung]

(1) Der Bundestag wählt seinen Präsidenten, dessen Stellvertreter und die Schriftführer. Er gibt sich eine Geschäftsordnung.

(2) Der Präsident übt das Hausrecht und die Polizeigewalt im Gebäude des Bundestages aus. Ohne seine Genehmigung darf in den Räumen des Bundestages keine Durchsuchung oder Beschlagnahme stattfinden.

Artikel 73   [Gegenstände der ausschließlichen Gesetzgebung]

Der Bund hat die ausschließliche Gesetzgebung über:
2. die Staatsangehörigkeit im Bunde;
3. die Freizügigkeit, das Paßwesen, die Ein- und Auswanderung und die Auslieferung;
5. die Einheit des Zoll- und Handelsgebietes, die Handels- und Schiffahrtsverträge, die Freizügigkeit des Warenverkehrs und den Waren- und Zahlungsverkehr mit dem Auslande einschließlich des Zoll- und Grenzschutzes;
6. die Bundeseisenbahnen und den Luftverkehr;
7. das Post- und Fernmeldewesen;
8. die Rechtsverhältnisse der im Dienste des Bundes und der bundesunmittelbaren Körperschaften des öffentlichen Rechtes stehenden Personen;
10. die Zusammenarbeit des Bundes und der Länder
    a) in der Kriminalpolizei,
    b) zum Schutze der freiheitlichen demokratischen Grundordnung, des Bestandes und der Sicherheit des Bundes oder eines Landes (Verfassungsschutz) und
    c) zum Schutze gegen Bestrebungen im Bundesgebiet, die durch Anwendung von Gewalt oder darauf gerichtete Vorbereitungshandlungen auswärtige Belange der Bundesrepublik Deutschland gefährden,
    sowie die Einrichtung eines Bundeskriminalpolizeiamtes und die internationale Verbrechensbekämpfung;

Artikel 87   [Gegenstände der bundeseigenen Verwaltung]

(1) In bundeseigener Verwaltung mit eigenem Verwaltungsunterbau werden geführt der Auswärtige Dienst, die Bundesfinanzverwaltung, die Bundeseisenbahnen, die Bundespost und nach Maßgabe des Artikels 89 die Verwaltung der Bundeswasserstraßen und der Schiffahrt. Durch Bundesgesetz können Bundesgrenzschutzbehörden, Zentralstellen für das polizeiliche Auskunfts- und Nachrichtenwesen, für die Kriminalpolizei und zur Sammlung von Unterlagen für Zwecke des Verfassungsschutzes und des Schutzes gegen Bestrebungen im Bundesgebiet, die durch Anwendung von Gewalt oder darauf gerichtete Vorbereitungshandlungen auswärtige Belange der Bundesrepublik Deutschland gefährden, eingerichtet werden.

(2) Als bundesunmittelbare Körperschaften des öffentlichen Rechtes werden diejenigen sozialen Versicherungsträger geführt, deren Zuständigkeitsbereich sich über das Gebiet eines Landes hinaus erstreckt.

(3) Außerdem können für Angelegenheiten, für die dem Bunde die Gesetzgebung zusteht, selbständige Bundesoberbehörden und neue bundesunmittelbare

Körperschaften und Anstalten des öffentlichen Rechtes durch Bundesgesetz errichtet werden. Erwachsen dem Bunde auf Gebieten, für die ihm die Gesetzgebung zusteht, neue Aufgaben, so können bei dringendem Bedarf bundeseigene Mittel- und Unterbehörden mit Zustimmung des Bundesrates und der Mehrheit der Mitglieder des Bundestages errichtet werden.

Artikel 87 a [Streitkräfte]

(1) Der Bund stellt Streitkräfte zur Verteidigung auf. Ihre zahlenmäßige Stärke und die Grundzüge ihrer Organisation müssen sich aus dem Haushaltsplan ergeben.

(2) Außer zur Verteidigung dürfen die Streitkräfte nur eingesetzt werden, soweit dieses Grundgesetz es ausdrücklich zuläßt.

(3) Die Streitkräfte haben im Verteidigungsfalle und im Spannungsfalle die Befugnis, zivile Objekte zu schützen und Aufgaben der Verkehrsregelung wahrzunehmen, soweit dies zur Erfüllung ihres Verteidigungsauftrages erforderlich ist. Außerdem kann den Streitkräften im Verteidigungsfalle und im Spannungsfalle der Schutz ziviler Objekte auch zur Unterstützung polizeilicher Maßnahmen übertragen werden; die Streitkräfte wirken dabei mit den zuständigen Behörden zusammen.

(4) Zur Abwehr einer drohenden Gefahr für den Bestand oder die freiheitliche demokratische Grundordnung des Bundes oder eines Landes kann die Bundesregierung, wenn die Voraussetzungen des Artikels 91 Abs. 2 vorliegen und die Polizeikräfte sowie der Bundesgrenzschutz nicht ausreichen, Streitkräfte zur Unterstützung der Polizei und des Bundesgrenzschutzes beim Schutze von zivilen Objekten und bei der Bekämpfung organisierter und militärisch bewaffneter Aufständischer einsetzen. Der Einsatz von Streitkräften ist einzustellen, wenn der Bundestag oder der Bundesrat es verlangen.

2. Abgabenordnung (AO 1977)

v. 16. 3. 1976, BGBl. I, S. 1613

Vierter Abschnitt Steuergeheimnis

§ 30 Steuergeheimnis

(1) Amtsträger haben das Steuergeheimnis zu wahren.

(2) Ein Amtsträger verletzt das Steuergeheimnis, wenn er
1. Verhältnisse eines anderen, die ihm
   a) in einem Verwaltungsverfahren oder einem gerichtlichen Verfahren in Steuersachen,
   b) in einem Strafverfahren wegen einer Steuerstraftat oder einem Bußgeldverfahren wegen einer Steuerordnungswidrigkeit,
   c) aus anderem Anlaß durch Mitteilung einer Finanzbehörde oder durch die gesetzlich vorgeschriebene Vorlage eines Steuerbescheides oder einer Bescheinigung über die bei der Besteuerung getroffenen Feststellungen bekanntgeworden sind, oder
2. ein fremdes Betriebs- oder Geschäftsgeheimnis, das ihm in einem der in Nummer 1 genannten Verfahren bekanntgeworden ist,

unbefugt offenbart oder verwertet.

(3) Den Amtsträgern stehen gleich
1. die für den öffentlichen Dienst besonders Verpflichteten (§ 11 Abs. 1 Nr. 4 des Strafgesetzbuches),
2. amtlich zugezogene Sachverständige,
3. die Träger von Ämtern der Kirchen und anderen Religionsgemeinschaften, die Körperschaften des öffentlichen Rechts sind.

(4) Die Offenbarung der nach Absatz 2 erlangten Kenntnisse ist zulässig, soweit
1. sie der Durchführung eines Verfahrens im Sinne des Absatzes 2 Nr. 1 Buchstaben a und b dient,
2. sie durch Gesetz ausdrücklich zugelassen ist,
3. der Betroffene zustimmt,
4. sie der Durchführung eines Strafverfahrens wegen einer Tat dient, die keine Steuerstraftat ist, und die Kenntnisse

a) in einem Verfahren wegen einer Steuerstraftat oder Steuerordnungswidrigkeit erlangt worden sind; dies gilt jedoch nicht für solche Tatsachen,
die der Steuerpflichtige in Unkenntnis der Einleitung des Strafverfahrens
oder des Bußgeldverfahrens offenbart hat oder die bereits vor Einleitung
des Strafverfahrens oder des Bußgeldverfahrens im Besteuerungsverfah-
ren bekanntgeworden sind, oder

b) ohne Bestehen einer steuerlichen Verpflichtung oder unter Verzicht auf
ein Auskunftsverweigerungsrecht erlangt worden sind,

5. für sie ein zwingendes öffentliches Interesse besteht; ein zwingendes öffentliches Interesse ist namentlich gegeben, wenn

a) Verbrechen und vorsätzliche schwere Vergehen gegen Leib und Leben
oder gegen den Staat und seine Einrichtungen verfolgt werden oder verfolgt werden sollen,

b) Wirtschaftsstraftaten verfolgt werden oder verfolgt werden sollen, die
nach ihrer Begehungsweise oder wegen des Umfangs des durch sie verur-
sachten Schadens geeignet sind, die wirtschaftliche Ordnung erheblich zu
stören oder das Vertrauen der Allgemeinheit auf die Redlichkeit des ge-
schäftlichen Verkehrs oder auf die ordnungsgemäße Arbeit der Behörden
und der öffentlichen Einrichtungen erheblich zu erschüttern,

oder

c) die Offenbarung erforderlich ist zur Richtigstellung in der Öffentlichkeit
verbreiteter unwahrer Tatsachen, die geeignet sind, das Vertrauen in die
Verwaltung erheblich zu erschüttern; die Entscheidung trifft die zuständige oberste Finanzbehörde im Einvernehmen mit dem Bundesminister
der Finanzen; vor der Richtigstellung soll der Steuerpflichtige gehört
werden.

(5) Vorsätzlich falsche Angaben des Betroffenen dürfen den Strafverfolgungsbehörden gegenüber offenbart werden.

§ 31 Mitteilung von Besteuerungsgrundlagen

(1) Die Finanzbehörden sind berechtigt, Besteuerungsgrundlagen, Steuermeßbeträge und Steuerbeträge an Körperschaften des öffentlichen Rechts einschließlich
der Religionsgemeinschaften, die Körperschaften des öffentlichen Rechts sind,
zur Festsetzung von solchen Abgaben mitzuteilen, die an diese Besteuerungsgrundlagen, Steuermeßbeträge oder Steuerbeträge anknüpfen.

(2) Die Finanzbehörden sind berechtigt, die nach § 30 geschützten Verhältnisse
des Betroffenen den Trägern der gesetzlichen Sozialversicherung zum Zwecke der
Festsetzung von Beiträgen mitzuteilen.

IV. Auskunfts- und Vorlageverweigerungsrechte

§ 101 Auskunfts- und Eidesverweigerungsrecht der Angehörigen

(1) Die Angehörigen (§ 15) eines Beteiligten können die Auskunft verweigern, soweit sie nicht selbst als Beteiligte über ihre eigenen steuerlichen Verhältnisse auskunftspflichtig sind oder die Auskunftspflicht für einen Beteiligten zu erfüllen haben. Die Angehörigen sind über das Auskunftsverweigerungsrecht zu belehren. Die Belehrung ist aktenkundig zu machen.

(2) Die in Absatz 1 genannten Personen haben ferner das Recht, die Beeidigung ihrer Auskunft zu verweigern. Absatz 1 Sätze 2 und 3 gelten entsprechend.

§ 102 Auskunftsverweigerungsrecht zum Schutz bestimmter Berufsgeheimnisse

(1) Die Auskunft können ferner verweigern:
1. Geistliche über das, was ihnen in ihrer Eigenschaft als Seelsorger anvertraut worden oder bekanntgeworden ist,
2. Mitglieder des Bundestages, eines Landtages oder einer zweiten Kammer über Personen, die ihnen in ihrer Eigenschaft als Mitglieder dieser Organe oder denen sie in dieser Eigenschaft Tatsachen anvertraut haben, sowie über diese Tatsachen selbst,
3. a) Verteidiger,
   b) Rechtsanwälte, Patentanwälte, Notare, Steuerberater, Wirtschaftsprüfer, Steuerbevollmächtigte, vereidigte Buchprüfer,
   c) Ärzte, Zahnärzte, Apotheker und Hebammen,
   über das, was ihnen in dieser Eigenschaft anvertraut worden oder bekanntgeworden ist,
4. Personen, die bei der Vorbereitung, Herstellung oder Verbreitung von periodischen Druckwerken oder Rundfunksendungen berufsmäßig mitwirken oder mitgewirkt haben, über die Person des Verfassers, Einsenders oder Gewährsmanns von Beiträgen und Unterlagen sowie über die ihnen im Hinblick auf ihre Tätigkeit gemachten Mitteilungen, soweit es sich um Beiträge, Unterlagen und Mitteilungen für den redaktionellen Teil handelt; § 160 bleibt unberührt.

(2) Den im Absatz 1 Nr. 1 bis 3 genannten Personen stehen ihre Gehilfen und die Personen gleich, die zur Vorbereitung auf den Beruf an der berufsmäßigen Tätigkeit teilnehmen. Über die Ausübung des Rechts dieser Hilfspersonen, die Auskunft zu verweigern, entscheiden die im Absatz 1 Nr. 1 bis 3 genannten Personen, es sei denn, daß diese Entscheidung in absehbarer Zeit nicht herbeigeführt werden kann.

92

(3) Die in Absatz 1 Nr. 3 genannten Personen dürfen die Auskunft nicht verweigern, wenn sie von der Verpflichtung zur Verschwiegenheit entbunden sind. Die Entbindung von der Verpflichtung zur Verschwiegenheit gilt auch für die Hilfspersonen.

(4) Die gesetzlichen Anzeigepflichten der Notare bleiben unberührt. Soweit die Anzeigepflichten bestehen, sind die Notare auch zur Vorlage von Urkunden und zur Erteilung weiterer Auskünfte verpflichtet.

§ 103 Auskunftsverweigerungsrecht bei Gefahr der Verfolgung wegen einer Straftat oder einer Ordnungswidrigkeit

Personen, die nicht Beteiligte und nicht für einen Beteiligten auskunftspflichtig sind, können die Auskunft auf solche Fragen verweigern, deren Beantwortung sie selbst oder einen ihrer Angehörigen (§ 15) der Gefahr strafgerichtlicher Verfolgung oder eines Verfahrens nach dem Gesetz über Ordnungswidrigkeiten aussetzen würde. Über das Recht, die Auskunft zu verweigern, sind sie zu belehren. Die Belehrung ist aktenkundig zu machen.

§ 104 Verweigerung der Erstattung eines Gutachtens und der Vorlage von Urkunden

(1) Soweit die Auskunft verweigert werden darf, kann auch die Erstattung eines Gutachtens und die Vorlage von Urkunden oder Wertsachen verweigert werden. § 102 Abs. 4 Satz 2 bleibt unberührt.

(2) Nicht verweigert werden kann die Vorlage von Urkunden und Wertsachen, die für den Beteiligten aufbewahrt werden, soweit der Beteiligte bei eigenem Gewahrsam zur Vorlage verpflichtet wäre. Für den Beteiligten aufbewahrt werden auch die für ihn geführten Geschäftsbücher und sonstigen Aufzeichnungen.

§ 105 Verhältnis der Auskunfts- und Vorlagepflicht zur Schweigepflicht öffentlicher Stellen

(1) Die Verpflichtung der Behörden oder sonstiger öffentlicher Stellen einschließlich der Deutschen Bundesbank, der Staatsbanken, der Schuldenverwaltungen, der Postscheckämter und der Postsparkassenämter sowie der Organe und Bediensteten dieser Stellen zur Verschwiegenheit gilt nicht für ihre Auskunfts- und Vorlagepflicht gegenüber den Finanzbehörden.

(2) Absatz 1 gilt nicht, soweit die Behörden und die mit postdienstlichen Verrichtungen betrauten Personen *gesetzlich verpflichtet sind, das Brief-, Post- und Fernmeldegeheimnis zu wahren.*

§ 106 Beschränkung der Auskunfts- und Vorlagepflicht bei Beeinträchtigung des staatlichen Wohls

Eine Auskunft oder die Vorlage von Urkunden darf nicht gefordert werden, wenn die zuständige oberste Bundes- oder Landesbehörde erklärt, daß die Auskunft oder Vorlage dem Wohle des Bundes oder eines Landes erhebliche Nachteile bereiten würde.

5. Unterabschnitt   Rechts- und Amtshilfe

§ 111 Amtshilfepflicht

(1) Alle Gerichte und Behörden haben die zur Durchführung der Besteuerung erforderliche Amtshilfe zu leisten. § 102 bleibt unberührt.

(2) Amtshilfe liegt nicht vor, wenn
1. Behörden einander innerhalb eines bestehenden Weisungsverhältnisses Hilfe leisten,
2. die Hilfeleistung in Handlungen besteht, die der ersuchten Behörde als eigene Aufgabe obliegen.

(3) Schuldenverwaltungen, Postscheckämter, Postsparkassenämter, Sparkassen und Banken sowie Betriebe gewerblicher Art der Körperschaften des öffentlichen Rechts fallen nicht unter diese Vorschrift.

(4) Auf dem Gebiet der Zollverwaltung erstreckt sich die Amtshilfepflicht auch auf diejenigen dem öffentlichen Verkehr oder dem öffentlichen Warenumschlag dienenden Unternehmen, die der Bundesminister der Finanzen als Zollhilfsorgane besonders bestellt hat, und auf die Bediensteten dieser Unternehmen.

(5) Die §§ 105 und 106 sind entsprechend anzuwenden.

§ 112 Voraussetzungen und Grenzen der Amtshilfe

(1) Eine Finanzbehörde kann um Amtshilfe insbesondere dann ersuchen, wenn sie
1. aus rechtlichen Gründen die Amtshandlung nicht selbst vornehmen kann,
2. aus tatsächlichen Gründen, besonders weil die zur Vornahme der Amtshandlung erforderlichen Dienstkräfte oder Einrichtungen fehlen, die Amtshandlungen nicht selbst vornehmen kann,
3. zur Durchführung ihrer Aufgaben auf die Kenntnis von Tatsachen angewiesen ist, die ihr unbekannt sind und die sie selbst nicht ermitteln kann,
4. zur Durchführung ihrer Aufgaben Urkunden oder sonstige Beweismittel benötigt, die sich im Besitz der ersuchten Behörde befinden,

5. die Amtshandlung nur mit wesentlich größerem Aufwand vornehmen könnte als die ersuchte Behörde.

(2) Die ersuchte Behörde darf Hilfe nicht leisten, wenn sie hierzu aus rechtlichen Gründen nicht in der Lage ist.

(3) Die ersuchte Behörde braucht Hilfe nicht zu leisten, wenn

1. eine andere Behörde die Hilfe wesentlich einfacher oder mit wesentlich geringerem Aufwand leisten kann,
2. sie die Hilfe nur mit unverhältnismäßig großem Aufwand leisten könnte,
3. sie unter Berücksichtigung der Aufgaben der ersuchenden Finanzbehörde durch den Umfang der Hilfeleistung die Erfüllung ihrer eigenen Aufgaben ernstlich gefährden würde.

(4) Die ersuchte Behörde darf die Hilfe nicht deshalb verweigern, weil sie das Ersuchen aus anderen als den in Absatz 3 genannten Gründen oder weil sie die mit der Amtshilfe zu verwirklichende Maßnahme für unzweckmäßig hält.

(5) Hält die ersuchte Behörde sich zur Hilfe nicht für verpflichtet, so teilt sie der ersuchenden Finanzbehörde ihre Auffassung mit. Besteht diese auf der Amtshilfe, so entscheidet über die Verpflichtung zur Amtshilfe die gemeinsame fachlich zuständige Aufsichtsbehörde oder, sofern eine solche nicht besteht, die für die ersuchte Behörde fachlich zuständige Aufsichtsbehörde.

§ 113 Auswahl der Behörde

Kommen für die Amtshilfe mehrere Behörden in Betracht, so soll nach Möglichkeit eine Behörde der untersten Verwaltungsstufe des Verwaltungszweiges ersucht werden, dem die ersuchende Finanzbehörde angehört.

§ 114 Durchführung der Amtshilfe

(1) Die Zulässigkeit der Maßnahme, die durch die Amtshilfe verwirklicht werden soll, richtet sich nach dem für die ersuchende Finanzbehörde, die Durchführung der Amtshilfe nach dem für die ersuchte Behörde geltenden Recht.

(2) Die ersuchende Finanzbehörde trägt gegenüber der ersuchten Behörde die Verantwortung für die Rechtmäßigkeit der zu treffenden Maßnahme. Die ersuchte Behörde ist für die Durchführung der Amtshilfe verantwortlich.

§ 115 Kosten der Amtshilfe

(1) Die ersuchende Finanzbehörde hat der ersuchten Behörde für die Amtshilfe keine Verwaltungsgebühr zu entrichten. Auslagen hat sie der ersuchten Behörde auf Anforderung zu erstatten, wenn sie im Einzelfall fünfzig Deutsche Mark über-

steigen. Leisten Behörden desselben Rechtsträgers einander Amtshilfe, so werden die Auslagen nicht erstattet.

(2) Nimmt die ersuchte Behörde zur Durchführung der Amtshilfe eine kostenpflichtige Amtshandlung vor, so stehen ihr die von einem Dritten hierfür geschuldeten Kosten (Verwaltungsgebühren, Benutzungsgebühren und Auslagen) zu.

§ 116 Anzeige von Steuerstraftaten

(1) Gerichte und die Behörden von Bund, Ländern und kommunalen Trägern der öffentlichen Verwaltung haben Tatsachen, die sie dienstlich erfahren und die den Verdacht einer Steuerstraftat begründen, dem Finanzamt mitzuteilen.

(2) § 105 Abs. 2 gilt entsprechend.

§ 117 Zwischenstaatliche Rechts- und Amtshilfe in Steuersachen

(1) Die Finanzbehörden können zwischenstaatliche Rechts- und Amtshilfe nach Maßgabe des deutschen Rechts in Anspruch nehmen.

(2) Die Finanzbehörden können zwischenstaatliche Rechts- und Amtshilfe auf Grund innerstaatlich anwendbarer völkerrechtlicher Vereinbarungen leisten.

(3) Die Finanzbehörden können nach pflichtgemäßem Ermessen zwischenstaatliche Rechts- und Amtshilfe auf Ersuchen auch in anderen Fällen leisten, wenn

1. die Gegenseitigkeit verbürgt ist,
2. der ersuchende Staat gewährleistet, daß die übermittelten Auskünfte und Unterlagen *nur für Zwecke* seines Besteuerungs- oder Steuerstrafverfahrens (einschließlich Ordnungswidrigkeitenverfahren) verwendet werden, und daß die übermittelten Auskünfte und Unterlagen nur solchen Personen, Behörden oder Gerichten zugänglich gemacht werden, die mit der Bearbeitung der Steuersache oder Verfolgung der Steuerstraftat befaßt sind,
3. der ersuchende Staat zusichert, daß er bereit ist, bei den Steuern vom Einkommen, Ertrag und Vermögen eine mögliche Doppelbesteuerung im Verständigungswege durch eine sachgerechte Abgrenzung der Besteuerungsgrundlagen zu vermeiden und
4. die Erledigung des Ersuchens die Souveränität, die Sicherheit, die öffentliche Ordnung oder andere wesentliche Interessen des Bundes oder seiner Gebietskörperschaften nicht beeinträchtigt und keine Gefahr besteht, daß dem inländischen *Beteiligten ein mit dem Zweck der Rechts- und Amtshilfe nicht zu vereinbarender Schaden entsteht, falls ein Handels-, Industrie-, Gewerbe- oder Berufsgeheimnis oder ein Geschäftsverfahren, das auf Grund des Ersuchens offenbart werden soll, preisgegeben wird.*

Soweit die zwischenstaatliche Rechts- und Amtshilfe Steuern betrifft, die von den Landesfinanzbehörden verwaltet werden, entscheidet der Bundesminister der Finanzen im Einvernehmen mit der zuständigen obersten Landesbehörde.

(4) Bei der Durchführung der Rechts- und Amtshilfe richten sich die Befugnisse der Finanzbehörden sowie die Rechte und Pflichten der Beteiligten und anderer Personen nach den für Steuern im Sinne von § 1 Abs. 1 geltenden Vorschriften. § 114 findet entsprechende Anwendung. Bei der Übermittlung von Auskünften und Unterlagen gilt für inländische Beteiligte § 91 entsprechend.

(5) Der Bundesminister der Finanzen wird ermächtigt, zur Förderung der zwischenstaatlichen Zusammenarbeit durch Rechtsverordnung mit Zustimmung des Bundesrates völkerrechtliche Vereinbarungen über die gegenseitige Rechts- und Amtshilfe auf dem Gebiete des Zollwesens in Kraft zu setzen, wenn sich die darin übernommenen Verpflichtungen im Rahmen der nach diesem Gesetz zulässigen zwischenstaatlichen Rechts- und Amtshilfe halten.

3. Ausländergesetz

Vom 28. April 1965 (BGBl I S. 353)

Erster Abschnitt   Einreise und Aufenthalt

§ 1   Allgemeine Voraussetzungen

(1) Ausländer können nach Maßgabe dieses Gesetzes in den Geltungsbereich dieses Gesetzes einreisen und sich darin aufhalten.

(2) Ausländer ist jeder, der nicht Deutscher im Sinne des Artikels 116 Abs. 1 des Grundgesetzes ist.

§ 2   Aufenthaltserlaubnis

(1) Ausländer, die in den Geltungsbereich dieses Gesetzes einreisen und sich darin aufhalten wollen, bedürfen einer Aufenthaltserlaubnis. Die Aufenthaltserlaubnis darf erteilt werden, wenn die Anwesenheit des Ausländers Belange der Bundesrepublik Deutschland nicht beeinträchtigen.

(2) Keiner Aufenthaltserlaubnis bedürfen Ausländer, die
1. das 16. Lebensjahr noch nicht vollendet haben,
2. die Rechtsstellung nach dem Gesetz über die Rechtsstellung heimatloser Ausländer im Bundesgebiet vom 25. April 1951 (Bundesgesetzbl. I S. 269) besitzen oder
3. nach zwischenstaatlichen Vereinbarungen hiervon befreit sind.

(3) Der Bundesminister des Innern kann zur Erleichterung des Aufenthalts von Ausländern durch Rechtsverordnung bestimmen, daß auch andere Ausländer keiner Aufenthaltserlaubnis bedürfen.

(4) Der Bundesminister des Innern kann durch Rechtsverordnung bestimmen, daß Ausländer, die keiner Aufenthaltserlaubnis bedürfen, ihren Aufenthalt anzuzeigen haben.

§ 3 Ausweispflicht

(1) Ausländer, die in den Geltungsbereich dieses Gesetzes einreisen, sich darin aufhalten oder aus ihm ausreisen wollen, müssen sich durch einen Paß ausweisen. Der Bundesminister des Innern kann in besonderen Einzelfällen Ausnahmen zulassen. Bestehen Zweifel über die Person oder die Staatsangehörigkeit des Ausländers, so können erkennungsdienstliche Maßnahmen auch gegen den Willen des Ausländers durchgeführt werden.

(2) Der Bundesminister des Innern kann durch Rechtsverordnung
1. Ausländer, deren Rückübernahme gesichert ist, vom Paßzwang befreien,
2. andere amtliche Ausweise als Paßersatz einführen oder zulassen.

§ 4 Fremdenpaß

(1) Ausländern, die sich nicht durch einen Paß oder Paßersatz ausweisen können, kann ein Fremdenpaß ausgestellt werden.

(2) Der Fremdenpaß kann dem Inhaber entzogen werden, wenn die Voraussetzungen, die zu der Ausstellung geführt haben, weggefallen sind.

§ 5 Aufenthaltserlaubnis

(1) Die Aufenthaltserlaubnis (§ 2 Abs. 1) kann vor der Einreise oder nach der Einreise erteilt werden.

(2) Der Bundesminister des Innern bestimmt, wenn die Belange der Bundesrepublik Deutschland es erfordern, durch Rechtsverordnung, daß die Aufenthaltserlaubnis vor der Einreise oder vor der Einreise in der Form des Sichtvermerks eingeholt werden muß.

(3) Ein Durchreisesichtvermerk kann, auch wenn die Voraussetzungen für einen Aufenthalt nicht vorliegen, erteilt werden, sofern die fristgerechte Ausreise gesichert ist und die Durchreise Belange der Bundesrepublik Deutschland nicht beeinträchtigt.

(4) Eine Aufenthaltserlaubnis kann vor der Einreise für ungültig erklärt werden.

§ 6 Politische Betätigung

(1) Ausländer genießen alle Grundrechte, soweit sie nicht nach dem Grundgesetz für die Bundesrepublik Deutschland Deutschen vorbehalten sind.

(2) Die politische Betätigung von Ausländern kann eingeschränkt oder untersagt werden, wenn die Abwehr von Störungen der öffentlichen Sicherheit oder

Ordnung oder von Beeinträchtigungen der politischen Willensbildung in der Bundesrepublik Deutschland oder sonstige erhebliche Belange der Bundesrepublik Deutschland es erfordern.

(3) Die politische Betätigung von Ausländern ist unerlaubt, wenn sie

1. mit dem Völkerrecht nicht vereinbar ist,
2. die freiheitliche demokratische Grundordnung der Bundesrepublik Deutschland gefährdet oder
3. bestimmt ist, Parteien, andere Vereinigungen, Einrichtungen oder Bestrebungen außerhalb des Geltungsbereichs dieses Gesetzes zu fördern, die mit Verfassungsgrundsätzen der freiheitlichen demokratischen Grundordnung nicht vereinbar sind.

§ 7 Geltungsbereich und Geltungsdauer

(1) Die Aufenthaltserlaubnis gilt für den Geltungsbereich dieses Gesetzes. Sie kann räumlich beschränkt werden.

(2) Die Aufenthaltserlaubnis wird befristet oder unbefristet erteilt. Eine befristete Aufenthaltserlaubnis kann verlängert werden.

(3) Die Aufenthaltserlaubnis kann mit Bedingungen und Auflagen versehen werden.

(4) Die Aufenthaltserlaubnis kann nachträglich räumlich und zeitlich beschränkt sowie mit Bedingungen und Auflagen versehen werden.

(5) Der Aufenthalt eines Ausländers, der keiner Aufenthaltserlaubnis bedarf (§ 2 Abs. 2 und 3, § 49 Abs. 2), kann nach den Absätzen 1, 3 und 4 beschränkt werden. § 12 des Gesetzes über die Rechtsstellung heimatloser Ausländer im Bundesgebiet bleibt unberührt.

§ 8 Aufenthaltsberechtigung

(1) Ausländern, die sich seit mindestens fünf Jahren rechtmäßig im Geltungsbereich dieses Gesetzes aufhalten und sich in das wirtschaftliche und soziale Leben in der Bundesrepublik Deutschland eingefügt haben, kann die Erlaubnis zum Aufenthalt als Aufenthaltsberechtigung erteilt werden.

(2) Die Aufenthaltsberechtigung ist räumlich und zeitlich unbeschränkt und kann nicht mit Bedingungen versehen werden. Auflagen sind zulässig; sie können auch nachträglich auferlegt werden.

§ 9 Beendigung der Aufenthaltserlaubnis, der Aufenthaltsberechtigung und der Befreiung

(1) Die Aufenthaltserlaubnis (§ 5) und die Aufenthaltsberechtigung (§ 8) erlöschen, wenn der Ausländer
1. keinen gültigen Paß oder Paßersatz mehr besitzt,
2. seine Staatsangehörigkeit wechselt oder verliert,
3. das Bundesgebiet aus einem seiner Natur nach nicht vorübergehenden Grunde verläßt oder
4. ausgewiesen wird (§ 10).

Nummer 2 ist auf Asylberechtigte (§ 28) mit der Maßgabe anzuwenden, daß an die Stelle der Staatsangehörigkeit die Anerkennung als Asylberechtigter tritt.

(2) Die Befreiung (§ 2 Abs. 2 und 3) entfällt, wenn der Ausländer ausgewiesen (§ 10) oder abgeschoben (§ 13) wird. Diese Wirkung der Ausweisung und der Abschiebung kann befristet werden. Die Frist kann durch die Behörde, die den Ausländer ausgewiesen oder abgeschoben hat, nachträglich verlängert oder verkürzt werden.

§ 10 Ausweisung

(1) Ein Ausländer kann ausgewiesen werden, wenn
1. er die freiheitliche demokratische Grundordnung oder die Sicherheit der Bundesrepublik Deutschland gefährdet,
2. er wegen einer Straftat oder wegen einer Tat verurteilt worden ist, die im Geltungsbereich dieses Gesetzes eine Straftat wäre,
3. gegen ihn eine freiheitsentziehende Maßregel der Besserung und Sicherung, die Unterbringung in einer Arbeitseinrichtung oder einem psychiatrischen Krankenhaus angeordnet oder Fürsorgeerziehung in einem Heim durchgeführt wird,
4. er gegen eine Vorschrift des Steuerrechts einschließlich des Zollrechts und des Monopolrechts oder des Außenwirtschaftsrecht oder gegen Einfuhr-, Ausfuhr-, Durchfuhr- oder Verbringungsverbote oder -beschränkungen verstößt,
5. er gegen eine Vorschrift über die Ausübung eines Berufs oder Gewerbes oder einer unselbständigen Erwerbstätigkeit verstößt,
6. er gegen eine Vorschrift des Aufenthaltsrechts verstößt,
7. er gegenüber einer amtlichen Stelle zum Zwecke der Täuschung unrichtige Angaben über seine Person, seine Gesundheit, seine Familie, seine Staatsangehörigkeit, seinen Beruf oder seine wirtschaftlichen Verhältnisse macht oder die Angaben verweigert,
8. er bettelt, der Erwerbsunzucht nachgeht oder als Landstreicher oder Landfahrer umherzieht,

9. er die öffentliche Gesundheit oder Sittlichkeit gefährdet,
10. er den Lebensunterhalt für sich und seine unterhaltsberechtigten Angehörigen nicht ohne Inanspruchnahme der Sozialhilfe bestreiten kann oder bestreitet oder
11. seine Anwesenheit erhebliche Belange der Bundesrepublik Deutschland aus anderen Gründen beeinträchtigt.

(2) In den Fällen des Absatzes 1 Nrn. 4 und 9 dürfen den mit der Ausführung dieses Gesetzes betrauten Behörden die erforderlichen Auskünfte erteilt werden.

§ 11 Einschränkungen der Ausweisung

(1) Ausländer, die eine Aufenthaltsberechtigung besitzen, können nur ausgewiesen werden, wenn die Voraussetzungen des § 10 Abs. 1 Nr. 1 oder 2 vorliegen oder die übrigen in § 10 Abs. 1 aufgeführten Gründe besonders schwer wiegen.

(2) Ausländer, die als politisch Verfolgte Asylrecht genießen, heimatlose Ausländer und ausländische Flüchtlinge können, wenn sie sich rechtmäßig im Geltungsbereich dieses Gesetzes aufhalten, nur aus schwerwiegenden Gründen der öffentlichen Sicherheit oder Ordnung ausgewiesen werden.

§ 12 Pflicht zur Ausreise

(1) Ein Ausländer, der weder eine Aufenthaltserlaubnis (§ 5) oder eine Aufenthaltsberechtigung (§ 8) besitzt noch von dem Erfordernis der Aufenthaltserlaubnis befreit ist (§ 2 Abs. 2 bis 4, § 49 Abs. 2), hat den Geltungsbereich dieses Gesetzes unverzüglich zu verlassen. Das gleiche gilt für einen Ausländer, der ausgewiesen worden ist (§ 10).

(2) Wird die Aufenthaltserlaubnis oder die Befreiung auf bestimmte Teile des Geltungsbereichs dieses Gesetzes beschränkt, so hat der Ausländer das Gebiet, für das die Erlaubnis oder die Befreiung nicht gilt, unverzüglich zu verlassen.

§ 13 Abschiebung

(1) Ein Ausländer, der den Geltungsbereich dieses Gesetzes zu verlassen hat, ist abzuschieben, wenn seine freiwillige Ausreise nicht gesichert oder aus Gründen der öffentlichen Sicherheit oder Ordnung eine Überwachung der Ausreise erforderlich erscheint.

(2) Die Abschiebung soll schriftlich angedroht werden. Hierbei soll eine Frist bestimmt werden, innerhalb der der Ausländer auszureisen hat. Wird ein Ausländer ausgewiesen, so soll die Androhung mit der Ausweisung verbunden werden. Von der Androhung und der Fristsetzung kann nur abgesehen werden, wenn dies durch besondere Gründe gerechtfertigt ist.

§ 14 Einschränkungen der Abschiebung

(1) Ein Ausländer darf nicht in einen Staat abgeschoben werden, in dem sein Leben oder seine Freiheit wegen seiner Rasse, Religion, Staatsangehörigkeit, seiner Zugehörigkeit zu einer bestimmten sozialen Gruppe oder wegen seiner politischen Überzeugung bedroht ist. Dies gilt nicht für einen Ausländer, der aus schwerwiegenden Gründen als eine Gefahr für die Sicherheit anzusehen ist, oder der eine Gefahr für die Allgemeinheit bedeutet, weil er wegen eines besonders schweren Verbrechens rechtskräftig verurteilt wurde (Artikel 33 Abs. 2 des Abkommens über die Rechtsstellung der Flüchtlinge vom 28. Juli 1951, Bundesgesetzbl. 1953 II S. 559).

(2) Bei diesen Ausländern kann nicht davon abgesehen werden, die Abschiebung anzudrohen und eine angemessene Frist zu setzen. Ist die Abschiebung eines Ausländers in bestimmte Staaten nicht zulässig, so sind diese Staaten in der Androhung der Abschiebung zu bezeichnen.

§ 15 Ausschluß der Erteilung einer Aufenthaltserlaubnis

(1) Einem Ausländer, der ausgewiesen oder abgeschoben worden ist, darf keine Aufenthaltserlaubnis erteilt werden. Diese Wirkung der Ausweisung und der Abschiebung kann befristet werden. Die Frist kann durch die Behörde, die den Ausländer ausgewiesen oder abgeschoben hat, nachträglich verlängert oder verkürzt werden.

(2) Einem Ausländer, der ausgewiesen oder abgeschoben worden ist, kann ausnahmsweise erlaubt werden, das Gebiet des Geltungsbereichs dieses Gesetzes kurzfristig zu betreten, wenn zwingende Gründe seine Anwesenheit erfordern oder die Versagung der Erlaubnis eine unbillige Härte bedeuten würde. Reiseweg und Aufenthaltsort sind vorzuschreiben.

(3) Einem Ausländer, der ausgewiesen oder dessen Abschiebung angeordnet worden ist, und der die Anerkennung als Asylberechtigter beantragt hat (§ 28), kann für die Dauer des Anerkennungsverfahrens eine auf den Bezirk der Ausländerbehörde beschränkte Aufenthaltserlaubnis erteilt werden, wenn die Anwesenheit des Ausländers im Sammellager für Ausländer nach der Entscheidung des Leiters des Bundesamtes für die Anerkennung ausländischer Flüchtlinge nicht erforderlich ·ist.

§ 16 Abschiebungshaft

(1) Ein Ausländer ist zur Vorbereitung der Ausweisung in Haft zu nehmen, wenn über die Ausweisung nicht sofort entschieden werden kann und die Abschiebung

ohne die Inhaftnahme wesentlich erschwert oder vereitelt würde. Die Dauer der Haft soll sechs Wochen nicht überschreiten.

(2) Ein Ausländer ist in Abschiebungshaft zu nehmen, wenn die Haft zur Sicherung der Abschiebung erforderlich ist. Die Abschiebungshaft kann bis zu sechs Monaten angeordnet und bis zur Gesamtdauer von einem Jahr verlängert werden.

§ 17 Duldung

(1) Die Abschiebung eines Ausländers kann zeitweise ausgesetzt werden (Duldung). Die Vorschriften des § 7 Abs. 1, 3 und 4 finden entsprechende Anwendung. Die Duldung ist zu widerrufen, wenn die Gründe, die der Abschiebung entgegenstehen, entfallen.

(2) Der Bundesminister des Innern oder die von ihm durch Rechtsverordnung bestimmte Bundesoberbehörde kann Ausländer, die geduldet werden, nach Anhören der Länder und auf Grund des vom Bundesrat festgestellten Schlüssels für die Verteilung von ausländischen Flüchtlingen auf die Länder verteilen.

§ 18 Zurückweisung und Zurückschiebung

(1) Ein Ausländer, der ausgewiesen oder abgeschoben worden ist, ist zurückzuweisen, wenn er innerhalb der Frist des § 9 Abs. 2 und des § 15 Abs. 1 einreist. Ein Ausländer, bei dem die Voraussetzungen für eine Ausweisung vorliegen (§ 10), kann bei der Einreise zurückgewiesen werden.

(2) Ein Ausländer, der unerlaubt eingereist ist, kann innerhalb von sieben Tagen nach dem Grenzübertritt zurückgeschoben werden.

(3) § 14 Abs. 1 und § 16 finden auf die Zurückweisung und Zurückschiebung entsprechende Anwendung.

(4) Wird ein Ausländer, der mit einem Luft-, See- oder Landfahrzeug einreisen will, zurückgewiesen, so hat ihn der Beförderungsunternehmer unverzüglich außer Landes zu bringen.

§ 19 Ausreise

(1) Ausländer können frei ausreisen.

(2) Einem Ausländer kann die Ausreise untersagt werden, wenn er
1. die Sicherheit der Bundesrepublik Deutschland gefährdet,
2. sich einer Strafverfolgung oder Strafvollstreckung, der Anordnung oder der Vollstreckung einer freiheitsentziehenden Maßregel der Besserung und Sicherung oder der Verfolgung einer Ordnungswidrigkeit oder der Vollstreckung einer Bußgeldentscheidung entziehen will,

3. gegen eine Vorschrift des Steuerrechts einschließlich des Zollrechts und des Monopolrechts oder des Außenwirtschaftsrechts oder gegen Einfuhr-, Ausfuhr-, Durchfuhr- oder Verbringungsverbote oder -beschränkungen verstößt,

4. sich einer Unterhaltspflicht entziehen will,

5. sich einer öffentlichen Dienstleistungspflicht entziehen will.

Das Ausreiseverbot ist aufzuheben, sobald die Gründe entfallen.

Zweiter Abschnitt. Verfahren

§ 20 Zuständigkeit

(1) Über die Aufenthaltserlaubnis und die Aufenthaltsberechtigung sowie die Ausstellung von Fremdenpässen und Ausweisen als Paßersatz entscheidet die Ausländerbehörde, in deren Bezirk sich der Ausländer gewöhnlich aufhält. Fehlt ein gewöhnlicher Aufenthalt, so ist die Ausländerbehörde zuständig, in deren Bezirk zuerst die Erteilung oder Verlängerung einer Aufenthaltserlaubnis, eines Fremdenpasses oder eines Ausweises als Paßersatz notwendig wird. Der Bundesminister des Innern kann durch Rechtsverordnung die Ausstellung von Ausweisen als Paßersatz anderen Behörden übertragen.

(2) Über Maßnahmen gegen einen Ausländer entscheidet die Ausländerbehörde, in deren Bezirk sich die Notwendigkeit zum Einschreiten gegen den Ausländer ergibt. Besitzt ein Ausländer eine Aufenthaltserlaubnis oder Aufenthaltsberechtigung, so soll die Ausländerbehörde sich mit der Behörde, in deren Bezirk sich der Ausländer gewöhnlich aufhält, vorher ins Benehmen setzen; entsprechend ist zu verfahren, wenn ein Fremdenpaß oder ein Ausweis als Paßersatz entzogen werden soll. Über die Duldung entscheidet die Ausländerbehörde, die die Abschiebung angeordnet hat.

(3) Ausländerbehörden sind die Behörden der inneren Verwaltung auf der Kreisebene; die Landesregierungen können in besonderen Fällen im Benehmen mit dem Bundesminister des Innern die Behörden kreisangehöriger Gemeinden zu Ausländerbehörden bestimmen.

(4) Im Ausland sind für Paß- und Sichtvermerksangelegenheiten die vom Auswärtigen Amt ermächtigten Auslandsvertretungen zuständig. Die mit der Paßnachschau beauftragten Behörden können Ausnahmesichtvermerke erteilen, soweit sie hierzu ermächtigt sind.

(5) Die Zurückweisung und die Überstellung an der Grenze obliegen den mit der Paßnachschau beauftragten Behörden.

(6) Für die Zurückschiebung sind die mit der Sicherung der Grenzen beauftragten Behörden und die Polizei der Länder zuständig.

(7) Für das Ausreiseverbot sind die Ausländerbehörden und die mit der Paßnachschau beauftragten Behörden zuständig.

§ 21 Antrag auf Aufenthaltserlaubnis

(1) Reist ein Ausländer mit Aufenthaltserlaubnis ein, hat er unverzüglich nach der Einreise der Ausländerbehörde seinen Aufenthalt anzuzeigen; das gleiche gilt, wenn ein Ausländer anzeigepflichtig ist (§ 2 Abs. 4). Reist ein Ausländer, der einer Aufenthaltserlaubnis bedarf, ohne eine solche ein, hat er unverzüglich nach der Einreise die Aufenthaltserlaubnis zu beantragen.

(2) Für den Antrag auf Aufenthaltserlaubnis und für die Aufenthaltsanzeige sind die vom Bundesminister des Innern vorgeschriebenen Formblätter zu verwenden. Der Ausländer hat die für die Entscheidung über die Aufenthaltserlaubnis erforderlichen Auskünfte zu geben und auf Verlangen der Behörde persönlich zu erscheinen.

(3) Beantragt ein Ausländer nach der Einreise die Aufenthaltserlaubnis, so gilt sein Aufenthalt bis zur Entscheidung der Ausländerbehörde vorläufig als erlaubt. Widerspruch und Anfechtungsklage haben keine aufschiebende Wirkung. Das gleiche gilt, wenn der Ausländer die Verlängerung der Aufenthaltserlaubnis beantragt.

§ 22 Übernahmeerklärung

Ausländer können, wenn völkerrechtliche, politische oder menschliche Gründe es erfordern, auf Grund einer Übernahmeerklärung des Bundesministers des Innern oder der von ihm bestimmten Stelle in den Geltungsbereich dieses Gesetzes übernommen werden.

§ 23 Schriftform

(1) Die Verfügung, durch die ein Fremdenpaß oder Paßersatz, eine Aufenthaltserlaubnis oder -berechtigung versagt, räumlich oder zeitlich beschränkt oder mit Bedingungen oder Auflagen versehen wird, sowie die Ausweisung und die Duldung bedürfen der Schriftform. Das gleiche gilt, wenn der Aufenthalt eines Ausländers, der keiner Aufenthaltserlaubnis bedarf, nach § 7 Abs. 5 beschränkt wird.

(2) Die Versagung einer Aufenthaltserlaubnis vor der Einreise bedarf keiner Begründung und Rechtsbehelfsbelehrung.

§ 24 Kosten

(1) Der Bundesminister des Innern wird ermächtigt, durch Rechtsverordnung Gebühren festzusetzen für die Erteilung, Verlängerung, Änderung oder Umschreibung

1. eines Fremdenpasses oder Paßersatzpapiers,
2. einer Aufenthaltserlaubnis,
3. einer Aufenthaltsberechtigung,
4. eines Durchreisesichtvermerks.

(2) Die Gebühren dürfen folgende Höchstsätze nicht übersteigen:
Für Amtshandlungen nach Absatz 1 Nr. 1: zehn Deutsche Mark,
für Amtshandlungen nach Absatz 1 Nr. 2: fünfzig Deutsche Mark,
für Amtshandlungen nach Absatz 1 Nr. 3: sechzig Deutsche Mark,
für Amtshandlungen nach Absatz 1 Nr. 4: zehn Deutsche Mark.

(3) Für Amtshandlungen nach Absatz 1, die im Ausland vorgenommen werden, können Zuschläge zu den Gebühren festgesetzt werden, um Kaufkraftunterschiede auszugleichen. Gebührenzuschläge können auch festgesetzt werden, wenn der Staat, in dem die Amtshandlung vorgenommen wird, von Deutschen für die Erlaubnis zur Einreise und zum Aufenthalt höhere als die nach Absatz 1 festgesetzten Gebühren erhebt. Bei der Festsetzung von Gebührenzuschlägen können die im Absatz 2 bestimmten Höchstsätze überschritten werden.

(4) Außer den in der Rechtsverordnung festgesetzten Gebühren dürfen für Amtshandlungen nach diesem Gesetz weitere Gebühren, auch nach landesrechtlichen Vorschriften, nicht erhoben werden.

(5) Bare Auslagen, die das übliche Maß behördlicher Unkosten übersteigen, sind von dem Ausländer zu erstatten, soweit sie erforderlich oder von ihm veranlaßt sind.

(6) Kosten, die durch die Abschiebung, Zurückschiebung oder Zurückweisung entstehen, hat der Ausländer zu tragen. Im Falle des § 18 Abs. 4 haftet auch der Beförderungsunternehmer für die Kosten der Zurückweisung. Hierfür kann eine Sicherheitsleistung verlangt werden.

(6 a) Wer einen Arbeitnehmer, der eine nach § 19 Abs. 1 Satz 1 des Arbeitsförderungsgesetzes erforderliche Arbeitserlaubnis nicht besitzt und der nach § 12 Abs. 1 Satz 1 den Geltungsbereich dieses Gesetzes unverzüglich zu verlassen hat, beschäftigt, hat die Abschiebungskosten zu tragen. Absatz 6 gilt nur, wenn und soweit die Abschiebungskosten vom Arbeitgeber nicht beigetrieben werden können.

(7) Die Verjährung des Anspruchs auf Zahlung von Gebühren und Auslagen, ferner der Anspruch auf Zahlung von Kosten nach Absatz 6 wird in Ergänzung der Vorschriften des Verwaltungskostengesetzes vom 23. Juni 1970 (Bundesgesetzbl. I S. 821) über die Verjährung auch unterbrochen, solange sich der Kostenschuldner nicht im Geltungsbereich dieses Gesetzes aufhält oder sein Aufenthalt im Geltungsbereich dieses Gesetzes deshalb nicht festgestellt werden kann, weil er einer gesetzlichen Verpflichtung zur Anzeige seines Aufenthalts nicht nachgekommen ist.

§ 25   Weisungsbefugnis

(1) Die Bundesregierung kann Einzelweisungen zur Ausführung dieses Gesetzes und der hierzu erlassenen Rechtsverordnungen erteilen, wenn
  1. die innere oder äußere Sicherheit oder sonstige erhebliche Belange der Bundesrepublik Deutschland es erfordern,
  2. es für Vergeltungsmaßnahmen erforderlich ist,
  3. durch Maßnahmen von Ausländerbehörden eines Landes erhebliche Belange eines anderen Landes beeinträchtigt werden oder
  4. eine Ausländerbehörde eine der in § 26 Abs. 1 Nrn. 1 bis 4 bezeichneten Entscheidungen treffen will.

(2) Die Durchführung von Einzelweisungen im Land Berlin bedarf der Zustimmung des Senats von Berlin.

§ 26   Mitwirkungserfordernis

(1) Entscheidungen der Ausländerbehörden, durch die
  1. ausländischen Flüchtlingen oder Staatenlosen über die in ihrem Reiseausweis eingetragene Berechtigung zur Rückkehr in einen anderen Staat hinaus eine Aufenthaltserlaubnis erteilt wird,
  2. eine Aufenthaltserlaubnis unter Ausschluß des eigenen Zuständigkeitsbereichs erteilt wird,
  3. Ausländer nach § 14 Abs. 1 Satz 2 abgeschoben werden sollen oder
  4. ein in § 49 Abs. 2 genannter Ausländer ausgewiesen wird,
ergehen im Benehmen mit dem Bundesminister des Innern oder der von ihm bestimmten Stelle.

(2) Der Bundesminister des Innern kann, um die Mitwirkung anderer beteiligter Behörden zu sichern, durch Rechtsverordnung bestimmen, in welchen Fällen
  1. die Erteilung eines Sichtvermerks der Zustimmung der Ausländerbehörde oder
  2. die Verlängerung der Aufenthaltserlaubnis, die als Sichtvermerk erteilt worden ist, des Benehmens mit dem Bundesminister des Innern oder der von ihm bestimmten Stelle
bedarf.

4. Beamtenrechtsrahmengesetz

v. 3. 1 1977 (BGBl I S. 21)

§ 39 [Verschwiegenheitspflicht]

(1) Der Beamte hat, auch nach Beendigung des Beamtenverhältnisses, über die ihm bei seiner amtlichen Tätigkeit bekanntgewordenen Angelegenheiten Verschwiegenheit zu bewahren. Dies gilt nicht für Mitteilungen im dienstlichen Verkehr oder über Tatsachen, die offenkundig sind oder ihrer Bedeutung nach keiner Geheimhaltung bedürfen.

(2) Der Beamte darf ohne Genehmigung über solche Angelegenheiten weder vor Gericht noch außergerichtlich aussagen oder Erklärungen abgeben. Die Genehmigung erteilt der Dienstherr oder, wenn das Beamtenverhältnis beendet ist, der letzte Dienstherr. Hat sich der Vorgang, der den Gegenstand der Äußerung bildet, bei einem früheren Dienstherrn ereignet, so darf die Genehmigung nur mit dessen Zustimmung erteilt werden.

§ 40 [Diensteid]

(1) Der Beamte hat einen Diensteid zu leisten. Der Diensteid hat eine Verpflichtung auf das Grundgesetz zu enthalten.

(2) In den Fällen, in denen eine Ausnahme nach § 4 Abs. 2 zugelassen worden ist, kann an Stelle des Eides ein Gelöbnis vorgeschrieben werden.

§ 41 [Verbot der Dienstgeschäfte]

Dem Beamten kann aus zwingenden dienstlichen Gründen die Führung seiner Dienstgeschäfte verboten werden. Das Verbot erlischt, wenn nicht bis zum Ablauf von drei Monaten gegen den Beamten ein förmliches Disziplinarverfahren oder ein sonstiges auf Rücknahme der Ernennung oder auf Beendigung des Beamtenverhältnisses gerichtetes Verfahren eingeleitet worden ist.

§ 56 [Personalakte]

Der Beamte hat, auch nach Beendigung des Beamtenverhältnisses, ein Recht auf Einsicht in seine vollständigen Personalakten. Er muß über Beschwerden und Behauptungen tatsächlicher Art, die für ihn ungünstig sind oder ihm nachteilig werden können, vor Aufnahme in die Personalakten gehört werden. Die Äußerung des Beamten ist zu seinen Personalakten zu nehmen.

Abschnitt III   Personalwesen

§ 61 [Landespersonalämter]

(1) Im Bereich eines jeden Landes ist eine unabhängige, an Weisungen nicht gebundene Stelle gesetzlich zu bestimmen. Sie hat in den in diesem Gesetz vorgesehenen Fällen Ausnahmen zuzulassen und die Befähigung von anderen Bewerbern (§ 16) festzustellen.

(2) Durch Gesetz oder auf Grund eines Gesetzes können der unabhängigen Stelle weitere Aufgaben zugewiesen werden.

§ 62 [Unabhängigkeit der Mitglieder]

(1) Die Mitglieder der Stelle sind unabhängig und nur dem Gesetz unterworfen. Sie üben ihre Tätigkeit innerhalb dieser Schranken in eigener Verantwortung aus.

(2) Die Mitglieder dürfen wegen ihrer Tätigkeit dienstlich nicht gemaßregelt oder benachteiligt werden. Die Voraussetzungen, unter denen ihre Mitgliedschaft endet, sind gesetzlich zu regeln.

Abschnitt V   Besondere Beamtengruppen

1. Titel   Beamte auf Zeit

§ 95 [Ernennung. Entsprechende Anwendung von Gesetzesvorschriften. Mindestruhegehaltsätze.]

(1) Die Fälle und die Voraussetzungen der Ernennung von Beamten auf Zeit sind gesetzlich zu bestimmen. Durch Gesetz kann bestimmt werden, daß bei Beamten auf Zeit, bei denen die Verleihung des Amtes auf einer Wahl durch das Volk beruht, das Beamtenverhältnis anders als durch Ernennung begründet wird. Durch

Gesetz kann ferner bestimmt werden, daß § 25 auf die in Satz 2 bezeichneten Beamten keine Anwendung findet.

(2) Für Beamte auf Zeit gelten die Vorschriften für Beamte auf Lebenszeit entsprechend, soweit in diesem Gesetz nichts anderes bestimmt ist. Die Vorschriften dieses Gesetzes über die Laufbahnen und die Probezeit finden keine Anwendung.

(3) Durch Gesetz kann bestimmt werden, daß der Eintritt in den Ruhestand wegen Dienstunfähigkeit aus anderen als den in § 27 Abs. 1 genannten Gründen eine Wartezeit von mehr als fünf Jahren voraussetzt; sie darf zehn Jahre nicht übersteigen.

5. Bundesdatenschutzgesetz

V. 27. Januar 1977 (BGBl. I S. 201)

Erster Abschnitt   Allgemeine Vorschriften

§ 1   Aufgabe und Gegenstand des Datenschutzes

(1) Aufgabe des Datenschutzes ist es, durch den Schutz personenbezogener Daten vor Mißbrauch bei ihrer Speicherung, Übermittlung, Veränderung und Löschung (Datenverarbeitung) der Beeinträchtigung schutzwürdiger Belange der Betroffenen entgegenzuwirken.

(2) Dieses Gesetz schützt personenbezogene Daten, die
1. von Behörden oder sonstigen öffentlichen Stellen (§ 7),
2. von natürlichen oder juristischen Personen, Gesellschaften oder anderen Personenvereinigungen des privaten Rechts für eigene Zwecke (§ 22),
3. von natürlichen oder juristischen Personen, Gesellschaften oder anderen Personenvereinigungen des privaten Rechts geschäftsmäßig für fremde Zwecke (§ 31)

in Dateien gespeichert, verändert, gelöscht oder aus Dateien übermittelt werden. Für personenbezogene Daten, die nicht zur Übermittlung an Dritte bestimmt sind und in nicht automatisierten Verfahren verarbeitet werden, gilt von den Vorschriften dieses Gesetzes nur § 6.

(3) Dieses Gesetz schützt personenbezogene Daten nicht, die durch Unternehmen oder Hilfsunternehmen der Presse, des Rundfunks oder des Films ausschließlich zu eigenen publizistischen Zwecken verarbeitet werden; § 6 Abs. 1 bleibt unberührt.

§ 2   Begriffsbestimmungen

(1) Im Sinne dieses Gesetzes sind personenbezogene Daten Einzelangaben über persönliche oder sachliche Verhältnisse einer bestimmten oder bestimmbaren natürlichen Person (Betroffener).

(2) Im Sinne dieses Gesetzes ist
1. Speichern (Speicherung) das Erfassen, Aufnehmen oder Aufbewahren von Daten auf einem Datenträger zum Zwecke ihrer weiteren Verwendung,

2. Übermitteln (Übermittlung) das Bekanntgeben gespeicherter oder durch Datenverarbeitung unmittelbar gewonnener Daten an Dritte in der Weise, daß die Daten durch die speichernde Stelle weitergegeben oder zur Einsichtnahme, namentlich zum Abruf bereitgehalten werden,
3. Verändern (Veränderung) das inhaltliche Umgestalten gespeicherter Daten,
4. Löschen (Löschung) das Unkenntlichmachen gespeicherter Daten,
ungeachtet der dabei angewendeten Verfahren.

(3) Im Sinne dieses Gesetzes ist
1. speichernde Stelle jede der in § 1 Abs. 2 Satz 1 genannten Personen oder Stellen, die Daten für sich selbst speichert oder durch andere speichern läßt,
2. Dritter jede Person oder Stelle außerhalb der speichernden Stelle, ausgenommen der Betroffene oder diejenigen Personen und Stellen, die in den Fällen der Nummer 1 im Geltungsbereich dieses Gesetzes im Auftrag tätig werden,
3. eine Datei eine gleichartig aufgebaute Sammlung von Daten, die nach bestimmten Merkmalen erfaßt und geordnet, nach anderen bestimmten Merkmalen umgeordnet und ausgewertet werden kann, ungeachtet der dabei angewendeten Verfahren; nicht hierzu gehören Akten und Aktensammlungen, es sei denn, daß sie durch automatisierte Verfahren umgeordnet und ausgewertet werden können.

§ 3 Zulässigkeit der Datenverarbeitung

Die Verarbeitung personenbezogener Daten, die von diesem Gesetz geschützt werden, ist in jeder ihrer in § 1 Abs. 1 genannten Phasen nur zulässig, wenn
1. dieses Gesetz oder eine andere Rechtsvorschrift sie erlaubt oder
2. der Betroffene eingewilligt hat.
Die Einwilligung bedarf der Schriftform, soweit nicht wegen besonderer Umstände eine andere Form angemessen ist; wird die Einwilligung zusammen mit anderen Erklärungen schriftlich erteilt, ist der Betroffene hierauf schriftlich besonders hinzuweisen.

§ 4 Rechte des Betroffenen

Jeder hat nach Maßgabe dieses Gesetzes ein Recht auf
1. Auskunft über die zu seiner Person gespeicherten Daten,
2. Berichtigung der zu seiner Person gespeicherten Daten, wenn sie unrichtig sind,
3. Sperrung der zu seiner Person gespeicherten Daten, wenn sich weder deren Richtigkeit noch deren Unrichtigkeit feststellen läßt oder nach Wegfall der ursprünglich erfüllten Voraussetzungen für die Speicherung,

4. Löschung der zu seiner Person gespeicherten Daten, wenn ihre Speicherung unzulässig war oder – wahlweise neben dem Recht auf Sperrung – nach Wegfall der ursprünglich erfüllten Voraussetzungen für die Speicherung.

§ 5 Datengeheimnis

(1) Den im Rahmen des § 1 Abs. 2 oder im Auftrag der dort genannten Personen oder Stellen bei der Datenverarbeitung beschäftigten Personen ist untersagt, geschützte personenbezogene Daten unbefugt zu einem anderen als dem zur jeweiligen rechtmäßigen Aufgabenerfüllung gehörenden Zweck zu verarbeiten, bekanntzugeben, zugänglich zu machen oder sonst zu nutzen.

(2) Diese Personen sind bei der Aufnahme ihrer Tätigkeit nach Maßgabe von Absatz 1 zu verpflichten. Ihre Pflichten bestehen auch nach Beendigung ihrer Tätigkeit fort.

§ 6 Technische und organisatorische Maßnahmen

(1) Wer im Rahmen des § 1 Abs. 2 oder im Auftrag der dort genannten Personen oder Stellen personenbezogene Daten verarbeitet, hat die technischen und organisatorischen Maßnahmen zu treffen, die erforderlich sind, um die Ausführung der Vorschriften dieses Gesetzes, insbesondere die in der Anlage zu diesem Gesetz genannten Anforderungen zu gewährleisten. Erforderlich sind Maßnahmen nur, wenn ihr Aufwand in einem angemessenen Verhältnis zu dem angestrebten Schutzzweck steht.

(2) Die Bundesregierung wird ermächtigt, durch Rechtsverordnung mit Zustimmung des Bundesrates die in der Anlage genannten Anforderungen nach dem jeweiligen Stand der Technik und Organisation fortzuschreiben. Stand der Technik und Organisation im Sinne dieses Gesetzes ist der Entwicklungsstand fortschrittlicher Verfahren, Einrichtungen oder Betriebsweisen, der die praktische Eignung einer Maßnahme zur Gewährleistung der Durchführung dieses Gesetzes gesichert erscheinen läßt. Bei der Bestimmung des Standes der Technik und Organisation sind insbesondere vergleichbare Verfahren, Einrichtungen oder Betriebsweisen heranzuziehen, die mit Erfolg im Betrieb erprobt worden sind.

Zweiter Abschnitt Datenverarbeitung der Behörden und sonstigen öffentlichen Stellen

§ 7 Anwendungsbereich

(1) Die Vorschriften dieses Abschnittes gelten für Behörden und sonstige öffentliche Stellen des Bundes, der bundesunmittelbaren Körperschaften, Anstalten und Stiftungen des öffentlichen Rechts sowie für Vereinigungen solcher Körperschaften, Anstalten und Stiftungen. Für öffentlich-rechtliche Unternehmen, die am Wettbewerb teilnehmen, gelten von den Vorschriften dieses Abschnittes jedoch nur die §§ 15 bis 21.

(2) Soweit der Datenschutz nicht durch Landesgesetz geregelt ist, gelten die Vorschriften dieses Abschnittes mit Ausnahme der §§ 15 bis 21 auch für

1. Behörden und sonstige öffentliche Stellen der Länder, der Gemeinden und Gemeindeverbände und der sonstigen der Aufsicht des Landes unterstehenden juristischen Personen des öffentlichen Rechts und für deren Vereinigungen, soweit sie Bundesrec nnBehörden und sonstige öffentliche Stellen der Länder, soweit sie als Organe der Rechtspflege tätig werden, ausgenommen in Verwaltungsangelegenheiten.

Für öffentlich-rechtliche Unternehmen, die am Wettbewerb teilnehmen und soweit sie die Voraussetzungen von Satz 1 Nr. 1 erfüllen, gelten die Vorschriften dieses Abschnittes nicht.

(3) Abweichend von den Absätzen 1 und 2 gelten anstelle der §§ 9 bis 14 die §§ 23 bis 27 entsprechend, soweit die Datenverarbeitung frühere, bestehende oder zukünftige dienst- oder arbeitsrechtliche Rechtsverhältnisse betrifft.

§ 8 Verarbeitung personenbezogener Daten im Auftrag

(1) Die Vorschriften dieses Abschnittes gelten für die in § 7 Abs. 1 und 2 genannten Stellen auch insoweit, als personenbezogene Daten in deren Auftrag durch andere Personen oder Stellen verarbeitet werden. In diesen Fällen ist der Auftragnehmer unter besonderer Berücksichtigung der Eignung der von ihm getroffenen technischen und organisatorischen Maßnahmen (§ 6 Abs. 1) sorgfältig auszuwählen.

(2) Die Vorschriften dieses Abschnittes gelten mit Ausnahme der §§ 15 bis 21 nicht für die in § 7 Abs. 1 und 2 genannten Stellen, soweit sie personenbezogene Daten im Auftrag verarbeiten. In diesen Fällen ist die Verarbeitung personenbezogener Daten in jeder ihrer in § 1 Abs. 1 genannten Phasen nur im Rahmen der Weisungen des Auftraggebers zulässig.

(3) Für juristische Personen, Gesellschaften und andere Personenvereinigungen des privaten Rechts, bei denen dem Bund oder einer bundesunmittelbaren Körperschaft, Anstalt oder Stiftung des öffentlichen Rechts die Mehrheit der An-

teile gehört oder die Mehrheit der Stimmen zusteht, gelten die §§ 15 bis 21 entsprechend, soweit diese Personen oder Personenvereinigungen in den Fällen des Absatzes 1 Satz 1 im Auftrag tätig werden.

§ 9 Datenspeicherung und -veränderung

(1) Das Speichern und das Verändern personenbezogener Daten ist zulässig, wenn es zur rechtmäßigen Erfüllung der in der Zuständigkeit der speichernden Stelle liegenden Aufgaben erforderlich ist.

(2) Werden Daten beim Betroffenen auf Grund einer Rechtsvorschrift erhoben, dann ist er auf sie, sonst auf die Freiwilligkeit seiner Angaben hinzuweisen.

§ 10 Datenübermittlung innerhalb des öffentlichen Bereichs

(1) Die Übermittlung personenbezogener Daten an Behörden und sonstige öffentliche Stellen ist zulässig, wenn sie zur rechtmäßigen Erfüllung der in der Zuständigkeit der übermittelnden Stelle oder des Empfängers liegenden Aufgaben erforderlich ist. Unterliegen die personenbezogenen Daten einem Berufs- oder besonderen Amtsgeheimnis (§ 45 Satz 2 Nr. 1, Satz 3) und sind sie der übermittelnden Stelle von der zur Verschwiegenheit verpflichteten Person in Ausübung ihrer Berufs- oder Amtspflicht übermittelt worden, ist für die Zulässigkeit der Übermittlung ferner erforderlich, daß der Empfänger die Daten zur Erfüllung des gleichen Zweckes benötigt, zu dem sie die übermittelnde Stelle erhalten hat.

(2) Die Übermittlung personenbezogener Daten an Stellen der öffentlich-rechtlichen Religionsgesellschaften ist in entsprechender Anwendung der Vorschriften über die Datenübermittlung an Behörden und sonstige öffentliche Stellen zulässig, sofern sichergestellt ist, daß bei dem Empfänger ausreichende Datenschutzmaßnahmen getroffen werden.

§ 11 Datenübermittlung an Stellen außerhalb des öffentlichen Bereichs

Die Übermittlung personenbezogener Daten an Personen und an andere Stellen als die in § 10 bezeichneten ist zulässig, wenn sie zur rechtmäßigen Erfüllung der in der Zuständigkeit der übermittelnden Stelle liegenden Aufgaben erforderlich ist oder soweit der Empfänger ein berechtigtes Interesse an der Kenntnis der zu übermittelnden Daten gleubhaft macht und dadurch schutzwürdige Belange des Betroffenen nicht beeinträchtigt werden. Unterliegen die personenbezogenen Daten einem Berufs- oder besonderen Amtsgeheimnis (§ 45 Satz 2 Nr. 1, Satz 3) und sind sie der übermittelnden Stelle von der zur Verschwiegenheit verpflichteten Person in Ausübung ihrer Berufs- oder Amtspflicht übermittelt worden, ist für die

Zulässigkeit der Übermittlung ferner erforderlich, daß die gleichen Voraussetzungen gegeben sind, unter denen sie die zur Verschwiegenheit verpflichtete Person übermitteln dürfte. Für die Übermittlung an Behörden und sonstige Stellen außerhalb des Geltungsbereichs dieses Gesetzes sowie an über- und zwischenstaatliche Stellen finden die Sätze 1 und 2 nach Maßgabe der für diese Übermittlung geltenden Gesetze und Vereinbarungen Anwendung.

§ 12 Veröffentlichung über die gespeicherten Daten

(1) Behörden und sonstige öffentliche Stellen geben
1. die Art der von ihnen oder in ihrem Auftrag gespeicherten personenbezogenen Daten,
2. die Aufgaben, zu deren Erfüllung die Kenntnis dieser Daten erforderlich ist,
3. den betroffenen Personenkreis,
4. die Stellen, an die sie personenbezogene Daten regelmäßig übermitteln sowie
5. die Art der zu übermittelnden Daten

unverzüglich nach der ersten Einspeicherung in dem für ihren Bereich bestehenden Veröffentlichungsblatt für amtliche Bekanntmachungen bekannt. Auf Antrag sind dem Betroffenen die bisherigen Bekanntmachungen zugänglich zu machen.

(2) Absatz 1 gilt nicht
1. für die Behörden für Verfassungsschutz, den Bundesnachrichtendienst, den mi oder veröffentlichten Verwaltungsvorschriften festgelegt sind.

(3) Die Bundesregierung wird ermächtigt, durch Rechtsverordnung, die nicht der Zustimmung des Bundesrates bedarf, für die in § 7 Abs. 1 Satz 1 genannten Behörden und sonstigen öffentlichen Stellen das Veröffentlichungsblatt sowie das Verfahren der Veröffentlichung zu bestimmen. Die Landesregierungen werden ermächtigt, durch Rechtsverordnung für die in § 7 Abs. 2 Satz 1 genannten Behörden und sonstigen öffentlichen Stellen das Veröffentlichungsblatt sowie das Verfahren der Veröffentlichung zu bestimmen.

§ 13 Auskunft an den Betroffenen

(1) Dem Betroffenen ist auf Antrag Auskunft über die zu seiner Person gespeicherten Daten zu erteilen. In dem Antrag soll die Art der personenbezogenen Daten, über die Auskunft erteilt werden soll, näher bezeichnet werden. Die speichernde Stelle bestimmt das Verfahren, insbesondere die Form der Auskunftserteilung nach pflichtgemäßem Ermessen.

(2) Absatz 1 gilt nicht in den Fällen der § 12 Abs. 2 Nr. 1 und 2.

(3) Die Auskunftserteilung unterbleibt, soweit
1. die Auskunft die rechtmäßige Erfüllung der in der Zuständigkeit der speichernden Stelle liegenden Aufgaben gefährden würde,

117

2. die Auskunft die öffentliche Sicherheit oder Ordnung gefährden oder sonst dem Wohle des Bundes oder eines Landes Nachteile bereiten würde,
3. die personenbezogenen Daten oder die Tatsache ihrer Speicherung nach einer Rechtsvorschrift oder ihrem Wesen nach, namentlich wegen der überwiegenden berechtigten Interessen einer dritten Person, geheimgehalten werden müssen,
4. die Auskunft sich auf die Übermittlung personenbezogener Daten an die in § 12 Abs. 2 Nr. 1 genannten Behörden bezieht.

(4) Die Auskunftserteilung ist gebührenpflichtig. Die Bundesregierung wird ermächtigt, durch Rechtsverordnung mit Zustimmung des Bundesrates die gebührenpflichtigen Tatbestände und die Höhe der Gebühr näher zu bestimmen sowie Ausnahmen von der Gebührenpflicht zuzulassen. Die Gebühren dürfen nur zur Deckung des unmittelbar auf Amtshandlungen dieser Art entfallenden Verwaltungsaufwandes erhoben werden. Ausnahmen von der Gebührenpflicht sind insbesondere in den Fällen zuzulassen, in denen durch besondere Umstände die Annahme gerechtfertigt wird, daß personenbezogene Daten unrichtig oder unzulässig gespeichert werden, oder in denen die Auskunft zur Berichtigung oder Löschung gespeicherter personenbezogener Daten geführt hat. Im übrigen findet das Verwaltungskostengesetz Anwendung.

§ 14 Berichtigung, Sperrung und Löschung von Daten

(1) Personenbezogene Daten sind zu berichtigen, wenn sie unrichtig sind.

(2) Personenbezogene Daten sind zu sperren, wenn ihre Richtigkeit vom Betroffenen bestritten wird und sich weder die Richtigkeit noch die Unrichtigkeit feststellen läßt. Sie sind ferner zu sperren, wenn ihre Kenntnis für die speichernde Stelle zur rechtmäßigen Erfüllung der in ihrer Zuständigkeit liegenden Aufgaben nicht mehr erforderlich ist. Gesperrte Daten sind mit einem entsprechenden Vermerk zu versehen; sie dürfen nicht mehr verarbeitet, insbesondere übermittelt, oder sonst genutzt werden, es sei denn, daß die Nutzung zu wissenschaftlichen Zwecken, zur Behebung einer bestehenden Beweisnot oder aus sonstigen im überwiegenden Interesse der speichernden Stelle oder eines Dritten liegenden Gründen unerläßlich ist oder der Betroffene in die Nutzung eingewilligt hat.

(3) Personenbezogene Daten können gelöscht werden, wenn ihre Kenntnis für die speichernde Stelle zur rechtmäßigen Erfüllung der in ihrer Zuständigkeit liegenden Aufgaben nicht mehr erforderlich ist und kein Grund zu der Annahme besteht, daß durch die Löschung schutzwürdige Belange des Betroffenen beeinträchtigt werden. Sie sind zu löschen, wenn ihre Speicherung unzulässig war oder wenn es in den Fällen des Absatzes 2 Satz 2 der Betroffene verlangt.

§ 15   Durchführung des Datenschutzes in der Bundesverwaltung

Die obersten Bundesbehörden, der Vorstand der Deutschen Bundesbahn sowie die bundesunmittelbaren Körperschaften, Anstalten und Stiftungen des öffentlichen Rechts, über die von einer obersten Bundesbehörde lediglich Rechtsaufsicht ausgeübt wird, haben jeweils für ihren Geschäftsbereich die Ausführung dieses Gesetzes sowie anderer Rechtsvorschriften über den Datenschutz sicherzustellen. Sie haben insbesondere dafür zu sorgen, daß

1. eine Übersicht über die Art der gespeicherten personenbezogenen Daten und über die Aufgaben, zu deren Erfüllung die Kenntnis dieser Daten erforderlich ist, sowie über deren regelmäßige Empfänger geführt und
2. die ordnungsgemäße Anwendung der Datenverarbeitungsprogramme, mit deren Hilfe personenbezogene Daten verarbeitet werden sollen, überwacht wird.

§ 16   Allgemeine Verwaltungsvorschriften

Die obersten Bundesbehörden und der Vorstand der Deutschen Bundesbahn erlassen jeweils für ihren Geschäftsbereich allgemeine Verwaltungsvorschriften, die die Ausführung dieses Gesetzes, bezogen auf die besonderen Verhältnisse in dem jeweiligen Geschäftsbereich und die sich daraus ergebenden besonderen Erfordernisse für den Datenschutz, regeln.

§ 17   Bestellung eines Bundesbeauftragten für den Datenschutz

(1) Es ist ein Bundesbeauftragter für den Datenschutz zu bestellen. Der Bundesbeauftragte wird auf Vorschlag der Bundesregierung vom Bundespräsidenten ernannt. Er muß bei seiner Ernennung das 35. Lebensjahr vollendet haben.

(2) Der Bundesbeauftragte leistet vor dem Bundesminister des Innern folgenden Eid:
»Ich schwöre, daß ich meine Kraft dem Wohle des deutschen Volkes widmen, seinen Nutzen mehren, Schaden von ihm wenden, das Grundgesetz und die Gesetze des Bundes wahren und verteidigen, meine Pflichten gewissenhaft erfüllen und Gerechtigkeit gegen jedermann üben werde. So wahr mir Gott helfe.«
Der Eid kann auch ohne religiöse Beteuerung geleistet werden.

(3) Die Amtszeit des Bundesbeauftragten beträgt fünf Jahre. Einmalige Wiederbestellung ist zulässig.

(4) Der Bundesbeauftragte steht nach Maßgabe dieses Gesetzes zum Bund in einem öffentlich-rechtlichen Amtsverhältnis. Er ist in Ausübung seines Amtes unabhängig und nur dem Gesetz unterworfen. Er untersteht der Rechtsaufsicht der Bundesregierung.

(5) Der Bundesbeauftragte wird beim Bundesminister des Innern eingerichtet. Er untersteht der Dienstaufsicht des Bundesministers des Innern. Dem Bundesbeauftragten ist die für die Erfüllung seiner Aufgaben notwendige Personal- und Sachausstattung zur Verfügung zu stellen; sie ist im Einzelplan des Bundesministers des Innern in einem eigenen Kapitel auszuweisen.

(6) Ist der Bundesbeauftragte vorübergehend an der Ausübung seines Amtes verhindert, kann der Bundesminister des Innern einen Vertreter mit der Wahrnehmung der Geschäfte beauftragen. Der Bundesbeauftragte soll dazu gehört werden.

§ 18 Rechtsstellung des Bundesbeauftragten für den Datenschutz

(1) Das Amtsverhältnis des Bundesbeauftragten für den Datenschutz beginnt mit der Aushändigung der Ernennungsurkunde. Es endet
1. mit Ablauf der Amtszeit,
2. mit der Entlassung.
Der Bundespräsident entläßt den Bundesbeauftragten, wenn dieser es verlangt oder auf Vorschlag der Bundesregierung, wenn Gründe vorliegen, die bei einem Richter auf Lebenszeit die Entlassung aus dem Dienst rechtfertigen. Im Falle der Beendigung des Amtsverhältnisses erhält der Bundesbeauftragte eine vom Bundespräsidenten vollzogene Urkunde. Eine Entlassung wird mit der Aushändigung der Urkunde wirksam. Auf Ersuchen des Bundesministers des Innern ist der Bundesbeauftragte verpflichtet, die Geschäfte bis zur Ernennung seines Nachfolgers weiterzuführen.

(2) Der Bundesbeauftragte darf neben seinem Amt kein anderes besoldetes Amt, kein Gewerbe und keinen Beruf ausüben und weder der Leitung oder dem Aufsichtsrat oder Verwaltungsrat eines auf Erwerb gerichteten Unternehmenh einer Regierung oder einer gesetzgebenden Körperschaft des Bundes oder eines Landes angehören. Er darf nicht gegen Entgelt außergerichtliche Gutachten abgeben.

(3) Der Bundesbeauftragte hat dem Bundesminister des Innern Mitteilung über Geschenke zu machen, die er in bezug auf sein Amt erhält. Der Bundesminister des Innern entscheidet über die Verwendung der Geschenke.

(4) Der Bundesbeauftragte ist, auch nach Beendigung seines Amtsverhältnisses, verpflichtet, über die ihm amtlich bekanntgewordenen Angelegenheiten Verschwiegenheit zu bewahren. Dies gilt nicht für Mitteilungen im dienstlichen Verkehr oder über Tatsachen, die offenkundig sind oder ihrer Bedeutung nach keiner Geheimhaltung bedürfen. Der Bundesbeauftragte darf, auch wenn er nicht mehr im Amt ist, über solche Angelegenheiten ohne Genehmigung des Bundesministers des Innern weder vor Gericht noch außergerichtlich aussagen oder Erklärungen abgeben. Unberührt bleibt die gesetzlich begründete Pflicht, Straftaten anzuzei-

gen und bei Gefährdung der freiheitlich demokratischen Grundordnung für deren Erhalt einzutreten.

(5) Die Genehmigung, als Zeuge auszusagen, sollatwerden, wenn die Aussage dem Wohle des Bundes oder eines deutschen Landes Nachteile bereiten oder die Erfüllung öffentlicher Aufgaben ernstlich gefärden oder erheblich erschweren würde. Die Genehmigung, ein Gutachten zu erstatten, kann versagt werden, wenn die Erstattung den dienstlichen Interessen Nachteile bereiten würde. § 28 des Gesetzes über das Bundesverfassungsgericht in der Fassung der Bekanntmachung vom 3. Februar 1971 (BGBl. I S. 105), geändert durch das Einführungsgesetz zum Strafgesetzbuch vom 2. März 1974 (BGBl. I S. 469), bleibt unberührt.

(6) Der Bundesbeauftragte erhält vom Beginn des Kalendermonats an, in dem das Amtsverhältnis beginnt, bis zum Schluß des Kalendermonats, in dem das Amtsverhältnis endet, im Falle des Absatzes 1 Satz 6 bis zum Ende des Monats, in dem die Geschäftsführung endet, Amtsbezüge in Höhe der einem Bundesbeamten der Besoldungsgruppe B 9 zustehenden Besoldung. Das Bundesreisekostengesetz und das Bundesumzugskostengesetz sind entsprechend anzuwenden. Im übrigen sind die §§ 13 bis 20 des Bundesministergesetzes in der Fassung der Bekanntmachung vom 27. Juli 1971 (BGBl. I S. 1166), zuletzt geändert durch das Siebente Gesetz zur Änderung beamtenrechtlicher und besoldungsrechtlicher Vorschriften vom 20. Dezember 1974 (BGBl. I S. 3716), mit der Maßgabe anzuwenden, daß an die Stelle der zweijährigen Amtszeit in § 15 Abs. 1 des Bundesministergesetzes eine Amtszeit von fünf Jahren tritt.

§ 19 Aufgaben des Bundesbeauftragten für den Datenschutz

(1) Der Bundesbeauftragte für den Datenschutz kontrolliert die Einhaltung der Vorschriften dieses Gesetzes sowie anderer Vorschriften über den Datenschutz bei den in § 7 Abs. 1 genannten Behörden und sonstigen öffentlichen Stellen des Bundes, ausgenommen die Gerichte, soweit sie nicht in Verwaltungsangelegenheiten tätig werden. Zu diesem Zwecke kann er Empfehlungen zur Verbesserung des Datenschutzes geben, insbesondere kann er die Bundesregierung und einzelne Minister sowie die übrigen in § 7 Abs. 1 genannten Behörden und sonstigen Stellen in Fragen des Datenschutzes beraten.

(2) Auf Anforderung des Deutschen Bundestages oder der Bundesregierung hat der Bundesbeauftragte Gutachten zu erstellen und Berichte zu erstatten. Außerdem erstattet er dem Deutschen Bundestag regelmäßig jährlich, erstmals zum 1. Januar 1979 einen Tätigkeitsbericht. Auf Ersuchen des Deutschen Bundestages, des Petitionsausschusses des Deutschen Bundestages oder der Bundesregierung kann der Bundesbeauftragte ferner Hinweisen auf Angelegenheiten und Vorgänge, die seinen Aufgabenbereich unmittelbar betreffen, nachgehen. Der Beauftragte kann sich jederzeit an den Deutschen Bundestag wenden.

(3) Die in Absatz 1 Satz 1 genannten Behörden und sonstigen Stellen sind verpflichtet, den Bundesbeauftragten und seine Beauftragten bei der Erfüllung ihrer Aufgaben zu unterstützen. Ihnen ist dabei insbesondere

1. Auskunft zu ihren Fragen sowie Einsicht in alle Unterlagen und Akten zu gewähren, die in Zusammenhang mit der Verarbeitung personenbezogener Daten stehen, namentlich in die gespeicherten Daten und in die Datenverarbeitungsprogramme,
2. jederzeit Zutritt in alle Diensträume zu gewähren.

Die Sätze 1 und 2 gelten für die in § 12 Abs. 2 Nr. 1 genannten Bundesbehörden mit der Maßgabe, daß die Unterstützung nur dem Bundesbeauftragten selbst und den von ihm schriftlich besonders damit betrauten Beauftragten zu gewähren ist. Satz 2 gilt für die in § 12 Abs. 2 Nr. 1 genannten Bundesbehörden nicht, soweit die jeweils zuständige oberste Bundesbehörde im Einzelfall feststellt, daß die Einsicht in Unterlagen und Akten die Sicherheit des Bundes oder eines Landes gefährdet.

(4) Der Bundesbeauftragte führt ein Register der automatisch betriebenen Dateien, in denen personenbezogene Daten gespeichert werden. Das Register kann von jedem eingesehen werden. Die in Absatz 1 Satz 1 genannten Behörden und sonstigen Stellen sind verpflichtet, die von ihnen automatisch betriebenen Dateien beim Bundesbeauftragten anzumelden. Das Bundesamt für Verfassungsschutz, der Bundesnachrichtendienst und der militärische Abschirmdienst sind von der Meldepflicht ausgenommen. Zu den Dateien der übrigen in § 12 Abs. 2 Nr. 1 genannten Bundesbehörden wird ein besonderes Register geführt. Es beschränkt sich auf eine Übersicht über Art und Verwendungszweck. Satz 2 findet auf dieses register keine Anwendung. Das Nähere regelt der Bundesminister des Innern durch Rechtsverordnung.

(5) Der Bundesbeauftragte wirkt auf die Zusammenarbeit mit den Behörden und sonstigen öffentlichen Stellen, die für die Kontrolle der Einhaltung der Vorschriften über den Datenschutz in den Ländern zuständig sind, sowie mit den Aufsichtsbehörden nach § 30 hin.

§ 20 Beanstandungen durch den Bundesbeauftragten für den Datenschutz

(1) Stellt der Bundesbeauftragte für den Datenschutz Verstöße gegen die Vorschriften dieses Gesetzes oder gegen andere Datenschutzbestimmungen oder sonstige Mängel bei der Verarbeitung personenbezogener Daten fest, so beanstandet er dies

1. bei der Bundesverwaltung gegenüber der zuständigen obersten Bundesbehörde,
2. bei der Bundesbahn gegenüber dem Vorstand,
3. bei den bundesunmittelbaren Körperschaften, Anstalten und Stiftungen des öffentlichen Rechts sowie bei Vereinigungen solcher Körperschaften, An-

stalten und Stiftungen gegenüber dem Vorstand oder dem sonst vertretungsberechtigten Organ
und fordert zur Stellungnahme innerhalb einer von ihm zu bestimmenden Frist
auf. In den Fällen von Satz 1 Nr. 3 unterrichtet der Bundesbeauftragte gleichzeitig
auch die zuständige Aufsichtsbehörde.

(2) Der Bundesbeauftragte kann von einer Beanstandung absehen oder auf eine
Stellungnahme der betroffenen Stelle verzichten, wenn es sich um unerhebliche
Mängel handelt.

(3) Mit der Beanstandung kann der Bundesbeauftragte Vorschläge zur Beseitigung der Mängel und zur sonstigen Verbesserung des Datenschutzes verbinden.

(4) Die gemäß Absatz 1 Satz 1 abzugebende Stellungnahme soll auch eine Darstellung der Maßnahmen enthalten, die auf Grund der Beanstandung des Bundesbeauftragten getroffen worden sind. Die in Absatz 1 Satz 1 Nr. 3 genannten Stellen
leiten der zuständigen Aufsichtsbehörde eine Abschrift ihrer Stellungnahme an
den Bundesbeauftragten zu.

§ 21 Anrufung des Bundesbeauftragten für den Datenschutz.

Jedermann kann sich an den Beauftragten für den Datenschutz wenden, wenn er
der Ansicht ist, bei der Verarbeitung seiner personenbezogenen Daten durch die in
§ 7 Abs. 1 genannten Behörden oder sonstigen öffentlichen Stellen des Bundes,
ausgenommen die Gerichte, soweit sie nicht in Verwaltungsangelegenheiten tätig
werden, in seinen Rechten verletzt worden zu sein.

Dritter Abschnitt   Datenverarbeitung nicht-öffentlicher Stellen für eigene Zwecke

§ 22 Anwendungsbereich

(1) Die Vorschriften dieses Abschnittes gelten für natürliche und juristische Personen, Gesellschaften und andere Personenvereinigungen des privaten Rechts,
soweit sie geschützte personenbezogene Daten als Hilfsmittel für die Erfüllung ihrer Geschäftszwecke oder Ziele verarbeiten. Sie gelten mit Ausnahme der §§ 28 bis
30 nach Maßgabe von Satz 1 auch für öffentlich-rechtliche Unternehmen, die am
Wettbewerb teilnehmen, soweit sie die Voraussetzungen von § 7 Abs. 1 Satz 1
oder § 7 Abs. 2 Satz 1 Nr. 1 erfüllen.

(2) Die Vorschriften dieses Abschnittes gelten für die in Absatz 1 genannten
Personen, Gesellschaften und anderen Personenvereinigungen auch insoweit, als
personenbezogene Daten in deren Auftrag durch andere Personen oder Stellen
verarbeitet werden. In diesen Fällen ist der Auftragnehmer unter besonderer Be-

rücksichtigung der Eignung der von ihm getroffenen technischen und organisatorischen Maßnahmen (§ 6 Abs. 1) sorgfältig auszuwählen.

(3) Die Vorschriften dieses Abschnittes gelten nicht für die in Absatz 1 genannten Personen, Gesellschaften und anderen Personenvereinigungen, die Aufgaben der öffentlichen Verwaltung wahrnehmen.

§ 23 Datenspeicherung

Das Speichern personenbezogener Daten ist zulässig im Rahmen der Zweckbestimmung eines Vertragsverhältnisses oder vertragsähnlichen Vertrauensverhältnisses mit dem Betroffenen oder soweit es zur Wahrung berechtigter Interessen der speichernden Stelle erforderlich ist und kein Grund zur Annahme besteht, daß dadurch schutzwürdige Belange des Betroffenen beeinträchtigt werden. Abweichend von Satz 1 ist das Speichern in nicht automatisierten Verfahren zulässig, soweit die Daten unmittelbar aus allgemein zugänglichen Quellen entnommen sind.

§ 24 Datenübermittlung

(1) Die Übermittlung personenbezogener Daten ist zulässig im Rahmen der Zweckbestimmung eines Vertragsverhältnisses oder vertragsähnlichen Vertrauensverhältnisses mit dem Betroffenen oder soweit es zur Wahrung berechtigter Interessen der übermittelnden Stelle oder eines Dritten oder der Allgemeinheit erforderlich ist und dadurch schutzwürdige Belange des Betroffenen nicht beeinträchtigt werden. Personenbezogene Daten, die einem Berufs- oder besonderen Amtsgeheimnis (§ 45 Satz 2 Nr. 1, Satz 3) unterliegen und die von der zur Verschwiegenheit verpflichteten Person in Ausübung ihrer Berufs- oder Amtspflicht übermittelt worden sind, dürfen vom Empfänger nicht mehr weitergegeben werden.

(2) Abweichend von Absatz 1 ist die Übermittlung von listenmäßig oder sonst zusammengefaßten Daten über Angehörige einer Personengruppe zulässig, wenn sie sich auf
1. Namen,
2. Titel, akademische Grade,
3. Geburtsdatum,
4. Beruf, Branchen- oder Geschäftsbezeichnung,
5. Anschrift,
6. Rufnummer
beschränkt und kein Grund zu der Annahme besteht, daß dadurch schutzwürdige Belange des Betroffenen Beeinträchtigt werden. Zur Angabe der Zugehörigkeit des Betroffenen zu einer Personengruppe dürfen andere als die im vorstehenden Satz genannten Daten nicht übermittelt werden.

§ 25   Datenveränderung

Das Verändern personenbezogener Daten ist zulässig im Rahmen der Zweckbestimmung eines Vertragsverhältnisses oder vertragsähnlichen Vertrauensverhältnisses mit dem Betroffenen oder soweit es zur Wahrung berechtigter Interessen der speichernden Stelle erforderlich ist und kein Grund zur Annahme besteht, daß dadurch schutzwürdige Belange des Betroffenen beeinträchtigt werden.

§ 26   Auskunft an den Betroffenen

(1) Werden erstmals zur Person des Betroffenen Daten gespeichert, ist er darüber zu benachrichtigen, es sei denn, daß er auf andere Weise Kenntnis von der Speicherung erlangt hat.

(2) Der Betroffene kann Auskunft über die zu seiner Person gespeicherten Daten verlangen. Werden die Daten automatisch verarbeitet, kann der Betroffene Auskunft auch über die Personen und Stellen verlangen, an die seine Daten regelmäßig übermittelt werden. Er soll die Art der personenbezogenen Daten, über die Auskunft erteilt werden soll, näher bezeichnen. Die Auskunft wird schriftlich erteilt, soweit nicht wegen besonderer Umstände eine andere Form der Auskunftserteilung angemessen ist.

(3) Für die Auskunft kann ein Entgelt verlangt werden, das über die durch die Auskunftserteilung entstandenen direkt zurechenbaren Kosten nicht hinausgehen darf. Ein entgelt kann in den Fällen nicht verlangt werden, in denen durch besondere Umstände die Annahme gerechtfertigt wird, daß personenbezogene Daten unrichtig oder unzulässig gespeichert werden, oder in denen die Auskunft ergeben hat, daß die personenbezogenen Daten zu berichtigen oder unter der Voraussetzung des § 27 Abs. 3 Satz 2 erster Halbsatz zu löschen sind.

(4) Die Absätze 1 und 2 gelten nicht, soweit
1. das Bekanntwerden personenbezogener Daten die Geschäftszwecke oder Ziele der speichernden Stelle erheblich gefährden würde und berechtigte Interessen des Betroffenen nicht entgegenstehen,
2. die zuständige öffentliche Stelle gegenüber der speichernden Stelle festgestellt hat, daß das Bekanntwerden der personenbezogenen Daten die öffentliche Sicherheit oder Ordnung gefährden oder sonst dem Wohle des Bundes oder eines Landes Nachteile bereiten würde,
3. die personenbezogenen Daten nach einer Rechtsvorschrift oder ihrem Wesen nach, namentlich wegen der überwiegenden berechtigten Interessen einer dritten Person, geheimgehalten werden müssen,
4. die personenbezogenen Daten unmittelbar aus allgemein zugänglichen Quellen entnommen sind,

5. die personenbezogenen Daten deshalb nach § 27 Abs. 2 Satz 2 gesperrt sind, weil sie auf Grund gesetzlicher, satzungsmäßiger oder vertraglicher Aufbewahrungsvorschriften nicht nach § 27 Abs. 3 Satz 1 gelöscht werden dürfen.

§ 27 Berichtigung, Sperrung und Löschung von Daten

(1) Personenbezogene Daten sind zu berichtigen, wenn sie unrichtig sind.

(2) Personenbezogene Daten sind zu sperren, wenn ihre Richtigkeit vom Betroffenen bestritten wird und sich weder die Richtigkeit noch die Unrichtigkeit feststellen läßt. Sie sind ferner zu sperren, wenn ihre Kenntnis für die Erfüllung des Zweckes der Speicherung nicht mehr erforderlich ist. Die Vorschriften über das Verfahren und die Rechtsfolgen der Sperrung in § 14 Abs. 2 Satz 3 gelten entsprechend.

(3) Personenbezogene Daten können gelöscht werden, wenn ihre Kenntnis für die Erfüllung des Zweckes der Speicherung nicht mehr erforderlich ist und kein Grund zur Annahme besteht, daß durch die Löschung schutzwürdige Belange des Betroffenen beeinträchtigt werden. Sie sind zu löschen, wenn ihre Speicherung unzulässig war oder wenn es in den Fällen des Absatzes 2 Satz 2 der Betroffene verlangt. Daten über gesundheitliche Verhältnisse, strafbare Handlungen, Ordnungswidrigkeiten sowie religiöse oder politische Anschauungen sind zu löschen, wenn ihre Richtigkeit von der speichernden Stelle nicht bewiesen werden kann.

Fünfter Abschnitt   Straf- und Bußgeldvorschriften

§ 41 Straftaten

(1) Wer unbefugt von diesem Gesetz geschützte personenbezogene Daten, die nicht offenkundig sind,

1. übermittelt oder verändert oder
2. abruft oder sich aus in Behältnissen verschlossenen Dateien verschafft,

wird mit Freiheitsstrafe bis zu einem Jahr oder mit Geldstrafe bestraft.

(2) Handelt der Täter gegen Entgelt oder in der Absicht, sich oder einen anderen zu bereichern oder einen anderen zu schädigen, so ist die Strafe Freiheitsstrafe bis zu zwei Jahren oder Geldstrafe.

(3) Die Tat wird nur auf Antrag verfolgt.

§ 42 Ordnungswidrigkeiten

(1) Ordnungswidrig handelt, wer vorsätzlich oder fahrlässig

1. entgegen § 26 Abs. 1, § 34 Abs. 1 den Betroffenen nicht benachrichtigt,

2. entgegen § 28 Abs. 1, § 38 in Verbindung mit § 28 Abs. 1 einen Beauftragten für den Datenschutz nicht oder nicht rechtzeitig bestellt,
3. entgegen § 32 Abs. 2 Satz 2 die dort bezeichneten Gründe oder Mittel nicht aufzeichnet,
4. entgegen § 39 Abs. 1 oder 3 eine Meldung nicht oder nicht rechtzeitig erstattet oder entgegen § 39 Abs. 2 oder 3 bei einer solchen Meldung die erforderlichen Angaben nicht, nicht richtig oder nicht vollständig mitteilt,
5. entgegen § 30 Abs. 2 Satz 1, § 40 Abs. 2 in Verbindung mit § 30 Abs. 2 Satz 1 eine Auskunft nicht, nicht richtig, nicht vollständig oder nicht rechtzeitig erteilt oder entgegen § 30 Abs. 3 Satz 2, § 40 Abs. 2 in Verbindung mit § 30 Abs. 3 Satz 2 den Zutritt zu den Grundstücken oder Geschäftsräumen oder die Vornahme von Prüfungen oder Besichtigungen oder die Einsicht in geschäftliche Unterlagen nicht duldet.

(2) Die Ordnungswidrigkeit kann mit einer Geldbuße bis zu fünfzigtausend Deutsche Mark geahndet werden.

Sechster Abschnitt Übergangs- und Schlußvorschriften

§ 43 Übergangsvorschriften

(1) Die Veröffentlichung über personenbezogene Daten (§ 12), die beim Inkrafttreten des Gesetzes schon gespeichert waren, hat binnen eines Jahres nach Inkrafttreten des Gesetzes zu erfolgen.

(2) Die in § 28 Abs. 1, § 38 in Verbindung mit § 28 Abs. 1 und in § 39 Abs. 1 genannten Verpflichtungen treten für die Personen, Gesellschaften und anderen Personenvereinigungen, die bei Inkrafttreten des Gesetzes personenbezogene Daten verarbeiten, mit dem Inkrafttreten des Gesetzes ein.

(3) Sind zur Person des Beroffenen bereits vor dem Inkrafttreten des Gesetzes Daten gespeichert worden, so ist der Betroffene darüber nach § 26 Abs. 1 zu benachrichtigen, wenn die Daten erstmals nach dem Inkrafttreten des Gesetzes übermittelt worden sind.

(4) Sind die zur Person des Betroffenen gespeicherten Daten bereits vor dem Inkrafttreten des Gesetzes übermittelt worden, so ist der Betroffene über die Speicherung nach § 34 Abs. 1 zu benachrichtigen, wenn die Daten erstmals nach dem Inkrafttreten des Gesetzes übermittelt worden sind.

§ 44 Anwendung des Verwaltungsverfahrensgesetzes

Auf die Ausführung dieses Gesetzes ist das Verwaltungsverfahrensgesetz auch insoweit anzuwenden, als sie den Ländern obliegt.

§ 45   Weitergeltende Vorschriften

Soweit besondere Rechtsvorschriften des Bundes auf in Dateien gespeicherte personenbezogene Daten anzuwenden sind, gehen sie den Vorschriften dieses Gesetzes vor. Zu den vorrangigen Vorschriften gehören namentlich:

1. Vorschriften über die Geheimhaltung von dienstlich oder sonst in Ausübung des Berufs erworbenen Kenntnissen, z. B. § 12 des Gesetzes über die Statistik für Bundeszwecke vom 3. September 1953 (BGBl. I S. 1314), zuletzt geändert durch Gesetz vom 2. März 1974 (BGBl. I S. 469), § 30 der Abgabenordnung, § 9 des Gesetzes über das Kreditwesen in der Fassung der Bekanntmachung vom 3. Mai 1976 (BGBl. I S. 1121), §§ 5 und 6 des Gesetzes über das Postwesen, §§ 10 und 11 des Fernmeldeanlagengesetzes;
2. Vorschriften über das Zeugnis- oder Auskunftsverweigerungsrecht aus persönlichen oder berufsbedingten Gründen in Gerichts- und Verwaltungsverfahren, z. B. §§ 52 bis 55 der Strafprozeßordnung, §§ 383 und 384 der Zivilprozeßordnung, §§ 102 und 105 der Abgabenordnung;
3. Vorschriften über die Verpflichtung, die Beschränkung oder das Verbot der Speicherung, Übermittlung oder Veröffentlichung von Einzelangaben über Personen, z. B. § 161 der Strafprozeßordnung, §§ 20 und 22 des Arbeitsförderungsgesetzes vom 25. Juni 1969 (BGBl. I S. 582), zuletzt geändert durch Gesetz vom 16. März 1976 (BGBl. I S. 581), § 49 des Bundeszentralregistergesetzes;
4. Vorschriften über die Beschränkung der Einsicht in Unterlagen durch Dritte, z. B. § 61 Abs. 2 und 3 des Personenstandsgesetzes, § 36 des Gesetzes über das Verwaltungsverfahren der Kriegsopferversorgung in der Fassung der Bekanntmachung vom 6. Mai 1976 (BGBl. I S. 1169);
5. Vorschriften über die Einsicht des Beamten oder Arbeitnehmers in seine Personalunterlagen, z. B. § 90 des Bundesbeamtengesetzes, § 83 des Betriebsverfassungsgesetzes;
6. Vorschriften über die Auskunftspflicht von Behörden an Bürger über die zu ihrer Person gespeicherten Daten, z. B. § 1325 der Reichsversicherungsordnung, § 104 des Angestelltenversicherungsgesetzes, § 108 h des Reichsknappschaftsgesetzes;
7. Vorschriften über die Übermittlung, Berichtigung und Löschung von in öffentlichen Registern aufgeführten personenbezogenen Daten, z. B. §§ 19, 23, 27 Abs. 2, §§ 31, 37 Abs. 1, §§ 39 bis 47 und 58 des Bundeszentralregistergesetzes, § 30 des Straßenverkehrsgesetzes, § 13 a der Straßenverkehrs-Zulassungs-Ordnung, § 12 und der 2. Abschnitt der Grundbuchordnung;
8. Vorschriften über die Verpflichtung zur Verarbeitung personenbezogener Daten bei der Rechnungslegung einschließlich Buchführung und sonstiger Aufzeichnungen, z. B. §§ 38 bis 40, 42 bis 47 des Handelsgesetzbuches, §§ 140 bis 148 der Abgabenordnung, § 8 der VOPR Nr. 30/53 über die

Preise bei öffentlichen Aufträgen vom 21. November 1953 (Bundesanzeiger Nr. 244), § 71 der Bundeshaushaltsordnung. Die Verpflichtung zur Wahrung der in § 203 Abs. 1 des Strafgesetzbuches genannten Berufsgeheimnisse, z. B. ärztlichen Geheimnisses, bleibt unberührt.

Anlage zu § 6 Abs. 1 Satz 1

Werden personenbezogene Daten automatisch verarbeitet, sind zur Ausführung der Vorschriften dieses Gesetzes Maßnahmen zu treffen, die je nach der Art der zu schützenden personenbezogenen Daten geeignet sind,

1. Unbefugten den Zugang zu Datenverarbeitungsanlagen, mit denen personenbezogene Daten verarbeitet werden, zu verwehren (Zugangskontrolle),
2. Personen, die bei der Verarbeitung personenbezogener Daten tätig sind, daran zu hindern, daß sie Datenträger unbefugt entfernen (Abgangskontrolle),
3. die unbefugte Eingabe in den Speicher sowie die unbefugte Kenntnisnahme, Veränderung oder Löschung gespeicherter personenbezogener Daten zu verhindern (Speicherkontrolle),
4. die Benutzung von Datenverarbeitungssystemen, aus denen oder in die personenbezogene Daten durch selbsttätige Einrichtungen übermittelt werden, durch unbefugte Personen zu verhindern (Benutzerkontrolle),
5. zu gewährleisten, daß die zur Benutzung eines Datenverarbeitungssystems Berechtigten durch selbsttätige Einrichtungen ausschließlich auf die ihrer Zugriffsberechtigung unterliegenden personenbezogenen Daten zugreifen können (Zugriffskontrolle),
6. zu gewährleisten, daß überprüft und festgestellt werden kann, an welche Stellen personenbezogene Daten durch selbsttätige Einrichtungen übermittelt werden können (Übermittlungskontrolle),
7. zu gewährleisten, daß nachträglich überprüft und festgestellt werden kann, welche personenbezogenen Daten zu welcher Zeit von wem in Datenverarbeitungssysteme eingegeben worden sind (Eingabekontrolle),
8. zu gewährleisten, daß personenbezogene Daten, die im Auftrag verarbeitet werden, nur entsprechend den Weisungen des Auftraggebers verarbeitet werden können (Auftragskontrolle),
9. zu gewährleisten, daß bei der Übermittlung personenbezogener Daten sowie beim Transport entsprechender Datenträger diese nicht unbefugt gelesen, verändert oder gelöscht werden können (Transportkontrolle),
10. die innerbehördliche oder innerbetriebliche Organisation so zu gestalten, daß sie den besonderen Anforderungen des Datenschutzes gerecht wird (Organisationskontrolle).

6. Bundesdisziplinarordnung

v. 20. Juli 1967 (BGBl 1 S. 750)

2. Vorermittlungen

§ 26 [Vorermittlungen]

(1) Werden Tatsachen bekannt, die den Verdacht eines Dienstvergehens rechtfertigen, veranlaßt der Dienstvorgesetzte die zur Aufklärung des Sachverhalts erforderlichen Ermittlungen (Vorermittlungen). Dabei sind die belastenden, die entlastenden und die für die Bemessung der Disziplinarmaßnahme bedeutsamen Umstände zu ermitteln.

(2) Sobald es ohne Gefährdung des Ermittlungszweckes möglich ist, ist dem Beamten Gelegenheit zu geben, sich zu äußern. Vor Beginn der ersten Anhörung ist ihm zu eröffnen, welche Verfehlung ihm zu Last gelegt wird. Er ist gleichzeitig darauf hinzuweisen, daß es ihm freistehe, sich mündlich oder schriftlich zu äußern oder nicht zur Sache auszusagen und jederzeit, auch schon vor der ersten Anhörung, einen Verteidiger zu befragen. Über die Anhörung ist eine Niederschrift aufzunehmen, von der dem Beamten auf Verlangen eine Abschrift auszuhändigen ist.

(3) Dem Beamten ist zu gestatten, die Vorermittlungsakten und beigezogenen Schriftstücke einzusehen, soweit dies ohne Gefährdung des Ermittlungszweckes möglich ist.

(4) Das wesentliche Ergebnis der Vorermittlungen ist dem Beamten und dem Bundesdisziplinaranwalt bekanntzugeben. Der Beamte kann weitere Ermittlungen beantragen. Der Dienstvorgesetzte entscheidet, ob dem Antrag stattzugeben ist. Der Beamte ist abschließend zu hören; Absatz 2 Satz 4 findet Anwendung. Vom Beginn der abschließenden Anhörung an ist dem Bundesdisziplinaranwalt und dem Verteidiger bei jeder Anhörung des Beamten die Anwesenheit zu gestatten.

6. Verteidigung

§ 40

(1) Der Beamte kann sich im Disziplinarverfahren des Beistandes eines Verteidigers bedienen. Entsprechendes gilt in den Fällen der §§ 121 bis 124 und des § 126. Der Verteidiger ist zu allen Vernehmungen und Beweiserhebungen in der Untersuchung und im disziplinargerichtlichen Verfahren, abgesehen von Beschlagnahmen und Durchsuchungen, zu laden. Von allen Entscheidungen und Verfügungen der Einleitungsbehörde, des Untersuchungsführers und des Disziplinargerichts, die dem Beamten zuzustellen sind, ist dem Verteidiger eine Abschrift zu übersenden. Dem Verteidiger steht das Recht, Einsicht in die Akten zu nehmen, im gleichen Umfang zu wie dem Beamten.

(2) Verteidiger können die bei einem Gericht im Geltungsbereich des Grundgesetzes zugelassenen Rechtsanwälte sowie Rechtslehrer an Hochschulen im Geltungsbereich des Grundgesetzes und Vertreter der Beamtenanwartschaften mit Sitz im Geltungsbereich des Grundgesetzes, Beamte und Ruhestandsbeamte sein, sofern sie nicht zu den in § 51 Nr. 4, 6 und 7 bezeichneten Personen gehören; vor dem Bundesverwaltungsgericht werden zugelassen, wer die Befähigung zum Richteramt hat oder die Voraussetzungen des § 110 Satz 1 des Deutschen Richtergesetzes erfüllt.

7. Bundeszentralregistergesetz

v. 18. März 1971 (BGBl. I S. 243)

Erster Teil Registerbehörde

§ 1 Bundeszentralregister

Für den Geltungsbereich dieses Gesetzes führt der Generalbundesanwalt bei dem Bundesgerichtshof ein zentrales Register (Bundeszentralregister).

§ 2 Sitz und Aufbau

(1) Das Bundeszentralregister wird in Berlin geführt.

(2) Die näheren Bestimmungen über den Aufbau der Registerbehörde trifft der Bundesminister der Justiz. Soweit die Bestimmungen die Erfassung und Aufbereitung der Daten sowie die Auskunfterteilung betreffen, ist die Zustimmung des Bundesrates erforderlich.

Zweiter Teil Das Zentralregister

Erster Abschnitt Inhalt und Führung des Registers

§ 3 Inhalt des Registers

In das Register werden eingetragen
1. strafgerichtliche Verurteilungen (§§ 4 bis 9),
2. Entmündigungen (§ 10 Abs. 1),
3. Entscheidungen von Verwaltungsbehörden und Gerichten (§ 11),
4. Vermerke über Schuldunfähigkeit (§ 12),
5. nachträgliche Entscheidungen, die sich auf eine der in den Nummern 1 bis 4 genannten Eintragungen beziehen (§ 10 Abs. 2, §§ 14 bis 19).

132

§ 4 Verurteilungen

In das Register sind die rechtskräftigen Entscheidungen einzutrage, darch die ein deutsches Gericht im Geltungsbereich dieses Gesetzes wegen einer rechtswidrigen Tat
1. auf Strafe erkannt,
2. eine Maßregel der Besserung und Sicherung angeordnet,
3. jemanden nach § 59 des Strafgesetzbuchs mit Strafvorbehalt gewarnt oder
4. nach § 27 des Jugendgerichtsgesetzes die Schuld eines Jugendlichen oder Heranwachsenden festgestellt

hat.

§ 5 Inhalt der Eintragung

(1) Einzutragen sind
1. die Personendaten des Verurteilten,
2. die entscheidende Stelle samt Geschäftsnummer,
3. der Tag der (letzten) Tat,
4. der Tag des ersten Urteils; bei Strafbefehlen gilt als Tag des ersten Urteils der Tag der Unterzeichnung durch den Richter; ist gegen den Strafbefehl Einspruch eingelegt worden, so ist der Tag der auf den Einspruch ergehenden Entscheidung Tag des ersten Urteils, außer wenn der Einspruch verworfen wurde,
5. die rechtliche Bezeichnung der Tat, deren der Verurteilte schuldig gesprochen worden ist, unter Angabe der angewendeten Strafvorschriften,
6. alle Haupt- und Nebenstrafen, die nach § 59 des Strafgesetzbuchs vorbehaltene Strafen sowie alle kraft Gesetzes eintretenden oder in der Entscheidung neben einer Strafe oder neben Freisprechung oder selbständig angeordneten Maßnahmen (§ 11 Abs. 1 Nr. 8 des Strafgesetzbuchs) und Nebenfolgen.

(2) Die Anordnung von Erziehungsmaßregeln und Zuchtmitteln sowie von Nebenstrafen und Nebenfolgen, auf die bei Anwendung von Jugendstrafrecht erkannt worden ist, wird in das Register eingetragen, wenn sie mit einem Schuldspruch nach § 27 des Jugendgerichtsgesetzes, einer Verurteilung zu Jugendstrafe oder der Anordnung einer Maßregel der Besserung und Sicherung verbunden ist.

(3) Ist auf Geldstrafe erkannt, so sind die Zahl der Tagessätze und die Höhe eines Tagessatzes einzutragen.

§ 7 Gesamtstrafe und Einheitsstrafe

Wird aus mehreren Einzelstrafen nachträglich eine Gesamtstrafe gebildet oder eine einheitliche Jugendstrafe festgesetzt, so ist auch diese in das Register einzutragen.

§ 8   Aussetzung zur Bewährung

(1) Wird die Vollstreckung einer Strafe oder eine Maßregel der Besserung und Sicherung zur Bewährung ausgesetzt, so ist dies in das Register einzutragen. Dabei ist das Ende der Bewährungszeit zu vermerken.

(2) Hat das Gericht den Verurteilten nach § 56 d des Strafgesetzbuchs der Aufsicht und Leitung eines Bewährungshelfers unterstellt, so ist auch diese Entscheidung einzutragen.

(3) Wird jemand mit Strafvorbehalt verwarnt (§ 59 des Strafgesetzbuchs) oder wird die Entscheidung über die Verhängung einer Jugendstrafe zur Bewährung ausgesetzt (§ 27 des Jugendgerichtsgesetzes), so ist das Ende der Bewährungszeit einzutragen.

§ 9   Sperre für Fahrerlaubnis

Hat das Gericht eine Sperre (§ 69 a des Strafgesetzbuchs) angeordnet, so ist der Tag ihres Ablaufs in das Register einzutragen.

§ 10   Entmündigungen

(1) In das Register sind die gerichtlichen Entscheidungen einzutragen, durch die jemand entmündigt wird.

(2) Wird die Entmündigung wieder aufgehoben (§ 675, 679, 685, 686 der Zivilprozeßordnung), so ist auch diese Entscheidung einzutragen.

§ 11   Entscheidungen von Verwaltungsbehörden und Gerichten

(1) In das Register sind die vollziehbaren und die nicht mehr anfechtbaren Entscheidungen einer Verwaltungsbehörde einzutragen, durch die
1. ein Ausländer aus dem Geltungsbereich dieses Gesetzes ausgewiesen oder durch die ihm die Ausreise untersagt wird,
2. ein Ausländer abgeschoben oder das Vorliegen der Voraussetzungen für die Abschiebung festgestellt wird,
3. von einer deutschen Behörde die Entfernung eines Mitgliedes einer Truppe oder eines zivilen Gefolges der Stationierungsstreitkräfte nach Artikel III Abs. 5 des NATO-Truppenstatus verlangt wird,
4. ein Paß versagt, entzogen oder in seinem Geltungsbereich beschränkt wird,
5. a) wegen Gefahr der mißbräuchlichen Verwendung die Ausübung der tatsächlichen Gewalt über Schußwaffen, Munition und Geschosse mit pyrotechnischer Wirkung untersagt wird,

b) die Erteilung einer Waffenbesitzkarte, eines Munitionserwerbscheins oder eines Waffenscheins wegen Unzuverlässigkeit oder fehlender körperlicher Eignung abgelehnt, zurückgenommen oder widerrufen wird.

(2) In das Register sind auch die vollziehbaren und die nicht mehr anfechtbaren Entscheidungen einer Verwaltungsbehörde sowie rechtskräftige gerichtliche Entscheidungen einzutragen, durch die wegen Unzuverlässigkeit, Ungeeignetheit oder Unwürdigkeit

1. ein Antrag auf Zulassung zu einem Beruf oder Gewerbe abgelehnt oder eine erteilte Erlaubnis zurückgenommen,
2. die Ausübung eines Berufes oder Gewerbes untersagt,
3. die Befugnis zur Einstellung oder Ausbildung von Auszubildenden entzogen oder
4. die Beschäftigung, Beaufsichtigung, Anweisung oder Ausbildung von Kindern und Jugendlichen verboten

wird, falls die Entscheidung nicht nach § 149 Abs. 2 Nr. 1 der Gewerbeordnung in das Gewerbezentralregister einzutragen ist; richtet sich die Entscheidung nicht gegen eine natürliche Person, so ist die Eintragung bei der vertretungsberechtigten natürlichen Person vorzunehmen, die unzuverlässig, ungeeignet oder unwürdig ist.

(3) Wird eine nach Absatz 1 oder 2 eingetragene vollziehbare Entscheidung unanfechtbar, so ist dies in das Register einzutragen.

§ 12 Schuldunfähigkeit

(1) In das Register sind einzutragen

1. gerichtliche Entscheidungen und Verfügungen einer Strafverfolgungsbehörde, durch die ein Strafverfahren wegen erwiesener oder nicht auszuschließender Schuldunfähigkeit oder auf Geisteskrankheit beruhender Verhandlungsunfähigkeit ohne Bestrafung abgeschlossen wird,
2. gerichtliche Entscheidungen, durch die der Antrag der Staatsanwaltschaft, eine Maßregel der Besserung und Sicherung selbständig anzuordnen (§ 413 der Strafprozeßordnung), mit der Begründung abgelehnt wird, daß von dem Beschuldigten erhebliche rechtswidrige Taten nicht zu erwarten seien oder daß er für die Allgemeinheit trotzdem nicht gefährlich sei.

(2) Absatz 1 gilt nicht, wenn lediglich die fehlende Verantwortlichkeit eines Jugendlichen (§ 3 des Jugendgerichtsgesetzes) festgestellt wird oder nicht ausgeschlossen werden kann.

135

§ 14 Nachträgliche Entscheidungen nach allgemeinem Strafrecht

(1) In das Register sind einzutragen

1. die Aussetzung des Strafrestes nach § 57 des Strafgesetzbuchs; dabei ist das Ende der Bewährungszeit zu vermerken,
2. die nachträgliche Aussetzung der Vollstreckung einer Maßregel der Besserung und Sicherung nach den §§ 67 c, 67 d und 70 a Abs. 1 des Strafgesetzbuchs; dabei ist die Dauer der Führungsaufsicht oder das Ende der Bewährungszeit zu vermerken,
3. die nachträgliche Unterstellung des Verurteilten unter die Aufsicht und Leitung eines Bewährungshelfers nach den §§ 56 e und 56 d des Strafgesetzbuchs sowie die Abkürzung oder Verlängerung der Bewährungszeit oder der Führungsaufsicht nach § 56 a Abs. 2, den §§ 56 e, 57 Abs. 3, § 68 c Abs. 1, den §§ 68 d und 70 a Abs. 3 des Strafgesetzbuchs,
4. der Erlaß oder Teilerlaß der Strafe nach § 56 g Abs. 1 und § 57 Abs. 3 des Strafgesetzbuchs,
5. die Überweisung des Täters in den Vollzug einer anderen Maßregel der Besserung und Sicherung nach § 67 a des Strafgesetzbuchs,
6. die Ablehnung einer Anordnung nach § 67 c Abs. 2 Satz 1 des Strafgesetzbuchs,
7. der widerruf der Aussetzung einer Strafe, eines Strafrestes oder einer Maßregel der Besserung und Sicherung zur Bewährung nach den §§ 56 f, 57 Abs. 3, den §§ 67 g und 70 b des Strafgesetzbuchs und der Widerruf des Straferlasses nach § 56 g Abs. 2 und § 57 Abs. 3 des Strafgesetzbuchs,
8. die Aufhebung der Unterstellung unter die Aufsicht und Leitung eines Bewährungshelfers nach den §§ 56 e, 57 Abs. 3 und § 70 a Abs. 3 des Strafgesetzbuchs,
9. der Tag der Wiedererlangung von Fähigkeiten und Rechten nach den §§ 45 a und 45 b des Strafgesetzbuchs,
10. die vorzeitige Aufhebung der Sperre für die Erteilung einer Fahrerlaubnis nach § 69 a Abs. 7 des Strafgesetzbuchs.

(2) Wird nach einer Verwarnung mit Strafvorbehalt auf die vorbehaltene Strafe erkannt, so ist diese Entscheidung in das Register einzutragen. Stellt das Gericht nach Ablauf der Bewährungszeit fest, daß es bei der Verwarnung sein Bewenden hat (§ 59 b Abs. 2 des Strafgesetzbuchs), so wird die Eintragung über die Verwarnung mit Strafvorbehalt aus dem Register entfernt.

§ 15 Nachträgliche Entscheidungen nach Jugendstrafrecht

(1) In das Register sind einzutragen

1. die Aussetzung der Jugendstrafe zur Bewährung durch Beschluß nach § 57 des Jugendgerichtsgesetzes; dabei ist das Ende der Bewährungszeit zu vermerken,

2. die Aussetzung des Strafrestes sowie das Ende der Bewährungszeit und die endgültige Entlassung des Verurteilten nach den §§ 88, 89 des Jugendgerichtsgesetzes, im Falle des § 89 auch die Dauer der festgesetzten bestimmten Jugendstrafe,
3. die Abkürzung oder Verlängerung der Bewährungszeit nach § 22 Abs. 2 Satz 2, § 28 Abs. 2 Satz 2, § 88 Abs. 5 Satz 2, § 89 Abs. 3 des Jugendgerichtsgesetzes,
4. der Erlaß oder Teilerlaß der Jugendstrafe nach den §§ 26 a, 88 Abs. 5 Satz 2, § 89 Abs. 3 des Jugendgerichtsgesetzes,
5. die Beseitigung des Strafmakels nach den §§ 97 und 100 des Jugendgerichtsgesetzes,
6. der Widerruf der Aussetzung einer Jugendstrafe oder eines Strafrestes nach den §§ 26, 88 und 89 des Jugendgerichtsgesetzes und der Widerruf der Beseitigung des Strafmakels nach § 101 des Jugendgerichtsgesetzes.

(2) Wird nach § 30 Abs. 1 des Jugendgerichtsgesetzes auf Jugendstrafe erkannt, so ist auch diese in das Register einzutragen. Die Eintragung über einen Schuldspruch wird aus dem Register entfernt, wenn der Schuldspruch
1. nach § 30 Abs. 2 des Jugendgerichtsgesetzes getilgt wird oder
2. nach § 31 Abs. 2, § 66 des Jugendgerichtsgesetzes in eine Entscheidung einbezogen wird, die in das Erziehungsregister einzutragen ist.

§ 16 Gnadenerweise und Amnestien

In das Register sind einzutragen
1. die Aussetzung einer im Register eingetragenen Strafe oder einer Maßregel der Besserung und Sicherung sowie deren Widerruf; wird eine Bewährungszeit festgesetzt, so ist auch deren Ende zu vermerken,
2. der Erlaß, der Teilerlaß, die Ermäßigung oder die Umwandlung einer im Register eingetragenen Strafe oder einer Maßregel der Besserung und Sicherung sowie die Wiederverleihung von Fähigkeiten und Rechten, die der Verurteilte nach dem Strafgesetz infolge der Verurteilung verloren hatte.

§ 17 Eintragung der Vollstreckung

In das Register ist der Tag einzutragen, an dem die Vollstreckung einer Freiheitsstrafe, eines Strafarrestes oder einer Jugendstrafe oder eine Maßregel der Besserung und Sicherung mit Ausnahme der Sperre für die Erteilung einer Fahrerlaubnis beendet oder auf andere Weise erledigt ist.

137

§ 18 Wiederaufnahme des Verfahrens

(1) In das Register ist der rechtskräftige Beschluß einzutragen, durch den das Gericht wegen einer registerpflichtigen Verurteilung die Wiederaufnahme des Verfahrens anordnet (§ 370 Abs. 2 der Strafprozeßordnung).

(2) Ist die endgültige Entscheidung in dem Wiederaufnahmeverfahren (§§ 371, 373 der Strafprozeßordnung) rechtskräftig geworden, so wird die Eintragung nach Absatz 1 aus dem Register entfernt. Wird durch die Entscheidung das frühere Urteil aufrechterhalten, so wird dies im Register vermerkt. Andernfalls wird die auf die erneute Hauptverhandlung ergangene Entscheidung in das Register eingetragen, wenn sie eine registerpflichtige Verurteilung enthält; die frühere Eintragung wird aus dem Register entfernt.

§ 19 Aufhebung von Entscheidungen

(1) Wird eine Entmündigung auf Anfechtungsklage aufgehoben (§§ 672, 684 der Zivilprozeßordnung), so wird die Eintragung der Entmündigung aus dem Register entfernt.

(2) Entsprechend wird verfahren, wenn
1. eine nach § 11 eingetragene Entscheidung aufgehoben oder durch eine neue Entscheidung gegenstandslos wird,
2. die Vollziehbarkeit einer nach § 11 eingetragenen Entscheidung auf Grund behördlicher oder gerichtlicher entscheidung entfällt,
3. die Verwaltungsbehörde eine befristete Entscheidung erlassen oder in der Mitteilung an das Register bestimmt hat, daß die Entscheidung nur für eine bestimmte Frist eingetragen werden soll, und diese Frist abgelaufen ist.

§ 20 Mitteilungen zum Register

Die Gerichte und Behörden teilen dem Bundeszentralregister die einzutragenden Entscheidungen, Feststellungen und Tatsachen mit. Ist eine Verurteilung im Falle des § 30 Abs. 4 in ein Führungszeugnis aufzunehmen, so ist dies in der Mitteilung zu vermerken.

§ 21 Hinweispflicht der Registerbehörde

(1) Erhält das Register eine Mitteilung über
1. eine Verwarnung mit Strafvorbehalt (§ 4 Abs. 1 Nr. 3),
2. einen Schuldspruch (§ 4 Abs. 1 Nr. 4),

3. die Aussetzung einer Strafe, eines Strafrestes oder einer Maßregel der Besserung und Sicherung zur Bewährung (§ 8 Abs. 1, § 14 Abs. 1 Nr. 1, 2, § 15 Abs. 1 Nr. 1, 2),
4. den Erlaß oder Teilerlaß der Strafe (§ 14 Abs. 1 Nr. 4),
5. die Ablehnung einer Anordnung nach § 67 c Abs. 2 Satz 1 des Strafgesetzbuchs (§ 14 Abs. 1 Nr. 6),
6. die Aussetzung einer Strafe, eines Strafrestes oder einer Maßregel der Besserung und Sicherung im Gnadenwege (§ 16 Nr. 1),

so wird die Behörde, welche die Mitteilung gemacht hat, von der Registerbehörde unterrichtet, wenn eine Strafnachricht eingeht, bevor sich aus dem Register ergibt, daß die Entscheidung nicht mehr widerrufen werden kann. Ist eine Maßregel der Besserung und Sicherung ausgesetzt, so stehen in den Fällen der Nummern 3 und 6 Mitteilungen nach dem § 12 einer Strafnachricht gleich.

(2) Das gleiche gilt, wenn eine Mitteilung über die Bewilligung einer weiteren in Absatz 1 bezeichneten Anordnung, ein Suchvermerk oder eine Steckbriefnachricht eingeht.

(3) Wird eine in Absatz 1 bezeichnete Entscheidung widerrufen und ist im Register eine weitere Entscheidung nach Absatz 1 eingetragen, so hat die Registerbehörde die Behörde, welche die weitere Entscheidung mitgeteilt hat, von dem Widerruf zu benachrichtigen.

§ 22 Entfernung von Eintragungen

(1) Eintragungen über Personen, deren Tod der Registerbehörde glaubhaft gemacht wird, werden aus dem Register entfernt.

(2) Eintragungen, die eine über 90 Jahre alte Person betreffen, werden ebenfalls aus dem Register entfernt.

§ 23 Anordnung der Entfernung

(1) Der Generalbundesanwalt kann auf Antrag oder von Amts wegen im Benehmen mit der Stelle, welche die Entscheidung getroffen hat, insbesondere im Interesse der Rehabilitation des Betroffenen anordnen, daß Eintragungen nach den §§ 11 und 12 aus dem Register entfernt werden, soweit nicht das öffentliche Interesse einer solchen Anordnung entgegensteht. Vor seiner Entscheidung soll er in den Fällen des § 12 einen in der Psychiatrie erfahrenen medizinischen Sachverständigen hören.

(2) Gegen die Ablehnung eines Antrags auf Entfernung einer Eintragung steht dem Antragsteller innerhalb zwei Wochen nach der Bekanntgabe der Entscheidung die Beschwerde zu. Hilft der Generalbundesanwalt der Beschwerde nicht ab, so entscheidet der Bundesminister der Justiz.

§ 24 Zu Unrecht entfernte Eintragungen

Eine Eintragung, die zu Unrecht aus dem Register entfernt worden ist, darf nur mit Genehmigung des Generalbundesanwalts wieder in das Register aufgenommen werden. Vor der Entscheidung ist dem Betroffenen Gelegenheit zur Stellungnahme zu geben.

Zweiter Abschnitt Steckbriefnachrichten und Suchvermerke

§ 25 Niederlegung

Behörden können Suchvermerke und, wenn sie dafür zuständig sind, auch Steckbriefnachrichten im Register niederlegen.

§ 26 Behandlung

(1) Enthält das Register eine Eintragung oder erhält es eine Mitteilung über den Gesuchten, so gibt die Registerbehörde der anfragenden Behörde das Datum und die Geschäftsnummer der Entscheidung sowie die mitteilende Behörde bekannt. Entsprechend ist zu verfahren, wenn ein Antrag auf Erteilung eines Führungszeugnisses oder auf Auskunft aus dem Register eingeht.

(2) Liegen von verschiedenen Behörden Anfragen vor, welche dieselbe Person betreffen, so ist jeder Behörde von der Anfrage der anderen Behörde Mitteilung zu machen. Entsprechendes gilt, wenn Anfragen von derselben Behörde unter verschiedenen Geschäftsnummern vorliegen.

§ 27 Erledigung

(1)· Erledigt sich eine Anfrage vor Ablauf von drei Jahren seit der Niederlegung, so ist dies der Registerbehörde mitzuteilen.

(2) Die Nachricht wird entfernt, wenn ihre Erledigung mitgeteilt wird, spätestens jedoch nach Ablauf von drei Jahren seit der Niederlegung.

Dritter Abschnitt Auskunft aus dem Zentralregister

1. Führungszeugnis

§ 28 Antrag

(1) Jeder Person, die das 14. Lebensjahr vollendet hat, wird auf Antrag ein Zeugnis über den sie betreffenden Inhalt des Zentralregisters erteilt (Führungszeugnis).

Hat der Betroffene einen gesetzlichen Vertreter, so ist auch dieser antragsberechtigt. Ist der Betroffene geschäftsunfähig, so ist nur sein gesetzlicher Vertreter antragsberechtigt.

(2) Der Antrag ist bei der Meldebehörde zu stellen. Der Antragsteller hat seine Identität und, wenn er als gesetzlicher Vertreter handelt, seine Vertretungsmacht nachzuweisen. Der Betroffene und sein gesetzlicher Vertreter können sich bei der Antragstellung nicht durch einen Bevollmächtigten vertreten lassen.

(3) Wohnt der Antragsteller außerhalb des Geltungsbereichs dieses Gesetzes, so kann er den Antrag unmittelbar bei der Registerbehörde stellen. Absatz 2 Satz 2 und 3 gilt entsprechend.

(4) Die Übersendung des Führungszeugnisses an eine andere Person als den Antragsteller ist nicht zulässig.

(5) Wird das Führungszeugnis zur Vorlage bei einer Behörde beantragt, so ist es der Behörde unmittelbar zu übersenden. Die Behörde hat dem Antragsteller auf Verlangen Einsicht in das Führungszeugnis zu gewähren. Der Antragsteller kann verlangen, daß das Führungszeugnis, wenn es Eintragungen enthält, zunächst an ein von ihm benanntes Amtsgericht zur Einsichtnahme durch ihn übersandt wird. Die Meldebehörde hat den Antragsteller in den Fällen, in denen der Antrag bei ihr gestellt wird, auf diese Möglichkeit hinzuweisen. Das Amtsgericht darf die Einsicht nur dem Antragsteller persönlich gewähren. Nach Einsichtnahme ist das Führungszeugnis an die Behörde weiterzuleiten oder, falls der Antragsteller dem widerspricht, vom Amtsgericht zu vernichten.

(6) Wohnt der Antragsteller außerhalb des Geltungsbereichs dieses Gesetzes, so kann er verlangen, daß das Führungszeugnis, wenn es Eintragungen enthält, zunächst an eine von ihm benannte amtliche Vertretung der Bundesrepublik Deutschland zu Einsichtnahme durch ihn übersandt wird. Absatz 5 Satz 5 und 6 gilt für die amtliche Vertretung der Bundesrepublik Deutschland entsprechend.

§ 29 Erteilung des Führungszeugnisses an Behörden

Behörden erhalten über eine bestimmte Person ein Führungszeugnis, soweit sie es zur Erledigung ihrer hoheitlichen Aufgaben benötigen und eine Aufforderung an den Betroffenen, ein Führungszeugnis vorzulegen, nicht sachgemäß ist oder erfolglos bleibt. Die Behörde hat den Betroffenen auf Verlangen Einsicht in das Führungszeugnis zu gewähren.

§ 30 Inhalt des Führungszeugnisses

(1) In das Führungszeugnis werden die im Ersten Abschnitt bezeichneten Eintragungen vorgenommen.
(2) Nicht aufgenommen werden

1. die Verwarnung mit Strafvorbehalt nach § 59 des Strafgesetzbuchs,
2. der Schuldspruch nach § 27 des Jugendgerichtsgesetzes,
3. Verurteilungen, durch die auf Jugendstrafe vor nicht mehr als zwei Jahren erkannt worden ist, wenn die Vollstreckung der Strafe oder eines Strafrestes gerichtlich oder im Gnadenwege zur Bewährung ausgesetzt und diese Entscheidung nicht widerrufen worden ist,
4. Verurteilungen, durch die auf Jugendstrafe erkannt worden ist, wenn der Strafmakel gerichtlich oder im Gnadenwege als beseitigt erklärt und die Beseitigung nicht widerrufen worden ist,
5. Verurteilungen, durch die auf
   a) Geldstrafe von nicht mehr als neunzig Tagessätzen,
   b) Freiheitsstrafe oder Strafarrest von nicht mehr als drei Monaten
   erkannt worden ist, wenn im Register keine weitere Strafe eingetragen ist.
6. Verurteilungen, durch die Maßregeln der Besserung und Sicherung, Nebenstrafen oder Nebenfolgen allein oder in Verbindung miteinander oder in Verbindung mit Erziehungsmaßregeln oder Zuchtmitteln angeordnet worden sind,
7. Verurteilungen, bei denen die Wiederaufnahme des gesamten Verfahrens vermerkt ist; ist die Wiederaufnahme nur eines Teils des Verfahrens angeordnet, so ist im Führungszeugnis darauf hinzuweisen,
8. Eintragungen nach § 10, wenn die Entmündigung wiederaufgehoben worden ist (§ 10 Abs. 2),
9. Eintragungen nach den §§ 11 und 12.

(3) In ein Führungszeugnis für Behörden (§ 28 Abs. 5, § 29) sind entgegen Absatz 2 auch aufzunehmen
1. Verurteilungen, durch die eine freiheitsentziehende Maßregel der Besserung und Sicherung angeordnet worden ist,
2. Eintragungen nach § 11, wenn die Entscheidung nicht länger als zehn Jahre zurückliegt,
3. Eintragungen nach § 12.

(4) In ein Führungszeugnis für Behörden (§ 28 Abs. 5, § 29) sind ferner die in Absatz 2 Nr. 5 bis 7 bezeichneten Verurteilungen wegen Straftaten aufzunehmen, die
1. bei oder in Zusammenhang mit der Ausübung eines Gewerbes oder den Betrieb einer sonstigen wirtschaftlichen Unternehmung oder
2. bei der Tätigkeit in einem Gewerbe oder einer sonstigen wirtschaftlichen Unternehmung
   a) von einem Vertreter oder Beauftragten im Sinne des § 14 des Strafgesetzbuchs oder
   b) von einer Person, die in einer Rechtsvorschrift ausdrücklich als Verantwortlicher bezeichnet ist,
begangen worden sind, wenn das Führungszeugnis für die in § 149 Abs. 2 Nr. 1 der Gewerbeordnung bezeichneten Entscheidungen bestimmt ist.

142

§ 31   Nichtaufnahme von Verurteilungen nach Fristablauf

(1) Nach Ablauf einer bestimmten Frist werden Verurteilungen nicht mehr in das Führungszeugnis aufgenommen.

(2) Dies gilt nicht

1. bei Verurteilungen, durch die auf lebenslange Freiheitsstrafe erkannt oder Sicherungsverwahrung angeordnet worden ist,

2. bei Verurteilungen, durch welche die Unterbringung in einem psychiatrischen Krankenhaus oder in einer sozialtherapeutischen Anstalt nach § 65 Abs. 3 des Strafgesetzbuchs angeordnet worden ist, wenn ein Führungszeugnis für Behörden (§ 28 Abs. 5, § 29) beantragt wird.

§ 32   Länge der Frist

(1) Die Frist, nach deren Ablauf eine Verurteilung nicht mehr in das Führungszeugnis aufgenommen wird, beträgt

1. drei Jahre
   bei Verurteilungen zu
   a) Geldstrafe und Freiheitsstrafe oder Strafarrest von nicht mehr als drei Monaten, wenn die Voraussetzungen des § 30 Abs. 2 nicht vorliegen,
   b) Freiheitsstrafe oder Strafarrest von mehr als drei Monaten, aber nicht mehr als einem Jahr, wenn die Vollstreckung der Strafe oder eines Strafrestes gerichtlich oder im Gnadenwege zur Bewährung ausgesetzt, diese Entscheidung nicht widerrufen worden und im Register nicht außerdem Freiheitsstrafe, Strafarrest oder Jugendstrafe eingetragen ist,
   c) Jugendstrafe von nicht mehr als einem Jahr, wenn die Voraussetzungen des § 30 Abs. 2 nicht vorliegen,
   d) Jugendstrafe von mehr als zwei Jahren, wenn ein Strafrest nach Ablauf der Bewährungszeit gerichtlich oder im Gnadenwege erlassen worden ist,
2. fünf Jahre in den übrigen Fällen.

(2) In den Fällen des Absatzes 1 Nr. 1 Buchstabe d, Nr. 2 verlängert sich die Frist um die Dauer der Freiheitsstrafe, des Strafarrestes oder der Jugendstrafe.

§ 33   Gesamtstrafe, Einheitsstrafe und Nebenentscheidungen

(1) Ist eine Gesamtstrafe oder eine einheitliche Jugendstrafe gebildet oder ist nach § 30 Abs. 1 des Jugendgerichtsgesetzes auf Jugendstrafe erkannt worden, so ist allein die neue Entscheidung für § 30 Abs. 2 und § 32 maßgebend.

(2) In den Fällen des § 32 bleiben Nebenstrafen, Nebenfolgen und neben Freiheitsstrafe oder Strafarrest ausgesprochene Geldstrafen bei der Feststellung der Frist unberücksichtigt.

§ 34 Beginn der Frist

Die Frist beginnt mit dem Tag des ersten Urteils (§ 5 Abs. 1 Nr. 4). Dieser Tag bleibt auch maßgebend, wenn
1. eine Gesamtstrafe oder eine einheitliche Jugendstrafe gebildet,
2. nach § 30 Abs. 1 des Jugendgerichtsgesetzes auf Jugendstrafe erkannt wird oder
3. eine Entscheidung im Wiederaufnahmeverfahren ergeht, die eine registerpflichtige Verurteilung enthält.

§ 35 Ablaufhemmung

(1) Hat ein Verurteilter infolge der Verurteilung die Fähigkeit, öffentliche Ämter zu bekleiden und Rechte aus öffentlichen Wahlen zu erlangen, oder das Recht, in öffentlichen Angelegenheiten zu wählen oder zu stimmen, verloren, so läuft die Frist nicht ab, solange er diese Fähigkeit oder dieses Recht nicht wiedererlangt hat.

(2) Die Frist läuft ferner nicht ab, solange sich aus dem Register ergibt, daß die Vollstreckung einer Strafe oder eine der in § 61 des Strafgesetzbuchs aufgeführten Maßregeln der Besserung und Sicherung mit Ausnahme der Sperre für die Erteilung einer Fahrerlaubnis noch nicht erledigt ist.

§ 36 Mehrere Verurteilungen

(1) Sind im Register mehrere Verurteilungen eingetragen, so sind sie alle in das Führungszeugnis aufzunehmen, solange eine von ihnen in das Zeugnis aufzunehmen ist.

(2) Außer Betracht bleiben
1. Verurteilungen, die nur in ein Führungszeugnis für Behörden aufzunehmen sind (§ 30 Abs. 3, 4, § 31 Abs. 2 Nr. 2),
2. Verurteilungen in den Fällen des § 30 Abs. 2 Nr. 1 bis 4,
3. Verurteilungen, durch die auf Geldstrafe von nicht mehr als neunzig Tagessätzen oder auf Freiheitsstrafe oder Strafarrest von nicht mehr als drei Monaten erkannt worden ist.

§ 37 Anordnung der Nichtaufnahme von Verurteilungen

(1) Der Generalbundesanwalt kann auf Antrag oder von Amts wegen anordnen, daß Verurteilungen entgegen diesem Gesetz nicht in das Führungszeugnis aufgenommen werden. Dies gilt nicht, soweit das öffentliche Interesse der Anordnung entgegensteht. Wohnt der Betroffene im Geltungsbereich dieses Gesetzes, so soll

der Generalbundesanwalt das erkennende Gericht und die sonst zuständige Behörde hören. Betrifft die Eintragung eine Verurteilung, durch welche eine freiheitsentziehende Maßregel der Besserung und Sicherung angeordnet worden ist, so soll er auch einen in der Psychiatrie erfahrenen medizinischen Sachverständigen hören.

(2) Hat der Verurteilte infolge der Verurteilung durch ein Gericht im Geltungsbereich dieses Gesetzes die Fähigkeit, öffentliche Ämter zu bekleiden und Rechte aus öffentlichen Wahlen zu erlangen, oder das Recht, in öffentlichen Angelegenheiten zu wählen oder zu stimmen, verloren, so darf eine Anordnung nach Absatz 1 nicht ergehen, solange er diese Fähigkeit oder dieses Recht nicht wiedererlangt hat.

(3) Gegen die Ablehnung einer Anordnung nach Absatz 1 steht dem Antragsteller innerhalb zwei Wochen nach der Bekanntgabe der Entscheidung die Beschwerde zu. Hilft der Generalbundesanwalt der Beschwerde nicht ab, so entscheidet der Bundesminister der Justiz.

§ 38 Nachträgliche Verurteilung

Wird eine weitere Verurteilung im Register eingetragen, so kommt dem Verurteilten eine Anordnung nach § 37 nicht zugute, solange die spätere Eintragung in das Führungszeugnis aufzunehmen ist. § 36 Abs. 2 gilt entsprechend.

2. Unbeschränkte Auskunft aus dem Zentralregister

§ 39 Umfang der Auskunft

(1) Von Eintragungen, die in ein Führungszeugnis nicht aufgenommen werden, sowie von Steckbriefnachrichten und Suchvermerken darf – unbeschadet der §§ 40 und 53 – nur Kenntnis gegeben werden
1. den Gerichten, Staatsanwaltschaften und Aufsichtsstellen (§ 68 a des Strafgesetzbuchs) für Zwecke der Rechtspflege sowie den Justizvollzugsbehörden für Zwecke des Strafvollzugs,
2. den obersten Bundes- und Landesbehörden,
3. dem Bundesamt und den Landesämtern für Verfassungsschutz, dem Bundesnachrichtendienst und dem Amt für Sicherheit der Bundeswehr für die diesen Behörden übertragenen Sicherheitsaufgaben,
4. den Finanzbehörden für die Verfolgung von Straftaten, die zu ihrer Zuständigkeit gehört,
5. den Kriminaldienst verrichtenden Dienststellen der Polizei für Zwecke der Verhütung und Verfolgung von Straftaten,
6. den Einbürgerungsbehörden für Einbürgerungsverfahren,

7. den Ausländerbehörden, wenn sich die Auskunft auf einen Ausländer bezieht,
8. den Gnadenbehörden für Gnadensachen,
9. den für waffenrechtliche oder sprengstoffrechtliche Erlaubnisse oder für die Erteilung von Jagdscheinen zuständigen Behörden.

(2) Eintragungen über Entmündigungen, die wiederaufgehoben worden sind (§ 10 Abs. 2), dürfen nicht nach Absatz 1 mitgeteilt werden; über sie wird nur den Gerichten und Staatsanwaltschaften für Zwecke der Rechtspflege Auskunft erteilt.

(3) Verurteilungen zu Jugendstrafe dürfen nicht nach Absatz 1 mitgeteilt werden, wenn der Strafmakel als beseitigt erklärt ist; über sie wird nur noch den Strafgerichten und Staatsanwaltschaften für ein Strafverfahren gegen den Betroffenen Auskunft erteilt.

(4) Die Auskunft nach den Absätzen 1 bis 3 wird nur auf ausdrückliches Ersuchen erteilt. Die in Absatz 1 genannten Stellen haben den Zweck anzugeben, für den die Auskunft benötigt wird; sie darf nur für diesen Zweck verwertet werden.

(5) Enthält eine Auskunft Verurteilungen, die in ein Führungszeugnis nicht oder die nur in ein Führungszeugnis nach § 30 Abs. 3, 4 aufzunehmen sind, so ist hierauf besonders hinzuweisen.

§ 40 Auskunft in besonderen Fällen

(1) Einer Person, die das 14. Lebensjahr vollendet hat, kann mit Genehmigung des Generalbundesanwalts mitgeteilt werden, ob über sie Eintragungen im Register enthalten sind, die in ein Führungszeugnis nicht aufgenommen werden, falls sie ein berechtigtes Interesse hieran darlegt. § 28 Abs. 1 Satz 2, 3 gilt entsprechend. Wohnt der Antragsteller im Geltungsbereich dieses Gesetzes, so ist die Mitteilung an ein von ihm benanntes Amtsgericht zu senden, bei dem er die Mitteilung persönlich einsehen kann. Wohnt der Antragsteller außerhalb des Geltungsbereichs dieses Gesetzes, so ist die Mitteilung, wenn in ihr auf Eintragungen im Register hingewiesen wird, an eine von ihm benannte amtliche Vertretung der Bundesrepublik Deutschland zu senden, bei der er die Mitteilung persönlich einsehen kann. Nach Einsichtnahme ist die Mitteilung vom Amtsgericht oder der amtlichen Vertretung der Bundesrepublik Deutschland zu vernichten.

(2) Der Generalbundesanwalt kann gestatten, daß für wissenschaftliche Forschungsvorhaben unbeschränkt Auskunft aus dem Register erteilt wird, wenn und soweit die Bedeutung des Forschungsvorhabens dies rechtfertigt und die Gewähr besteht, daß ein Mißbrauch der bekanntzugebenden Eintragungen nicht zu befürchten ist. Der Generalbundesanwalt darf in einem solchen Fall insbesondere die Namen der Betroffenen nur dann preisgeben, wenn ohne diese Preisgabe das Forschungsvorhaben nicht durchgeführt werden kann.

§ 41 Weiterleitung von Auskünften

Oberste Bundes- oder Landesbehörden dürfen Eintragungen, die in ein Führungszeugnis nicht aufgenommen werden, einer nachgeordneten oder ihrer Aufsicht unterstehenden Behörde nur mitteilen, wenn dies zur Vermeidung von Nachteilen für den Bund oder ein Land unerläßlich ist oder wenn andernfalls die Erfüllung öffentlicher Aufgaben erheblich gefährdet oder erschwert würde.

3. Auskünfte an Behörden

§ 42 Vertrauliche Behandlung der Auskünfte

Auskünfte aus dem Zentralregister an Behörden (§ 28 Abs. 5, §§ 29, 39, 41) dürfen nur den mit der Entgegennahme oder Bearbeitung betrauten Bediensteten zur Kenntnis gebracht werden.

Vierter Abschnitt   Tilgung

§ 43 Tilgung nach Fristablauf

(1) Eintragungen über Verurteilungen (§ 4) werden nach Ablauf einer bestimmten Frist getilgt.

(2) Eine zu tilgende Eintragung wird sechs Monate nach Eintritt der Tilgungsreife aus dem Register entfernt. Während dieser Zeit darf über die Eintragung keine Auskunft erteilt werden.

(3) Absatz 1 gilt nicht
1. bei Verurteilungen zu lebenslanger Freiheitsstrafe,
2. bei Anordnungen der Unterbringung in der Sicherungsverwahrung, in einem psychiatrischen Krankenhaus oder in einer sozial-therapeutischen Anstalt nach § 65 Abs. 3 des Strafgesetzbuchs.

§ 44 Länge der Tilgungsfrist

(1) Die Tilgungsfrist beträgt
1. fünf Jahre
   bei Verurteilungen
   a) zu Geldstrafe von nicht mehr als neunzig Tagessätzen, wenn keine Freiheitsstrafe, kein Strafarrest und keine Jugendstrafe im Register eingetragen ist,
   b) zu Freiheitsstrafe oder Strafarrest von nicht mehr als drei Monaten, wenn im Register keine weitere Strafe eingetragen ist,

    c) zu Jugendstrafe von nicht mehr als einem Jahr,

    d) zu Jugendstrafe von nicht mehr als zwei Jahren, wenn die Vollstreckung der Strafe oder eines Strafrestes gerichtlich oder im Gnadenwege zur Bewährung ausgesetzt worden ist,

    e) zu Jugendstrafe von mehr als zwei Jahren, wenn ein Strafrest nach Ablauf der Bewährungszeit gerichtlich oder im Gnadenwege erlassen worden ist,

    f) zu Jugendstrafe, wenn der Strafmakel gerichtlich oder im Gnadenwege als beseitigt erklärt worden ist,

    g) durch welche eine Maßnahme (§ 11 Abs. 1 Nr. 8 des Strafgesetzbuchs) mit Ausnahme der Sperre für die Erteilung einer Fahrerlaubnis für immer und des Berufsverbots für immer, eine Nebenstrafe oder eine Nebenfolge allein oder in Verbindung miteinander oder in Verbindung mit Erziehungsmaßregeln oder Zuchtmitteln angeordnet worden ist,

2. zehn Jahre
bei Verurteilungen zu

    a) Geldstrafe und Freiheitsstrafe oder Strafarrest von nicht mehr als drei Monaten, wenn die Voraussetzungen der Nummer 1 Buchstaben a und b nicht vorliegen,

    b) Freiheitsstrafe oder Strafarrest von mehr als drei Monaten, aber nicht mehr als einem Jahr, wenn die Vollstreckung der Strafe oder eines Strafarrestes gerichtlich oder im Gnadenwege zur Bewährung ausgesetzt worden und im Register nicht außerdem Freiheitsstrafe, Strafarrest oder Jugendstrafe eingetragen ist,

    c) Jugendstrafe von mehr als einem Jahr, außer in den Fällen der Nummer 1 Buchstaben d bis f,

3. fünfzehn Jahre
in allen übrigen Fällen.

(2) Die Aussetzung der Strafe oder eines Strafrestes zur Bewährung oder die Beseitigung des Strafmakels bleiben bei der Berechnung der Frist unberücksichtigt, wenn diese Entscheidungen widerrufen worden sind.

(3) In den Fällen des Absatzes 1 Nr. 1 Buchstabe e, Nr. 2 Buchstabe c, Nr. 3 verlängert sich die Frist um die Dauer der Freiheitsstrafe, des Strafarrestes oder der Jugendstrafe.

§ 45 Feststellung der Frist und Ablaufhemmung

(1) Für die Feststellung und Berechnung der Frist gelten die §§ 33, 34 entsprechend.

(2) Die Tilgungsfrist läuft nicht ab, solange sich aus dem Register ergibt, daß die Vollstreckung einer Strafe oder eine der in § 61 des Strafgesetzbuchs aufgeführten Maßregeln der Besserung und Sicherung noch nicht erledigt ist. § 35 Abs. 1 gilt entsprechend.

(3) Sind im Register mehrere Verurteilungen eingetragen, so ist die Tilgung einer Eintragung erst zulässig, wenn für alle Verurteilungen die Voraussetzungen der Tilgung vorliegen. Die Eintragung einer Verurteilung, durch die eine Sperre für die Erteilung der Fahrerlaubnis für immer angeordnet worden ist, hindert die Tilgung anderer Verurteilungen nur, wenn zugleich auf eine Strafe erkannt worden ist, für die allein die Tilgungsfrist nach § 44 noch nicht abgelaufen wäre.

§ 46 Anordnung der Tilgung wegen Gesetzesänderung

Ist die Verurteilung lediglich wegen einer Handlung eingetragen, für die das nach der Verurteilung geltende Gesetz nicht mehr Strafe, sondern nur noch Geldbuße allein oder in Verbindung mit einer Nebenfolge androht, so ordnet der Generalbundesanwalt auf Antrag des Verurteilten an, daß die Eintragung zu tilgen ist.

§ 47 Anordnung der Tilgung in besonderen Fällen

(1) Der Generalbundesanwalt kann auf Antrag oder von Amts wegen anordnen, daß Eintragungen entgegen den §§ 43, 44 zu tilgen sind, falls die Vollstreckung erledigt ist und das öffentliche Interesse der Anordnung nicht entgegensteht. Wohnt der Betroffene im Geltungsbereich dieses Gesetzes, so soll der Generalbundesanwalt das erkennende Gericht und die sonst zuständige Behörde hören. Betrifft die Eintragung eine Verurteilung, durch welche eine freiheitsentziehende Maßregel der Besserung und Sicherung angeordnet worden ist, so soll er auch einen in der Psychiatrie erfahrenen medizinischen Sachverständigen hören.

(2) Hat der Verurteilte infolge der Verurteilung durch ein Gericht im Geltungsbereich dieses Gesetzes die Fähigkeit, öffentliche Ämter zu bekleiden und Rechte aus öffentlichen Wahlen zu erlangen, oder das Recht, in öffentlichen Angelegenheiten zu wählen oder zu stimmen, verloren, so darf eine Anordnung nach Absatz 1 nicht ergehen, solange er diese Fähigkeit oder dieses Recht nicht wiedererlangt hat.

(3) Gegen die Ablehnung einer Anordnung nach Absatz 1 steht dem Antragsteller innerhalb zwei Wochen nach der Bekanntgabe der Entscheidung die Beschwerde zu. Hilft der Generalbundesanwalt der Beschwerde nicht ab, so entscheidet der Bundesminister der Justiz.

§ 48 Zu Unrecht getilgte Eintragungen

Eine Eintragung, die zu Unrecht im Register getilgt worden ist, darf nur mit Genehmigung des Generalbundesanwalts wieder in das Register aufgenommen werden. Vor der Entscheidung ist dem Betroffenen Gelegenheit zur Stellungnahme zu geben.

Fünfter Abschnitt   Rechtswirkungen der Tilgung

§ 49   Verwertungsverbot

(1) Ist die Eintragung über eine Verurteilung im Register getilgt worden oder ist sie zu tilgen, so dürfen die Tat und die Verurteilung dem Betroffenen im Rechtsverkehr nicht mehr vorgehalten und nicht zu seinem Nachteil verwertet werden.

(2) Aus der Tat oder der Verurteilung entstandene Rechte Dritter, gesetzliche Rechtsfolgen der Tat oder der Verurteilung und Entscheidungen von Gerichten oder Verwaltungsbehörden, die im Zusammenhang mit der Tat oder der Verurteilung ergangen sind, bleiben unberührt.

§ 50   Ausnahmen

(1) Die frühere Tat darf abweichend von § 49 Abs. 1 nur berücksichtigt werden, wenn

1. die Sicherheit der Bundesrepublik Deutschland oder eines ihrer Länder eine Ausnahme zwingend gebietet,
2. in einem erneuten Strafverfahren ein Gutachten über den Geisteszustand des Betroffenen zu erstatten ist, falls die Umstände der früheren Tat für die Beurteilung seines Geisteszustandes von Bedeutung sind,
3. die Wiederaufnahme des früheren Verfahrens beantragt wird oder
4. der Betroffene die Zulassung zu einem Beruf oder einem Gewerbe, die Einstellung in den öffentlichen Dienst oder die Erteilung einer Waffenbesitzkarte, eines Munitionserwerbscheins oder Waffenscheins beantragt, falls die Zulassung, Einstellung oder Erteilung der waffenrechtlichen Erlaubnis sonst zu einer erheblichen Gefährdung der Allgemeinheit führen würde; das gleiche gilt, wenn der Betroffene die Aufhebung einer die Ausübung eines Berufes oder Gewerbes untersagenden Entscheidung beantragt.

(2) Abweichend von § 49 Abs. 1 darf eine frühere Tat ferner in einem Verfahren berücksichtigt werden, das die Erteilung oder Entziehung einer Fahrerlaubnis zum Gegenstand hat, wenn die Verurteilung wegen dieser Tat in das Verkehrszentralregister einzutragen war.

Sechster Abschnitt   Begrenzung von Offenbarungspflichten des Verurteilten

§ 51   Offenbarungspflicht bei Verurteilungen

(1) Der Verurteilte darf sich als unbestraft bezeichnen und braucht den der Verurteilung zugrunde liegenden Sachverhalt nicht zu offenbaren, wenn die Verurteilung

1. nicht in das Führungszeugnis oder nur in ein Führungszeugnis nach § 30 Abs. 3, 4 aufzunehmen oder
2. zu tilgen ist.

(2) Soweit Gerichte oder Behörden ein Recht auf unbeschränkte Auskunft haben, kann der Verurteilte ihnen gegenüber keine Rechte aus Absatz 1 Nr. 1 herleiten, falls er hierüber belehrt wird.

Siebenter Abschnitt Verurteilungen durch Gerichte und Auskunft an Stellen außerhalb des Geltungsbereichs dieses Gesetzes

§ 52 Eintragungen in das Register

(1) In das Register sind auch strafgerichtliche Verurteilungen einzutragen, die nicht durch deutsche Gerichte im Geltungsbereich dieses Gesetzes ergangen sind, wenn sie sich auf Deutsche oder im Geltungsbereich dieses Gesetzes geborene oder wohnhafte Ausländer beziehen und die Straftat nach dem im Geltungsbereich dieses Gesetzes geltenden Recht ein Verbrechen oder Vergehen ist.

(2) Eintragungen nach Absatz 1 werden bei der Anwendung dieses Gesetzes wie Verurteilungen in dessen Geltungsbereich behandelt. Hierbei steht eine Straftat oder Maßregel der Besserung und Sicherung der im Geltungsbereich dieses Gesetzes geltenden Straftat oder Maßregel gleich, der sie am meisten entspricht.

(3) Die Vorschriften des Gesetzes über die innerdeutsche Rechts- und Amtshilfe in Strafsachen vom 2. Mai 1953 (Bundesgesetzbl. I S. 161) bleiben unberührt.

§ 53 Auskunft aus dem Register

Behörden außerhalb des Geltungsbereichs dieses Gesetzes sowie über- und zwischenstaatlichen Stellen wird nach den hierfür geltenden Gesetzen und Vereinbarungen Auskunft aus dem Register erteilt. Soweit solche Vorschriften fehlen, kann der Bundesminister der Justiz anordnen, daß ihnen im gleichen Umfang Auskunft erteilt wird wie vergleichbaren Stellen im Geltungsbereich dieses Gesetzes.

§ 54 Berücksichtigung von Verurteilungen

Eine strafgerichtliche Verurteilung gilt, auch wenn sie nicht nach § 52 in das Register eingetragen ist, als tilgungsreif, sobald eine ihr vergleichbare Verurteilung im Geltungsbereich dieses Gesetzes tilgungsreif wäre. § 51 gilt auch zugunsten des außerhalb des Geltungsbereichs dieses Gesetzes Verurteilten.

Dritter Teil   Das Erziehungsregister

§ 55   Führung des Erziehungsregisters

Das Erziehungsregister wird von dem Bundeszentralregister geführt. Für das Erziehungsregister gelten die Vorschriften des Zweiten Teils, soweit die §§ 56 bis 59 nicht etwas anderes bestimmen.

§ 56   Eintragungen in das Erziehungsregister

(1) In das Erziehungsregister werden die folgenden Entscheidungen und Anordnungen eingetragen, soweit sie nicht nach § 5 Abs. 2 in das Zentralregister einzutragen sind:

1. die Anordnungen von Maßnahmen nach § 3 Satz 2 des Jugendgerichtsgesetzes,
2. die Anordnung von Erziehungsmaßregeln oder Zuchtmitteln (§§ 9 bis 16, 112 a Nr. 2 des Jugendgerichtsgesetzes), Nebenstrafen oder Nebenfolgen (§ 8 Abs. 3, § 76 des Jugendgerichtsgesetzes) allein oder in Verbindung miteinander,
3. der Schuldspruch, der nach § 15 Abs. 2 Satz 2 Nr. 2 aus dem Zentralregister entfernt worden ist,
4. Entscheidungen, in denen der Richter die Auswahl und Anordnung von Erziehungsmaßregeln dem Vormundschaftsrichter überläßt (§§ 53, 104 Abs. 4 des Jugendgerichtsgesetzes),
5. Anordnungen des Vormundschaftsrichters, die auf Grund einer Entscheidung nach Nummer 4 ergehen,
6. der Freispruch wegen mangelnder Reife und die Einstellung des Verfahrens aus diesem Grunde (§ 3 Satz 1 des Jugendgerichtsgesetzes),
7. das Absehen von der Verfolgung nach § 45 des Jugendgerichtsgesetzes und die Einstellung des Verfahrens nach § 47 des Jugendgerichtsgesetzes,
8. die Anordnung der Erziehungsbeistandschaft oder der (vorläufigen oder endgültigen) Fürsorgeerziehung durch den Vormundschaftsrichter (§§ 57, 65, 67 des Gesetzes für Jugendwohlfahrt),
9. vorläufige und endgültige Entscheidungen des Vormundschaftsrichters nach § 1631 Abs. 2, § 1666 Abs. 1 und § 1838 des Bürgerlichen Gesetzbuchs sowie die Entscheidungen nach § 1671 Abs. 5 des Bürgerlichen Gesetzbuchs, welche die Sorge für die Person des Minderjährigen betreffen; ferner die Entscheidungen, durch welche die vorgenannten Entscheidungen aufgehoben oder geändert werden.

(2) In den Fällen des Absatzes 1 Nr. 7 ist Zugleich die vom Richter nach § 45 Abs. 1 oder § 47 Abs. 1 Nr. 1 des Jugendgerichtsgesetzes getroffene Maßnahme einzutragen.

(3) Ist Erziehungsbeistandschaft angeordnet, so ist auch ihre Aufhebung einzutragen (§ 61 Abs. 2 des Gesetzes für Jugendwohlfahrt).

(4) Ist Fürsorgeerziehung angeordnet, so sind auch ihre Aufhebung sowie der Widerruf der Aufhebung einzutragen (§ 75 Abs. 2 und 4 des Gesetzes für Jugendwohlfahrt).

§ 57   Auskunft aus dem Erziehungsregister

(1) Eintragungen im Erziehungsregister dürfen – unbeschadet des § 40 Abs. 2 – nur mitgeteilt werden
1. den Strafgerichten und Staatsanwaltschaften für Zwecke der Rechtspflege sowie den Justizvollzugsbehörden für Zwecke des Strafvollzugs,
2. den Vormundschaftsgerichten für Verfahren, welche die Sorge für die Person des im Register Geführten betreffen,
3. den Jugendämtern und den Landesjugendämtern für die Wahrnehmung von Erziehungsaufgaben der Jugendhilfe,
4. den Gnadenbehörden für Gnadensachen.

(2) Soweit Behörden sowohl aus dem Zentralregister als auch aus dem Erziehungsregister Auskunft zu erteilen ist, werden auf ein Ersuchen um Auskunft aus dem Zentralregister (§ 39 Abs. 4) auch die in das Erziehungsregister aufgenommenen Eintragungen mitgeteilt.

(3) Auskünfte aus dem Erziehungsregister dürfen nicht an andere als die in Absatz 1 genannten Behörden weitergeleitet werden.

§ 57 a   Steckbriefnachrichten und Suchvermerke

Im Erziehungsregister können Steckbriefnachrichten und Suchvermerke nur von den Behörden niedergelegt werden, denen Auskunft aus dem Erziehungsregister erteilt wird.

§ 58   Entfernung von Eintragungen

(1) Eintragungen im Erziehungsregister werden entfernt, sobald der Betroffene das 24. Lebensjahr vollendet hat. Die Eintragung über eine Fürsorgeerziehung wird erst nach Ablauf des 30. Lebensjahres entfernt. Über sie wird nach Ablauf des 24. Lebensjahres nur den Strafgerichten und Staatsanwaltschaften für ein Strafverfahren gegen den Betroffenen Auskunft erteilt.

(2) Die Entfernung unterbleibt, solange im Zentralregister eine Verurteilung zu Freiheitsstrafe, Strafarrest oder Jugendstrafe oder eine freiheitsentziehende Maßregel der Besserung und Sicherung eingetragen ist.

153

(3) Der Generalbundesanwalt kann auf Antrag oder von Amts wegen anordnen, daß Eintragungen vorzeitig entfernt werden, wenn die Vollstreckung erledigt ist und das öffentliche Interesse einer solchen Anordnung nicht entgegensteht. § 47 Abs. 3 ist anzuwenden.

(4) Die §§ 49, 50 gelten entsprechend.

§ 59 Begrenzung von Offenbarungspflichten des Betroffenen

(1) Eintragungen in das Erziehungsregister und die ihnen zugrunde liegenden Sachverhalte braucht der Betroffene nicht zu offenbaren.

(2) Soweit Gerichte oder Behörden ein Recht auf Auskunft aus dem Erziehungsregister haben, kann der Betroffene ihnen gegenüber keine Rechte aus Absatz 1 herleiten, falls er hierüber belehrt wird.

8. Gesetz zur Beschränkung des Brief-, Post- und Fernmeldegeheimnisses (Gesetz zu Artikel 10 Grundgesetz) (G10)

Vom 13. August 1968 (BGBl. I S. 949, geänd. durch G v. 13. 9. 1978, BGBl. I S. 1546)

Artikel 1

§ 1

(1) Zur Abwehr von drohenden Gefahren für die freiheitliche demokratische Grundordnung oder den Bestand oder die Sicherheit des Bundes oder eines Landes einschließlich der Sicherheit der in der Bundesrepublik Deutschland stationierten Truppen der nichtdeutschen Vertragsstaaten des Nordatlantikvertrages oder der im Land Berlin anwesenden Truppen einer der Drei Mächte sind die Verfassungsschutzbehörden des Bundes und der Länder, das Amt für Sicherheit der Bundeswehr und der Bundesnachrichtendienst berechtigt, dem Brief-, Post- oder Fernmeldegeheimnis unterliegende Sendungen zu öffnen und einzusehen, sowie den Fernschreibverkehr mitzulesen, den Fernmeldeverkehr abzuhören und auf Tonträgern aufzunehmen.

(2) Die Deutsche Bundespost hat der berechtigten Stelle auf Anordnung Auskunft über den Post- und Fernmeldeverkehr zu erteilen, Sendungen, die ihr zur Übermittlung auf dem Post- und Fernmeldeweg anvertraut sind, auszuhändigen, sowie das Abhören des Fernsprechverkehrs und das Mitlesen des Fernschreibverkehrs zu ermöglichen.

§ 2

(1) Beschränkungen nach § 1 dürfen unter den dort bezeichneten Voraussetzungen angeordnet werden, wenn tatsächliche Anhaltspunkte für den Verdacht bestehen, daß jemand

1. Straftaten des Friedensverrats oder des Hochverrats (§§ 80, 80 a, 81, 82 und 83 des Strafgesetzbuches),
2. Straftaten der Gefährdung des demokratischen Rechtsstaates (§§ 84, 85, 86, 87, 88, 89 des Strafgesetzbuches, § 20 Abs. 1 Nr. 1, 2, 3 und 4 des Vereinsgesetzes),

3. Straftaten des Landesverrats und der Gefährdung der äußeren Sicherheit (§§ 94, 95, 96, 97 a, 97 b, 98, 99, 100, 100 a des Strafgesetzbuches),

4. Straftaten gegen die Landesverteidigung (§§ 109 e, 109 f, 109 g des Strafgesetzbuches),

5. Straftaten gegen die Sicherheit der in der Bundesrepublik Deutschland stationierten Truppen der nichtdeutschen Vertragsstaaten des Nordatlantik-Vertrages oder der im Land Berlin anwesenden Truppen einer der Drei Mächte (§§ 87, 89, 94, 95, 96, 98, 100, 109 e, 109 f, 109 g des Strafgesetzbuches in Verbindung mit Artikel 7 des Vierten Strafrechtsänderungsgesetzes vom 11. Juni 1957 in der Fassung des Achten Strafrechtsänderungsgesetzes),

6. Straftaten nach § 129 a des Strafgesetzbuches oder

7. Straftaten nach § 47 Abs. 1 Nr. 7 des Ausländergesetzes

plant, begeht oder begangen hat.

(2) Eine Anordnung nach Absatz 1 ist nur zulässig, wenn die Erforschung des Sachverhalts auf andere Weise aussichtslos oder wesentlich erschwert wäre. Sie darf sich nur gegen den Verdächtigen oder gegen Personen richten, von denen auf Grund bestimmter Tatsachen anzunehmen ist, daß sie für den Verdächtigen bestimmte oder von ihm herrührende Mitteilungen entgegennehmen oder weitergeben oder daß der Verdächtige ihren Anschluß benutzt.

§ 3

(1) Außer in den Fällen des § 2 dürfen Beschränkungen nach § 1 für Post- und Fernmeldeverkehrsbeziehungen angeordnet werden, die der nach § 5 zuständige Bundesminister mit Zustimmung des Abgeordnetengremiums gemäß § 9 bestimmt. Sie sind nur zulässig zur Sammlung von Nachrichten über Sachverhalte, deren Kenntnis notwendig ist, um die Gefahr eines bewaffneten Angriffs auf die Bundesrepublik Deutschland rechtzeitig zu erkennen und einer solchen Gefahr zu begegnen.

(2) Die durch Maßnahmen nach Absatz 1 erlangten Kenntnisse und Unterlagen dürfen nicht zum Nachteil von Personen verwendet werden. Dies gilt nicht, wenn gegen die Person eine Beschränkung nach § 2 angeordnet ist oder wenn tatsächliche Anhaltspunkte für den Verdacht bestehen, daß jemand eine der in § 2 dieses Gesetzes oder eine andere in § 138 des Strafgesetzbuches genannte Handlung plant, begeht oder begangen hat.

§ 4

(1) Beschränkungen nach § 1 dürfen nur auf Antrag angeordnet werden.

(2) Antragsberechtigt sind im Rahmen ihres Geschäftsbereichs

1. in den Fällen des § 2
    a) das Bundesamt für Verfassungsschutz durch seinen Präsidenten oder dessen Stellvertreter,
    b) die Verfassungsschutzbehörde der Länder durch ihre Leiter oder deren Stellvertreter,
    c) bei Handlungen gegen die Bundeswehr das Amt für Sicherheit der Bundeswehr durch seinen Leiter oder dessen Stellvertreter,
    d) bei Handlungen gegen den Bundesnachrichtendienst dieser durch seinen Präsidenten oder dessen Stellvertreter,
2. in den Fällen des § 3 der Bundesnachrichtendienst durch seinen Präsidenten oder dessen Stellvertreter.

(3) Der Antrag ist unter Angabe von Art, Umfang und Dauer der beantragten Beschränkungsmaßnahme schriftlich zu stellen und zu begründen. Der Antragsteller hat darin darzulegen, daß die Erforschung des Sachverhalts auf andere Weise aussichtslos oder wesentlich erschwert wäre.

§ 5

(1) Zuständig für die Anordnung nach § 1 ist bei Anträgen der Verfassungsschutzbehörden der Länder die zuständige oberste Landesbehörde, im übrigen ein vom Bundeskanzler beauftragter Bundesminister.

(2) Die Anordnung ergeht schriftlich; sie ist dem Antragsteller und der Deutschen Bundespost mitzuteilen. In ihr sind Art, Umfang und Dauer der Maßnahme zu bestimmen und die zur Überwachung berechtigte Stelle anzugeben.

(3) Die Anordnung ist auf höchstens drei Monate zu befristen. Verlängerungen um jeweils nicht mehr als drei weitere Monate sind auf Antrag zulässig, soweit die Voraussetzungen der Anordnung fortbestehen.

(4) Das Bundesamt für Verfassungsschutz unterrichtet das jeweilige Landesamt für Verfassungsschutz über die in dessen Bereich getroffenen Beschränkungsanordnungen. Die Landesämter für Verfassungsschutz teilen dem Bundesamt für Verfassungsschutz die ihnen übertragenen Beschränkungsmaßnahmen mit.

(5) Beschränkungsmaßnahmen sind den Betroffenen nach ihrer Einstellung mitzuteilen, wenn eine Gefährdung des Zwecks der Beschränkung ausgeschlossen werden kann. Läßt sich in diesem Zeitpunkt noch nicht abschließend beurteilen, ob diese Voraussetzung vorliegt, ist die Mitteilung vorzunehmen, sobald eine Gefährdung des Zweckes der Beschränkung ausgeschlossen werden kann. Einer Mitteilung bedarf es nicht, wenn diese Voraussetzung auch nach fünf Jahren noch nicht eingetreten ist. Nach der Mitteilung steht den Betroffenen der Rechtsweg offen; § 9 Abs. 6 findet keine Anwendung.

§ 6

(1) In den Fällen des § 2 muß die Anordnung denjenigen bezeichnen, gegen den sich die Beschränkungsmaßnahme richtet.

(2) Soweit sich in diesen Fällen Maßnahmen nach § 1 auf Sendungen beziehen, sind sie nur hinsichtlich solcher Sendungen zulässig, bei denen Tatsachen vorliegen, aus welchen zu schließen ist, daß sie von dem, gegen den sich die Anordnung richtet, herrühren oder für ihn bestimmt sind.

§ 7

(1) Die aus der Anordnung sich ergebenden Maßnahmen nach § 1 Abs. 1 sind unter Verantwortung der antragsberechtigten Stelle und unter Aufsicht eines Bediensteten vorzunehmen, der die Befähigung zum Richteramt hat.

(2) Liegen die Voraussetzungen der Anordnung nicht mehr vor oder sind die sich aus der Anordnung ergebenden Maßnahmen nicht mehr erforderlich, so sind sie unverzüglich zu beenden. Die Beendigung ist der Stelle, die die Anordnung getroffen hat, und der Deutschen Bundespost mitzuteilen.

(3) Die durch die Maßnahmen erlangten Kenntnisse und Unterlagen dürfen nicht zur Erforschung und Verfolgung anderer als der in § 2 genannten Handlungen benutzt werden, es sei denn, daß sich aus ihnen tatsächliche Anhaltspunkte ergeben, daß jemand eine andere in § 138 des Strafgesetzbuches genannte Straftat zu begehen vorhat, begeht oder begangen hat.

(4) Sind die durch die Maßnahmen erlangten Unterlagen über einen am Post- und Fernmeldeverkehr Beteiligten zu dem in Absatz 3 genannten Zweck nicht mehr erforderlich, so sind sie unter Aufsicht eines der in Absatz 1 genannten Bediensteten zu vernichten. Über die Vernichtung ist eine Niederschrift anzufertigen.

§ 8

(1) Sendungen des Postverkehrs, die zur Öffnung und Einsichtnahme der berechtigten Stelle ausgehändigt worden sind, sind unverzüglich dem Postverkehr wieder zuzuführen. Telegramme dürfen dem Postverkehr nicht entzogen werden. Der zur Einsichtnahme berechtigten Stelle ist eine Abschrift des Telegramms zu übergeben.

(2) Die Vorschriften der Strafprozeßordnung über die Beschlagnahme von Sendungen des Postverkehrs bleiben unberührt.

§ 9

(1) Der nach § 5 Abs. 1 für die Anordnung von Beschränkungsmaßnahmen zuständige Bundesminister unterrichtet in Abständen von höchstens sechs Monaten ein Gremium, das aus fünf vom Bundestag bestimmten Abgeordneten besteht, über die Durchführung dieses Gesetzes.

(2) Der zuständige Bundesminister unterrichtet monatlich eine Kommission über die von ihm angeordneten Beschränkungsmaßnahmen vor deren Vollzug. Bei Gefahr im Verzuge kann er den Vollzug der Beschränkungsmaßnahmen auch bereits vor der Unterrichtung der Kommission anordnen. Die Kommission entscheidet von Amts wegen oder auf Grund von Beschwerden über die Zulässigkeit und Notwendigkeit von Beschränkungsmaßnahmen. Anordnungen, die die Kommission für unzulässig oder nicht notwendig erklärt, hat der zuständige Bundesminister unverzüglich aufzuheben.

(3) Der zuständige Bundesminister unterrichtet monatlich die Kommission über die von ihm vorgenommene Mitteilungen an Betroffene (§ 5 Abs. 5) oder die Gründe, die einer Mitteilung entgegenstehen. In den Fällen des § 5 Abs. 5 Satz 3 unterrichtet er die Kommission spätestens fünf Jahre nach Einstellung der Beschränkungsmaßnahmen über seine abschließende Entscheidung. Hält die Kommission eine Mitteilung für geboten, hat der zuständige Bundesminister diese unverzüglich zu veranlassen.

(4) Die Kommission besteht aus dem Vorsitzenden, der die Befähigung zum Richteramt besitzen muß, und zwei Beisitzern. Die Mitglieder der Kommission sind in ihrer Amtsführung unabhängig und Weisungen nicht unterworfen. Sie werden von dem in Absatz 1 genannten Gremium nach Anhörung der Bundesregierung für die Dauer einer Wahlperiode des Bundestages mit der Maßgabe bestellt, daß ihre Amtszeit erst mit der Neubestimmung der Mitglieder der Kommission, spätestens jedoch drei Monate nach Ablauf der Wahlperiode endet. Die Kommission gibt sich eine Geschäftsordnung, die der Zustimmung des in Absatz 1 genannten Gremiums bedarf. Vor der Zustimmung ist die Bundesregierung zu hören.

(5) Durch den Landesgesetzgeber wird die parlamentarische Kontrolle der nach § 5 Abs. 1 für die Anordnung von Beschränkungsmaßnahmen zuständigen obersten Landesbehörden und die Überprüfung der von ihnen angeordneten Beschränkungsmaßnahmen geregelt.

(6) Im übrigen ist gegen die Anordnung von Beschränkungsmaßnahmen und ihren Vollzug der Rechtsweg nicht zulässig.

Artikel 3

§ 10

(1) Das Grundrecht des Brief-, Post- und Fernmeldegeheimnisses (Artikel 10 des Grundgesetzes) wird durch dieses Gesetz eingeschränkt.

(2) Die auf Grund anderer Gesetze zulässigen Beschränkungen dieses Grundrechts bleiben unberührt.

§ 11

Die nach diesem Gesetz berechtigten Stellen haben die Leistungen der Deutschen Bundespost abzugelten.

§ 12

Artikel 2 und 3 dieses Gesetzes mit Ausnahme des Artikels 2 Nr. 2, § 100 a Nr. 1 Buchstaben b und d, gelten nach Maßgabe des § 13 Abs. 1 des Dritten Überleitungsgesetzes vom 4. Januar 1952 (Bundesgesetzbl. I S. 1) auch im Land Berlin.

§ 13

Dieses Gesetz tritt mit Ausnahme des § 9 Abs. 4, der am Tage nach der Verkündung in Kraft tritt, am ersten Tag des auf die Verkündung folgenden dritten Kalendermonats in Kraft.

9. Gesetz über die Einrichtung eines Bundeskriminalpolizeiamtes (Bundeskriminalamtes)

i. d. F. v. 29. Juni 1973 (BGBl. I S. 704)

§ 1

(1) Der Bund errichtet ein Bundeskriminalamt zur Zusammenarbeit des Bundes und der Länder in der Kriminalpolizei. Seine Aufgabe ist die Bekämpfung des Straftäters, soweit er sich international oder über das Gebiet eines Landes hinaus betätigt oder voraussichtlich betätigen wird.

(2) Das Bundeskriminalamt ist zugleich Nationales Zentralbüro der Internationalen Kriminalpolizeilichen Organisation (Interpol) für die Bundesrepublik Deutschland.

§ 2

(1) Das Bundeskriminalamt hat als Zentralstelle
1. alle Nachrichten und Unterlagen für die polizeiliche Verbrechensbekämpfung zu sammeln und auszuwerten. Es ist insoweit auch Zentralstelle für den elektronischen Datenverbund zwischen Bund und Ländern;
2. die Strafverfolgungsbehörden des Bundes und der Länder unverzüglich über die sie betreffenden Nachrichten und die in Erfahrung gebrachten Zusammenhänge von Straftaten zu unterrichten;
3. erkennungsdienstliche Einrichtungen zu unterhalten;
4. die erforderlichen Einrichtungen für alle Bereiche kriminaltechnischer Untersuchungen und für kriminaltechnische Forschung zu unterhalten sowie die Zusammenarbeit der Polizei auf diesen Gebieten zu koordinieren;
5. die Entwicklung der Kriminalität zu beobachten und daraus kriminalpolizeiliche Analysen und Statistiken zu erstellen;
6. Forschung zur Entwicklung polizeilicher Methoden und Arbeitsweisen der Verbrechensbekämpfung zu betreiben;
7. die Polizei der Länder in der Vorbeugungsarbeit zur Verbrechensverhütung zu unterstützen;

8. Fortbildungsveranstaltungen auf kriminalpolizeilichen Spezialgebieten durchzuführen.

(2) Das Bundeskriminalamt erstattet erkennungsdienstliche und kriminaltechnische Gutachten für Strafverfahren auf Anforderung von Polizeidienststellen, Staatsanwaltschaften und Gerichten.

§ 3

(1) Zur Sicherung der Zusammenarbeit des Bundes und der Länder sind die Länder verpflichtet, für ihren Bereich zentrale Dienststellen der Kriminalpolizei (Landeskriminalämter) zu unterhalten. Diese haben dem Bundeskriminalamt die zur Erfüllung seiner Aufgaben erforderlichen Nachrichten und Unterlagen zu übermitteln.

(2) Mehrere Länder können ein gemeinsames Landeskriminalamt im Sinne des Absatzes 1 unterhalten.

§ 4

(1) Die Landeskriminalämter benachrichtigen das Bundeskriminalamt unverzüglich über den Beginn, die Unterbrechung und die Beendigung von richterlich angeordneten Freiheitsentziehungen.

(2) Den Justiz- und Verwaltungsbehörden obliegt dieselbe Mitteilungspflicht gegenüber dem Landeskriminalamt.

§ 5

(1) Die vorbeugende Verbrechensbekämpfung und die Verfolgung von Straftaten bleiben Sache der Länder, soweit gesetzlich nichts anderes bestimmt ist.

(2) Das Bundeskriminalamt nimmt die polizeilichen Aufgaben auf dem Gebiet der Strafverfolgung (§§ 161, 163 der Strafprozeßordnung) selbst wahr

1. in Fällen des international organisierten ungesetzlichen Handels mit Waffen, Munition, Sprengstoffen oder Betäubungsmitteln und der international organisierten Herstellung oder Verbreitung von Falschgeld, die eine Sachaufklärung im Ausland erfordern, sowie damit im Zusammenhang begangener Straftaten; in Fällen minderer Bedeutung kann die Staatsanwaltschaft im Benehmen mit dem Bundeskriminalamt die Ermittlungen einer anderen sonst zuständigen Polizeibehörde übertragen;

2. in Fällen von Straftaten, die sich gegen das Leben (§§ 211, 212 des Strafgesetzbuches) oder die Freiheit (§§ 234, 234 a, 239, 239 b des Strafgesetzbuches) des Bundespräsidenten, von Mitgliedern der Bundesregierung, des

Bundestages und des Bundesverfassungsgerichts oder der Gäste der Verfassungsorgane des Bundes aus anderen Staaten oder der Leiter und Mitglieder der bei der Bundesrepublik Deutschland beglaubigten, diplomatischen Vertretungen richtet, wenn anzunehmen ist, daß der Täter aus politischen Motiven gehandelt hat und die Tat bundes- oder außenpolitische Belange berührt. Die Wahrnehmung der Aufgaben nach Satz 1 Nr. 2 bedarf der Zustimmung des Bundesministers des Innern; bei Gefahr im Verzuge kann das Bundeskriminalamt vor Erteilung der Zustimmung tätig werden.

(3) Das Bundeskriminalamt nimmt darüber hinaus die polizeilichen Aufgaben auf dem Gebiet der Strafverfolgung selbst wahr, wenn
1. eine zuständige Landesbehörde darum ersucht oder
2. der Bundesminister des Innern es aus schwerwiegenden Gründen anordnet oder
3. der Generalbundesanwalt darum ersucht oder einen Auftrag erteilt.

(4) Die für die Strafrechtspflege und die Polizei zuständigen obersten Landesbehörden sind unverzüglich zu benachrichtigen, wenn das Bundeskriminalamt polizeiliche Aufgaben auf dem Gebiet der Verbrechensbekämpfung wahrnimmt; außerdem sind unverzüglich zu benachrichtigen der Generalbundesanwalt in den Fällen, in denen er für die Führung der Ermittlungen zuständig ist, und in den übrigen Fällen die Generalstaatsanwälte, in deren Bezirk ein Gerichtsstand begründet ist. Die Verpflichtung andere Polizeibehörden zum ersten Zugriff und zur Durchführung der notwendigen unaufschiebbaren Maßnahmen sowie die Befugnisse der Staatsanwaltschaft nach § 161 der Strafprozeßordnung bleiben unberührt.

(5) In den Fällen der Absätze 2 und 3 kann das Bundeskriminalamt den zuständigen Landeskriminalämtern (§ 3 Abs. 1) Weisungen für die Zusammenarbeit geben. Die oberste Landesbehörde ist unverzüglich zu benachrichtigen.

§ 6

(1) Zur Unterstützung von polizeilichen Strafverfolgungsmaßnahmen kann das Bundeskriminalamt Bedienstete zu den Polizeibehörden in den Ländern entsenden, wenn die zuständige Landesbehörde darum ersucht oder wenn dies den Ermittlungen dienlich sein kann. Die Zuständigkeit der Polizeibehörden in den Ländern bleibt unberührt.

(2) Die oberste Landesbehörde ist unverzüglich zu benachrichtigen.

§ 7

(1) Berührt eine Straftat den Bereich mehrerer Länder oder besteht ein Zusammenhang mit einer anderen Straftat in einem anderen Land und ist angezeigt, daß

die polizeilichen Aufgaben auf dem Gebiet der Strafverfolgung einheitlich wahrgenommen werden, so unterrichtet das Bundeskriminalamt die obersten Landesbehörden und die Generalstaatsanwälte, in deren Bezirken ein Gerichtsstand begründet ist. Das Bundeskriminalamt weist im Einvernehmen mit einem General-
staatsanwalt und einer obersten Landesbehörde eines Landes diesem Land die polizeilichen Aufgaben auf dem Gebiet der Strafverfolgung mit der Maßgabe zu,
diese Aufgabe insgesamt wahrzunehmen.

(2) Zuständig für die Durchführung der einem Land nach Absatz 1 übertragenen Aufgaben ist das Landeskriminalamt; die oberste Landesbehörde kann an
Stelle des Landeskriminalamtes eine andere Polizeibehörde im Lande als zuständig
erklären.

§ 8

(1) Vollzugsbeamte des Bundes und der Länder können in den Fällen des § 5
Abs. 2 und 3 und des § 7 Abs. 1 im Geltungsbereich dieses Gesetzes Amtshandlungen vornehmen; sie sind insoweit Hilfsbeamte der zuständigen Staatsanwaltschaft. Sie unterrichten die örtlichen Polizeidienststellen rechtzeitig über Ermittlungen in deren Zuständigkeitsbereich, sofern nicht schwerwiegende Gründe entgegenstehen. Zu den Ermittlungshandlungen sollen tunlichst Beamte der örtlich
zuständigen Polizeidienststellen hinzugezogen werden.

(2) Die polizeilichen Dienststellen der Länder geben dem Bundeskriminalamt
in Fällen seiner Zuständigkeit sowie den von ihm gemäß § 5 Abs. 2 und 3 entsand-
ten Beamten Auskunft und gewähren Akteneinsicht. Das gleiche gilt für die nach
§ 7 Abs. 1 tätig werdenden Polizeibeamten der Länder.

(3) Die örtlich zuständigen Polizeidienststellen gewähren Beamten des Bundeskriminalamtes oder, im Falle einer Zuweisung nach § 7 Abs. 1, eines anderen
Landes, die Ermittlungen durchführen, personelle und sachliche Unterstützung.

§ 9

(1) Unbeschadet der Rechte des Präsidenten des Deutschen Bundestages und der
Zuständigkeiten des Bundesgrenzschutzes und der Polizei der Länder obliegt dem
Bundeskriminalamt
1. der erforderliche unmittelbare persönliche Schutz der Mitglieder der Verfassungsorgane des Bundes sowie in besonderen Fällen der Gäste dieser Verfassungsorgane aus anderen Staaten;
2. der innere Schutz der Dienst- und der Wohnsitze sowie der jeweiligen Auf-
   enthaltsräume des Bundespräsidenten, der Mitglieder der Bundesregierung
   und in besonderen Fällen ihrer Fäste aus anderen Staaten.

(2) Sollen Beamte des Bundeskriminalamtes und andere Polizeikräfte in den Fällen des Absatzes 1 zugleich eingesetzt werden, so entscheiden darüber der Bundesminister des Innern und die oberste Landesbehörde im gegenseitigen Einvernehmen.

(3) Dem Bundeskriminalamt stehen zur Erfüllung seiner Aufgaben nach Absatz 1 die Befugnisse entsprechend den §§ 10 bis 32 des Bundesgrenzschutzgesetzes zu. Die Grundrechte der körperlichen Unversehrtheit (Artikel 2 Abs. 2 Satz 1 GG), der Freiheit der Person (Artikel 2 Abs. 2 Satz 2 GG), der Freizügigkeit (Artikel 11 Abs. 1 GG) und der Unverletzlichkeit der Wohnung (Artikel 13 GG) werden nach Maßgabe dieser Vorschriften eingeschränkt.

(4) Erleidet jemand bei der Erfüllung der Aufgaben des Bundeskriminalamtes nach Absatz 1 einen Schaden, so gelten die §§ 34 bis 41 des Bundesgrenzschutzgesetzes entsprechend.

§ 10 Der zur Durchführung der Bekämpfung internationaler gemeiner Verbrecher notwendige Dienstverkehr mit ausländischen Polizei- und Justizbehörden ist dem Bundeskriminalamt vorbehalten. Für die Grenzgebiete können auf Grund von Vereinbarungen des Bundesministers des Innern mit den obersten Landesbehörden Ausnahmen zugelassen werden.

§ 11

Die zur Durchführung dieses Gesetzes erforderlichen allgemeinen Verwaltungsvorschriften werden durch die Bundesregierung mit Zustimmung des Bundesrates erlassen.

§ 12

Dieses Gesetz gilt auch für Berlin, sobald das Land Berlin gemäß Artikel 87 seiner Verfassung die Anwendung dieses Gesetzes beschlossen hat.

10. Gesetz über die parlamentarische Kontrolle nachrichtendienstlicher Tätigkeit des Bundes

Vom 11. April 1978 (BGBl. I S. 453)

§ 1

(1) Die Bundesregierung unterliegt hinsichtlich der Tätigkeit des Bundesamtes für Verfassungsschutz, des Militärischen Abschirmdienstes und des Bundesnachrichtendienstes der Kontrolle durch die Parlamentarische Kontrollkommission. Die Aufgaben und Befugnisse dieser Behörden sind in Gesetzen und Organisationserlassen geregelt.

(2) Die Rechte des Bundestages und seiner Ausschüsse bleiben unberührt.

§ 2

(1) Die Bundesregierung unterrichtet die Parlamentarische Kontrollkommission umfassend über die allgemeine Tätigkeit der in § 1 genannten Behörden und über Vorgänge von besonderer Bedeutung. Die Parlamentarische Kontrollkommission hat Anspruch auf entsprechende Unterrichtung.

(2) Zeit, Art und Umfang der Unterrichtung der Kontrollkommission werden unter Beachtung des notwendigen Schutzes des Nachrichtenzugangs durch die politische Verantwortung der Bundesregierung bestimmt.

(3) Die Kontrolle der Durchführung des Gesetzes zu Artikel 10 des Grundgesetzes bleibt den auf Grund von Artikel 10 Abs. 2 Satz 2 des Grundgesetzes von der Volksvertretung bestellten Organen und Hilfsorganen vorbehalten.

§ 3

Die politische Verantwortung der Bundesregierung für die in § 1 genannten Behörden bleibt unberührt.

§ 4

(1) Der Deutsche Bundestag wählt zu Beginn jeder Wahlperiode die Mitglieder der Parlamentarischen Kontrollkommission aus seiner Mitte.

(2) Er bestimmt die Zahl der Mitglieder, die Zusammensetzung und die Arbeitsweise der Parlamentarischen Kontrollkommission.

(3) Gewählt ist, wer die Stimmen der Mehrheit der Mitglieder des Deutschen Bundestages auf sich vereint.

(4) Scheidet ein Mitglied aus dem Deutschen Bundestag oder seiner Fraktion aus, so verliert es seine Mitgliedschaft in der Parlamentarischen Kontrollkommission; § 5 Abs. 4 bleibt unberührt. Für dieses Mitglied ist unverzüglich ein neues Mitglied zu wählen; das gleiche gilt, wenn ein Mitglied aus der Parlamentarischen Kontrollkommission ausscheidet.

§ 5

(1) Die Beratungen der Parlamentarischen Kontrollkommission sind geheim. Die Mitglieder sind zur Geheimhaltung der Angelegenheiten verpflichtet, die ihnen bei ihrer Tätigkeit in der Parlamentarischen Kontrollkommission bekannt geworden sind. Dies gilt auch für die Zeit nach ihrem Ausscheiden aus der Parlamentarischen Kontrollkommission.

(2) Die Parlamentarische Kontrollkommission tritt mindestens einmal im Vierteljahr zusammen. Sie gibt sich eine Geschäftsordnung.

(3) Jedes Mitglied kann die Einberufung und die Unterrichtung der Parlamentarischen Kontrollkommission verlangen.

(4) Die Parlamentarische Kontrollkommission übt ihre Tätigkeit auch über das Ende einer Wahlperiode des Deutschen Bundestages solange aus, bis der nachfolgende Bundestag gemäß § 4 entschieden hat.

11. Gesetz über die Zusammenarbeit des Bundes und der Länder in Angelegenheiten des Verfassungsschutzes

Vom 27. September 1950 (BGBl. S. 682, geänd. durch VerfSchutzÄndG v. 7. 8. 1972, BGBl. I S. 1382)

§ 1

(1) Der Bund und die Länder sind verpflichtet, in Angelegenheiten des Verfassungsschutzes zusammenzuarbeiten.

(2) Die Zusammenarbeit besteht auch in gegenseitiger Unterstützung und Hilfeleistung.

§ 2

(1) Für die Zusammenarbeit des Bundes und den Ländern errichtet der Bund ein Bundesamt für Verfassungsschutz als Bundesoberbehörde. Es untersteht dem Bundesminister des Innern.

(2) Für die Zusammenarbeit der Länder mit dem Bund bestimmt jedes Land eine Behörde zur Bearbeitung von Angelegenheiten des Verfassungsschutzes.

§ 3

(1) Aufgabe des Bundesamtes für Verfassungsschutz und der nach § 2 Abs. 2 bestimmten Behörden ist die Sammlung und Auswertung von Auskünften, Nachrichten und sonstigen Unterlagen über

1. Bestrebungen, die gegen die freiheitliche demokratische Grundordnung, den Bestand und die Sicherheit des Bundes oder eines Landes gerichtet sind oder eine ungesetzliche Beeinträchtigung der Amtsführung von Mitgliedern verfassungsmäßiger Organe des Bundes oder eines Landes zum Ziele haben,

2. sicherheitsgefährdende oder geheimdienstliche Tätigkeiten im Geltungsbereich dieses Gesetzes für eine fremde Macht,

3. Bestrebungen im Geltungsbereich dieses Gesetzes, die durch Anwendung von Gewalt oder darauf gerichtete Vorbereitungshandlungen auswärtige Belange der Bundesrepublik Deutschland gefährden.

(2) Ferner wirken das Bundesamt für Verfassungsschutz und die nach § 2 Abs. 2 bestimmten Behörden mit

1. bei der Überprüfung von Personen, denen im öffentlichen Interesse geheimhaltungsbedürftige Tatsachen, Gegenstände oder Erkenntnisse anvertraut werden, die Zugang dazu erhalten sollen oder ihn sich verschaffen können,

2. bei der Überprüfung von Personen, die an sicherheitsempfindlichen Stellen von lebens- und verteidigungswichtigen Einrichtungen beschäftigt sind oder werden sollen,

3. bei technischen Sicherheitsmaßnahmen zum Schutz von im öffentlichen Interesse geheimhaltungsbedürftigen Tatsachen, Gegenständen oder Erkenntnissen gegen die Kenntnisnahme durch Unbefugte.

(3) Polizeiliche Befugnisse oder Kontrollbefugnisse stehen dem Bundesamt für Verfassungsschutz nicht zu. Zur Wahrnehmung seiner Aufgaben nach Absatz 1 und Absatz 2 ist es befugt, nachrichtendienstliche Mittel anzuwenden. Das Amt darf einer polizeilichen Dienststelle nicht angegliedert werden.

(4) Die Gerichte und Behörden und das Bundesamt für Verfassungsschutz leisten sich gegenseitig Rechts- und Amtshilfe (Artikel 35 GG).

§ 4

(1) Das Bundesamt für Verfassungsschutz unterrichtet die in jedem Lande gemäß § 2 Abs. 2 bestimmte Behörde über alle Unterlagen, deren Kenntnis für das Land zum Zwecke des Verfassungsschutzes erforderlich ist.

(2) Die in den Ländern bestimmten Behörden unterrichten das Bundesamt über alle Angelegenheiten des Verfassungsschutzes, von denen sie Kenntnis erhalten und die für den Bund, die Länder oder eines von ohnen von Wichtigkeit sind.

(3) Ist gemäß § 2 Abs. 2 eine andere als die Oberste Landesbehörde bestimmt, so ist die Oberste Landesbehörde gleichzeitig zu benachrichtigen.

§ 5

(1) Die Bundesregierung kann, wenn ein Angriff auf die verfassungsmäßige Ordnung des Bundes erfolgt, den Obersten Landesbehörden die für die Zusammenarbeit der Länder mit dem Bund auf dem Gebiete des Verfassungsschutzes erforderlichen Weisungen erteilen.

(2) Der Bundesminister des Innern kann im Rahmen des § 3 den nach § 2 Abs. 2 bestimmten Behörden Weisungen für die Zusammenarbeit in Angelegenheiten des Verfassungsschutzes erteilen. § 4 Abs. 3 gilt sinngemäß.

12. Gewerbeordnung

I. d. F. v. 1. Januar 1978 (BGBl. I S. 97)

Titel XI Gewerbezentralregister

§ 149 Einrichtung eines Gewerbezentralregisters

(1) Bei dem Bundeszentralregister wird ein Gewerbezentralregister eingerichtet.

(2) In das Register sind einzutragen

1. die vollziehbaren und die nicht mehr anfechtbaren Entscheidungen einer Verwaltungsbehörde, durch die wegen Unzuverlässigkeit oder Ungeeignetheit

   a) ein Antrag auf Zulassung (Erlaubnis, Genehmigung, Konzession, Bewilligung) zu einem Gewerbe oder einer sonstigen wirtschaftlichen Unternehmung abgelehnt oder eine erteilte Zulassung zurückgenommen oder wiederrufen,

   b) die Ausübung eines Gewerbes oder der Betrieb oder die Leitung einer sonstigen wirtschaftlichen Unternehmung untersagt,

   c) ein Antrag auf Erteilung eines Befähigungsscheines nach § 20 des Sprengstoffgesetzes abgelehnt oder ein erteilter Befähigungsschein entzogen oder

   d) im Rahmen eines Gewerbebetriebes oder einer sonstigen wirtschaftlichen Unternehmung die Befugnis zur Einstellung oder Ausbildung von Auszubildenden entzogen oder die Beschäftigung, Beaufsichtigung, Anweisung oder Ausbildung von Kindern und Jugendlichen verboten

   wird,

2. Verzichte auf eine Zulassung zu einem Gewerbe oder einer sonstigen wirtschaftlichen Unternehmung während eines Rücknahme- oder Widerrufsverfahrens,

3. rechtskräftige Bußgeldentscheidungen wegen einer Ordnungswidrigkeit, die

   a) bei oder in Zusammenhang mit der Ausübung eines Gewerbes oder dem Betrieb einer sonstigen wirtschaftlichen Unternehmung oder

   b) bei der Tätigkeit in einem Gewerbe oder einer sonstigen wirtschaftlichen Unternehmung von einem Vertreter oder Beauftragten im Sinne des § 9 des Gesetzes über Ordnungswidrigkeiten oder von einer Person, die in einer Rechtsvorschrift ausdrücklich als Verantwortlicher bezeichnet ist, begangen worden ist, wenn die Geldbuße mindestens zweihundert Deutsche Mark beträgt. Von der Eintragung sind Entscheidungen und Verzichte ausgenommen, die nach § 28 des Straßenverkehrsgesetzes in das Verkehrszentralregister einzutragen sind.

§ 150   Auskunft auf Antrag des Betroffenen

(1) Auf Antrag erteilt die Registerbehörde einer Person Auskunft über den sie betreffenden Inhalt des Registers.

(2) Der Antrag ist bei der gemäß § 155 Abs. 2 bestimmten Behörde zu stellen. Der Antragsteller hat seine Identität und, wenn er als gesetzlicher Vertreter handelt, seine Vertretungsmacht nachzuweisen; er kann sich bei der Antragstellung nicht durch einen Bevollmächtigten vertreten lassen. Die Behörde nimmt die Gebühr für die Auskunft entgegen, behält davon drei Achtel ein und führt den Restbetrag an die Bundeskasse ab.

(3) Wohnt der Antragsteller außerhalb des Geltungsbereichs dieses Gesetzes, so kann er den Antrag unmittelbar bei der Registerbehörde stellen. Absatz 2 Satz 2 gilt entsprechend.

(4) Die Übersendung der Auskunft an eine andere Person als den Betroffenen ist nicht zulässig.

§ 150 a   Auskunft an Behörden

(1) Auskünfte aus dem Register werden für
1. die Verfolgung wegen einer in § 148 Nr. 1 bezeichneten Ordnungswidrigkeit,
2. die Vorbereitung
   a) der Entscheidung über die in § 149 Abs. 2 Nr. 1 Buchstaben a und c bezeichneten Anträge,
   b) der übrigen in § 149 Abs. 2 Nr. 1 Buchstaben a bis d bezeichneten Entscheidungen,
   c) von Verwaltungsentscheidungen auf Grund des Straßenverkehrsgesetzes, des Fahrlehrergesetzes, des Fahrpersonalgesetzes oder der auf Grund dieser Gesetze erlassenen Rechtsvorschriften über Eintragungen, die das Personenbeförderungsgesetz oder das Güterkraftverkehrsgesetz betreffen,
3. die Vorbereitung von Rechtsvorschriften und allgemeinen Verwaltungsvorschriften

171

erteilt. Auskunftsberechtigt sind die Behörden, denen die in Satz 1 bezeichneten Aufgaben obliegen.

(2) Auskünfte aus dem Register werden ferner

1. den Gerichten und Staatsanwaltschaften über die in § 149 Abs. 2 Nr. 1 und 2 bezeichneten Eintragungen für Zwecke der Rechtspflege, zur Verfolgung von Straftaten nach § 148 Nr. 1, nach § 47 Abs. 1 Nr. 4 des Ausländergesetzes und § 13 Abs. 1 Nr. 2 des Gesetzes zum Schutze der Jugend in der Öffentlichkeit auch über die in § 149 Abs. 2 Nr. 3 bezeichneten Eintragungen,

2. den Kriminaldienst verrichtenden Dienststellen der Polizei für Zwecke der Verhütung und Verfolgung der in § 74 c Abs. 1 Nr. 1 bis 6 des Gerichtsverfassungsgesetzes aufgeführten Straftaten über die in § 149 Abs. 2 Nr. 1 und 2 bezeichneten Eintragungen,

3. den zuständigen Behörden für Entscheidungen über den Erlaß von Geldbußen

erteilt.

(3) Die auskunftsberechtigten Stellen haben den Zweck anzugeben, für den die Auskunft benötigt wird.

(4) Die nach Absatz 1 Satz 2 auskunftsberechtigte Behörde hat dem Betroffenen auf Verlangen Einsicht in die Auskunft aus dem Register zu gewähren.

(5) Die Auskünfte aus dem Register dürfen nur den mit der Entgegennahme oder Bearbeitung betrauten Bediensteten zur Kenntnis gebracht werden.

§ 151 Eintragungen in besonderen Fällen

(1) In den Fällen des § 149 Abs. 2 Nr. 1 Buchstaben a und b ist die Eintragung auch bei

1. dem Vertretungsberechtigten einer juristischen Person,

2. der mit der Leitung des Betriebs oder einer Zweigniederlassung beauftragten Person,

die unzuverlässig oder ungeeignet sind, vorzunehmen.

(2) Wird eine nach § 149 Abs. 2 Nr. 1 eingetragene vollziehbare Entscheidung unanfechtbar, so ist dies in das Register einzutragen.

(3) Sind in einer Bußgeldentscheidung mehrere Geldbußen festgesetzt (§ 20 des Gesetzes über Ordnungswidrigkeiten), von denen nur ein Teil einzutragen ist, so sind lediglich diese einzutragen. Ist eine Geldbuße als Nebenfolge einer Ordnungswidrigkeit gegen eine juristische Person oder Personenvereinigung festgesetzt worden (§ 30 Abs. 1, 4 des Gesetzes über Ordnungswidrigkeiten), so ist die Nebenfolge nur unter dem Namen oder der Firma der juristischen Person oder Personenvereinigung einzutragen.

(4) In das Register ist der rechtskräftige Beschluß einzutragen, durch den das Gericht hinsichtlich einer eingetragenen Bußgeldentscheidung die Wiederauf-

nahme des Verfahrens anordnet (§ 85 Abs. 1 des Gesetzes über Ordnungswidrigkeiten).

(5) Wird durch die endgültige Entscheidung in dem Wiederaufnahmeverfahren die frühere Entscheidung aufrechterhalten, so ist dies in das Register einzutragen. Andernfalls wird die Eintragung nach Absatz 4 aus dem Register entfernt. Enthält die neue Entscheidung einen einzutragenden Inhalt, so ist dies mitzuteilen.

§ 152 Entfernung von Eintragungen

(1) Wird eine nach § 149 Abs. 2 Nr. 1 eingetragene Entscheidung aufgehoben oder eine solche Entscheidung oder ein nach § 149 Abs. 2 Nr. 2 eingetragener Verzicht durch eine spätere Entscheidung gegenstandslos, so wird die Entscheidung oder der Verzicht aus dem Register entfernt.

(2) Ebenso wird verfahren, wenn die Behörde eine befristete Entscheidung erlassen hat oder in der Mitteilung an das Register bestimmt hat, daß die Entscheidung nur für eine bestimmte Frist eingetragen werden soll, und diese Frist abgelaufen ist.

(3) Das gleiche gilt, wenn die Vollziehbarkeit einer nach § 149 Abs. 2 Nr. 1 eingetragenen Entscheidung auf Grund behördlicher oder gerichtlicher Entscheidung entfällt.

(4) Eintragungen, die eine über 80 Jahre alte Person betreffen, werden aus dem Register entfernt.

(5) Wird ein Bußgeldbescheid in einem Strafverfahren aufgehoben (§ 86 Abs. 1, § 102 Abs. 2 des Gesetzes über Ordnungswidrigkeiten), so wird die Eintragung aus dem Register entfernt.

§ 153 Tilgung von Eintragungen

(1) Die Eintragungen nach § 149 Abs. 2 Nr. 3 sind nach Ablauf einer Frist
1. von drei Jahren, wenn die Höhe der Geldbuße nicht mehr als dreihundert Deutsche Mark beträgt,
2. von fünf Jahren in den übrigen Fällen
zu tilgen.

(2) Der Lauf der Frist beginnt mit dem Tage des Eintritts der Rechtskraft der Entscheidung. Dieser Zeitpunkt bleibt auch maßgebend, wenn eine Entscheidung am Wiederaufnahmeverfahren rechtskräftig abgeändert worden ist.

(3) Enthält das Register mehrere Eintragungen, so ist die Tilgung einer Eintragung erst zulässig, wenn bei allen Eintragungen die Frist des Absatzes 1 abgelaufen ist.

(4) Eine zu tilgende Eintragung wird sechs Monate nach Eintritt der Voraussetzungen für die Tilgung aus dem Register entfernt. Während dieser Zeit darf über die Eintragung keine Auskunft erteilt werden.

§ 153 a   Mitteilungen zum Gewerbezentralregister

Die Behörden und die Gerichte teilen dem Gewerbezentralregister die einzutragenden Entscheidungen, Feststellungen und Tatsachen mit.

§ 153 b   Verwaltungsvorschriften

Der Bundesminister der Justiz erläßt im Einvernehmen mit dem Bundesminister für Wirtschaft und mit Zustimmung des Bundesrates die zur Durchführung der §§ 149 bis 153 a erforderlichen allgemeinen Verwaltungsvorschriften. Soweit diese Vorschriften den Aufbau des Registers betreffen, ergehen sie ohne Zustimmung des Bundesrates.

13. Gesetz über das Paßwesen

Vom 4. März 1952 (BGBl. I S. 290)

§ 1 [Paßzwang für Ausländer und Deutsche bei Grenzübertritt]

Ausländer, die in das Gebiet des Geltungsbereiches des Grundgesetzes (einschließlich des Gebietes des Landes Berlin) einreisen oder dieses Gebiet verlassen, und Deutsche, die dieses Gebiet über eine Auslandsgrenze verlassen oder betreten, sind verpflichtet, sich durch einen Paß über ihre Person auszuweisen.

§ 2 [Paßzwang für Ausländer bei Aufenthalt in Deutschland]

Jeder Ausländer, der sich im Gebiet des Geltungsbereiches des Grundgesetzes (einschließlich des Gebietes des Landes Berlin) aufhält und der deutschen Gerichtsbarkeit unterliegt, ist verpflichtet, sich durch einen gültigen Paß über seine Person auszuweisen.

§ 3 [Paßersatz und Befreiung vom Paßzwang. Sichtvermerk]

(1) Der Bundesminister des Innern kann durch Rechtsverordnung
  a) für besondere Fälle sowie im Verkehr mit einzelnen ausländischen Staaten für Deutsche und für Angehörige dieser Staaten, wenn ihre Rückübernahme gesichert ist, von dem Paßzwang (§§ 1 und 2) allgemein Befreiung gewähren,
  b) für besondere Fälle auch andere amtliche Ausweispapiere (Paßersatz) als genügenden Ausweis für den Grenzübertritt (§ 1) und den Aufenthalt im Gebiet des Geltungsbereichs dieses Gesetzes (§ 2) allgemein zulassen,
  c) anordnen, daß Ausländer zum Betreten oder Verlassen des Gebietes des Geltungsbereichs dieses Gesetzes eines Sichtvermerks der zuständigen Behörde bedürfen.
(2) Die Bestimmungen der §§ 7 und 8 finden auf ein als Paßersatz ausgestelltes amtliches Ausweispapier Anwendung.

§ 4 [Ausnahmen und Sperrungen]

Die Bundesregierung kann, wenn die Beziehungen zu ausländischen Staaten es erfordern, durch Einzelweisungen Ausnahmen von den Vorschriften der §§ 1 und 2 anordnen. Sie kann ferner, wenn die öffentliche Sicherheit oder die freiheitliche demokratische Grundordnung gefährdet ist, Einzelweisungen über die Sperrung der Ein- und Ausreise sowie über die Ausstellung von Pässen und Sichtvermerken erteilen.

§ 5 [Ausweise für kleinen Grenzverkehr und Ausflugsverkehr]

Für Grenzbezirke an der Auslandsgrenze des Bundes, insbesondere für Zwecke des kleinen Grenzverkehrs und des Ausflugsverkehrs können die Landesregierungen durch Rechtsverordnungen den Grenzübertritt mit anderen Ausweisen als Pässen gestatten und gegebenenfalls Befreiung von dem Erfordernis des Sichtvermerks gewähren.

§ 6 [Deutsche Pässe]

(1) Deutsche Pässe werden nur Deutschen im Sinne des Artikels 116 Abs. 1 des Grundgesetzes ausgestellt.

(2) Der Paßbewerber hat auf Verlangen der für die Bearbeitung des Paßantrages zuständigen Behörde nachzuweisen, daß er die Voraussetzungen des Artikels 116 Abs. 1 des Grundgesetzes erfüllt. Er hat auf Erfordern dieser Behörde persönlich zu erscheinen.

§ 7 [Versagung eines Passes]

(1) Der Paß ist zu versagen, wenn Tatsachen die Annahme rechtfertigen, daß
   a) der Antragsteller als Inhaber eines Passes die innere oder die äußere Sicherheit oder sonstige erhebliche Belange der Bundesrepublik Deutschland oder eines deutschen Landes gefährdet;
   b) der Paßbewerber sich einer Strafverfolgung oder Strafvollstreckung, die im Inland gegen ihn schwebt, entziehen will;
   c) der Paßbewerber sich seinen steuerlichen Verpflichtungen entziehen oder die Zoll- und Devisenvorschriften übertreten oder umgehen will;
   d) der Paßbewerber sich einer gesetzlichen Unterhaltspflicht entziehen will;
   e) der Paßbewerber unbefugt in fremde Heeresdienste eintreten will.
(2) Der Paß ist ferner zu versagen, wenn

a) der Paßbewerber einem an ihn ergangenen Ersuchen gemäß § 6 Abs. 2 nicht in angemessener Frist nachkommt;
b) bei unverheirateten Minderjährigen nicht die Zustimmung des gesetzlichen Vertreters zur Ausstellung des Passes beigebracht wird;
c) (gestrichen)

(3) Ein Paß zur Rückkehr in das Gebiet des Geltungsbereiches des Grundgesetzes (einschließlich des Gebietes des Landes Berlin) darf außer in den Fällen des Absatzes 2 Buchstabe a nicht versagt werden.

§ 8 [Entziehung eines Passes]

Ein Paß kann dem Inhaber entzogen werden, wenn Tatsachen bekannt werden, die gemäß § 7 die Versagung der Ausstellung des Passes rechtfertigen würden.

14. Gesetz über Personalausweise

v. 19. Dezember 1950 (BGBl. I S. 807)

§ 1 Ausweispflicht

(1) Jede Person im Bundesgebiet, die das 16. Lebensjahr vollendet hat und nach den Vorschriften der Meldeordnung der Meldepflicht unterliegt, ist verpflichtet, einen Personalausweis zu besitzen und ihn auf Verlangen einer zur Prüfung der Personalien ermächtigten Behörde vorzulegen, soweit sie sich nicht durch Vorlage eines gültigen Passes aus?eisen kann.

(2) Der Personalausweis ist nach einem einheitlichen Muster mit Lichtbild auszustellen, das von dem Bundesminister des Innern mit Zustimmung des Bundesrates bestimmt wird. Raum für einen Fingerabdruck darf nicht vorgesehen werden.

(3) Die erstmalige Ausstellung des Ausweises ist gebührenfrei.

§ 2 Gültigkeit

(1) Personalausweise werden für eine Gültigkeitsdauer von fünf Jahren ausgestellt. Eine gebührenfreie Verlängerung der Gültigkeitsdauer um zweimal je fünf Jahre ist zulässig.

(2) Unter den Voraussetzungen des § 7 Abs. 1 des Gesetzes über das Paßwesen kann die zuständige Behörde im Einzelfall anordnen, daß der Personalausweis abweichend von den Bestimmungen einer Rechtsverordnung nach § 3 Abs. 1 des Gesetzes über das Paßwesen nicht zum Verlassen des Gebietes des Geltungsbereichs des Grundgesetzes (einschließlich des Gebietes des Landes Berlin) über eine Auslandsgrenze berechtigt. Der Inhaber des Personalausweises ist verpflichtet, diesen zur Anbringung eines Vermerks über die Anordnung nach Satz 1 der zuständigen Behörde vorzulegen.

§ 3 Bußgeldvorschriften

(1) Ordnungswidrig handelt, wer
   a) vorsätzlich oder leichtfertig es unterläßt, für sich oder als Erziehungsberechtigter für Jugendliche bis zu 18 Jahren einen Ausweis ausstellen zu lassen, obwohl er dazu verpflichtet ist;

b) (aufgehoben)
c) es unterläßt, einen Ausweis auf Verlangen einer zuständigen Stelle vorzulegen;
d) (aufgehoben)
e) (aufgehoben).

(2) Die Ordnungswidrigkeit kann mit einer Geldbuße geahndet werden.

15. Gesetz zur Änderung des Gesetzes über Personalausweise und zur Regelung der Meldepflicht in Beherbergungsstätten

V. 6. November 1978 (BGBl. I S. 1712)

Art. 2

(1) Durch Landesrecht ist, sofern und soweit entsprechende Regelungen nicht bereits bestehen, innerhalb von sechs Monaten nach Inkrafttreten dieses Gesetzes zu bestimmen, daß in Beherbergungsstätten die beherbergten Personen Meldevordrucke handschriftlich auszufüllen und zu unterschreiben haben. Der Leiter der Beherbergungsstätte hat die Meldevordrucke für die zuständige Behörde bereitzuhalten oder dieser zu übermitteln. Dies gilt entsprechend, wenn Personen in Zelten, Wohnwagen oder Wasserfahrzeugen auf Plätzen übernachten, die gewerbsmäßig überlassen werden.

(2) Die Regelung des Näheren, insbesondere über die Form, den Inhalt, die Dauer der Aufbewahrung der Meldevordrucke sowie ihre Bereithaltung für die zuständige Behörde oder die Übermittlung an diese bleibt dem Landesrecht vorbehalten.

(3) Durch Landesrecht ist zu bestimmen, daß vorsätzliche oder fahrlässige Zuwiderhandlungen der in Absatz 1 genannten Personen gegen die ihnen nach Maßgabe dieser Vorschrift aufzuerlegenden Pflichten als Ordnungswidrigkeiten mit Geldbuße zu ahnden sind.

Art. 4

Dieses Gesetz tritt am Tage nach der Verkündung in Kraft.

16. Sozialgesetzbuch I

V. 11. 12. 1975 (BGBl. I S. 3015)

§ 35 Geheimhaltung

(1) Jeder hat Anspruch darauf, daß seine Geheimnisse, insbesondere die zum persönlichen Lebensbereich gehörenden Geheimnisse sowie die Betriebs- und Geschäftsgeheimnisse, von den Leistungsträgern, ihren Verbänden, den sonstigen in diesem Gesetzbuch genannten öffentlich-rechtlichen Vereinigungen und den Aufsichtsbehörden nicht unbefugt offenbart werden. Eine Offenbarung ist dann nicht unbefugt, wenn der Betroffene zustimmt oder eine gesetzliche Mitteilungspflicht besteht.

(2) Die Amtshilfe unter den Leistungsträgern wird durch Absatz 1 nicht beschränkt, soweit die ersuchende Stelle zur Erfüllung ihrer Aufgaben die geheimzuhaltenden Tatsache kennen muß.

17. Strafgesetzbuch

§ 138 Nichtanzeige geplanter Straftaten

(1) Wer von dem Vorhaben oder der Ausführung
1. einer Vorbereitung eines Angriffskrieges (§ 80),
2. eines Hochverrats in den Fällen der §§ 81 bis 83 Abs. 1,
3. eines Landesverrats oder einer Gefährdung der äußeren Sicherheit in den Fällen der §§ 94 bis 96, 97 a oder 100,
4. einer Geld- oder Wertpapierfälschung in den Fällen der §§ 146, 151 oder 152,
5. eines Menschenhandels in den Fällen des § 181 Nr. 2,
6. eines Mordes, Totschlags oder Völkermordes (§§ 211, 212, 220 a),
7. einer Straftat gegen die persönliche Freiheit in den Fällen der §§ 234, 234 a, 239 a oder 239 b,
8. eines Raubes oder einer räuberischen Erpressung (§§ 249 bis 251, 255) oder
9. einer gemeingefährlichen Straftat in den Fällen der §§ 306 bis 308, 310 b Abs. 1 bis 3, des § 311 Abs. 1 bis 3, des § 311 a Abs. 1 bis 3, der §§ 311 b, 312, 313, 315 Abs. 3, des § 315 b Abs. 3, der §§ 316 a, 316 c oder 324
zu einer Zeit, zu der die Ausführung oder der Erfolg noch abgewendet werden kann, glaubhaft erfährt und es unterläßt, der Behörde oder dem Bedrohten rechtzeitig Anzeige zu machen, wird mit Freiheitsstrafe bis zu fünf Jahren oder mit Geldstrafe bestraft.

(2) Ebenso wird bestraft, wer von dem Vorhaben oder der Ausführung einer Straftat nach § 129 a zu einer Zeit, zu der die Ausführung noch abgewendet werden kann, glaubhaft erfährt und es unterläßt, der Behörde unverzüglich Anzeige zu erstatten.

(3) Wer die Anzeige leichtfertig unterläßt, obwohl er von dem Vorhaben oder der Ausführung der rechtswidrigen Tat glaubhaft erfahren hat, wird mit Freiheitsstrafe bis zu einem Jahr oder mit Geldstrafe bestraft.

§ 139 Straflosigkeit der Nichtanzeige geplanter Straftaten

(1) Ist in den Fällen des § 138 die Tat nicht versucht worden, so kann von Strafe abgesehen werden.

(2) Ein Geistlicher ist nicht verpflichtet anzuzeigen, was ihm in seiner Eigenschaft als Seelsorger anvertraut worden ist.

(3) Wer eine Anzeige unterläßt, die er gegen einen Angehörigen erstatten müßte, ist straffrei, wenn er sich ernsthaft bemüht hat, ihn von der Tat abzuhalten oder den Erfolg abzuwenden, es sei denn, daß es sich um

1. einen Mord oder Totschlag (§§ 211, 212),
2. einen Völkermord in den Fällen des § 220 a Abs. 1 Nr. 1 oder
3. einen erpresserischen Menschenraub (§ 239 a Abs. 1),
   eine Geiselnahme (§ 239 b Abs. 1) oder
   einen Angriff auf den Luftverkehr (§ 316 c Abs. 1)
   durch eine terroristische Vereinigung (§ 129 a)

handelt. Unter denselben Voraussetzungen ist ein Rechtsanwalt, Verteidiger oder Arzt nicht verpflichtet anzuzeigen, was ihm in dieser Eigenschaft anvertraut worden ist.

(4) Straffrei ist, wer die Ausführung oder den Erfolg der Tat anders als durch Anzeige abwendet. Unterbleibt die Ausführung oder der Erfolg der Tat ohne Zutun des zur Anzeige Verpflichteten, so genügt zu seiner Straflosigkeit sein ernsthaftes Bemühen, den Erfolg abzuwenden.

Fünfzehnter Abschnitt   Verletzung des persönlichen Lebens- und Geheimbereichs

§ 201   Verletzung der Vertraulichkeit des Wortes

(1) Mit Freiheitsstrafe bis zu drei Jahren oder mit Geldstrafe wird bestraft, wer unbefugt

1. das nichtöffentlich gesprochene Wort eines anderen auf einen Tonträger aufnimmt oder
2. eine so hergestellte Aufnahme gebraucht oder einem Dritten zugänglich macht.

(2) Ebenso wird bestraft, wer unbefugt das nicht zu seiner Kenntnis bestimmte nichtöffentliche Wort eines anderen mit einem Abhörgerät abhört.

(3) Mit Freiheitsstrafe bis zu fünf Jahren oder mit Geldstrafe wird bestraft, wer als Amtsträger oder als für den öffentlichen Dienst besonders Verpflichteter die Vertraulichkeit des Wortes verletzt (Absätze 1, 2).

(4) Der Versuch ist strafbar.

(5) Die Tonträger und Abhörgeräte, die der Täter oder Teilnehmer verwendet hat, können eingezogen werden. § 74 a ist anzuwenden.

§ 202 Verletzung des Briefgeheimnisses

(1) Wer unbefugt
  1. einen verschlossenen Brief oder ein anderes verschlossenes Schriftstück, die nicht zu seiner Kenntnis bestimmt sind, öffnet oder
  2. sich vom Inhalt eines solchen Schriftstücks ohne Öffnung des Verschlusses unter Anwendung technischer Mittel Kenntnis verschafft,
wird mit Freiheitsstrafe bis zu einem Jahr oder mit Geldstrafe bestraft, wenn die Tat nicht in § 354 mit Strafe bedroht ist.

(2) Ebenso wird bestraft, wer sich unbefugt vom Inhalt eines Schriftstücks, das nicht zu seiner Kenntnis bestimmt und durch ein verschlossenes Behältnis gegen Kenntnisnahme besonders gesichert ist, Kenntnis verschafft, nachdem er dazu das Behältnis geöffnet hat.

(3) Einem Schriftstück im Sinne der Absätze 1 und 2 stehen ein anderer zur Gedankenübermittlung bestimmter Träger sowie eine Abbildung gleich.

§ 203 Verletzung von Privatgeheimnissen

(1) Wer unbefugt ein fremdes Geheimnis, namentlich ein zum persönlichen Lebensbereich gehörendes Geheimnis oder ein Betriebs- oder Geschäftsgeheimnis, offenbart, das ihm als
  1. Arzt, Zahnarzt, Tierarzt, Apotheker oder Angehörigen eines anderen Heilberufs, der für die Berufsausübung oder die Führung der Berufsbezeichnung eine staatlich geregelte Ausbildung erfordert,
  2. Berufspsychologen mit staatlich anerkannter wissenschaftlicher Abschlußprüfung,
  3. Rechtsanwalt, Patentanwalt, Notar, Verteidiger in einem gesetzlich geordneten Verfahren, Wirtschaftsprüfer, vereidigtem Buchprüfer, Steuerberater, Steuerbevollmächtigten oder Organ oder Mitglied eines Organs einer Wirtschaftsprüfungs-, Buchprüfungs- oder Steuerberatungsgesellschaft,
  4. Ehe-, Erziehungs- oder Jugendberater sowie Berater für Suchtfragen in einer Beratungsstelle, die von einer Behörde oder Körperschaft, Anstalt oder Stiftung des öffentlichen Rechts anerkannt ist,
  4 a. Mitglied oder Beauftragten einer anerkannten Beratungsstelle nach § 218 b Abs. 2 Nr. 1,
  5. staatlich anerkanntem Sozialarbeiter oder staatlich anerkanntem Sozialpädagogen oder
  6. Angehörigen eines Unternehmens der privaten Kranken-, Unfall- oder Lebensversicherung oder einer privatärztlichen Verrechnungsstelle
anvertraut worden oder sonst bekanntgeworden ist, wird mit Freiheitsstrafe bis zu einem Jahr oder mit Geldstrafe bestraft.

(2) Ebenso wird bestraft, wer unbefugt ein fremdes Geheimnis, namentlich ein zum persönlichen Lebensbereich gehörendes Geheimnis oder ein Betriebs- oder Geschäftsgeheimnis, offenbart, das ihm als

1. Amtsträger,
2. für den öffentlichen Dienst besonders Verpflichteten,
3. Person, die Aufgaben oder Befugnisse nach dem Personalvertretungsrecht wahrnimmt,
4. Mitglied eines für ein Gesetzgebungsorgan des Bundes oder eines Landes tätigen Untersuchungsausschusses, sonstigen Ausschusses oder Rates, das nicht selbst Mitglied des Gesetzgebungsorgans ist, oder als Hilfskraft eines solchen Ausschusses oder Rates oder
5. öffentlich bestelltem Sachverständigen, der auf die gewissenhafte Erfüllung seiner Obliegenheiten auf Grund eines Gesetzes förmlich verpflichtet worden ist,

anvertraut worden oder sonst bekanntgeworden ist. Einem Geheimnis im Sinne des Satzes 1 stehen Einzelangaben über persönliche oder sachliche Verhältnisse eines anderen gleich, die für Aufgaben der öffentlichen Verwaltung erfaßt worden sind; Satz 1 ist jedoch nicht anzuwenden, soweit solche Einzelangaben anderen Behörden oder sonstigen Stellen für Aufgaben der öffentlichen Verwaltung bekanntgegeben werden und das Gesetz dies nicht untersagt.

(3) Den in Absatz 1 Genannten stehen ihre berufsmäßig tätigen Gehilfen und die Personen gleich, die bei ihnen zur Vorbereitung auf den Beruf tätig sind. Den in Absatz 1 und den in Satz 1 Genannten steht nach dem Tode des zur Wahrung des Geheimnisses Verpflichteten ferner gleich, wer das Geheimnis von dem Verstorbenen oder aus dessen Nachlaß erlangt hat.

(4) Die Absätze 1 bis 3 sind auch anzuwenden, wenn der Täter das fremde Geheimnis nach dem Tode des Betroffenen unbefugt offenbart.

(5) Handelt der Täter gegen Entgelt oder in der Absicht, sich oder einen anderen zu bereichern oder einen anderen zu schädigen, so ist die Strafe Freiheitsstrafe bis zu zwei Jahren oder Geldstrafe.

§ 204 Verwertung fremder Geheimnisse

(1) Wer unbefugt ein fremdes Geheimnis, namentlich ein Betriebs- oder Geschäftsgeheimnis, zu dessen Geheimhaltung er nach § 203 verpflichtet ist, verwertet, wird mit Freiheitsstrafe bis zu zwei Jahren oder mit Geldstrafe bestraft.

(2) § 203 Abs. 4 gilt entsprechend.

18. Strafprozeßordnung

§ 52 [Zeugnisverweigerungsrecht aus persönlichen Gründen]

(1) Zur Verweigerung des Zeugnisses sind berechtigt
1. der Verlobte des Beschuldigten;
2. der Ehegatte des Beschuldigten, auch wenn die Ehe nicht mehr besteht;
3. wer mit dem Beschuldigten in gerader Linie verwandt oder verschwägert, in der Seitenlinie bis zum dritten Grad verwandt oder bis zum zweiten Grad verschwägert ist oder war.

(2) Haben Minderjährige oder wegen Geisteskrankheit oder Geistesschwäche entmündigte Personen wegen mangelnder Verstandesreife oder wegen Verstandesschwäche von der Bedeutung des Zeugnisverweigerungsrechts keine genügende Vorstellung, so dürfen sie nur vernommen werden, wenn sie zur Aussage bereit sind und auch ihr gesetzlicher Vertreter der Vernehmung zustimmt. Ist der gesetzliche Vertreter selbst Beschuldigter, so kann er über die Ausübung des Zeugnisverweigerungsrechts nicht entscheiden; das gleiche gilt für den nicht beschuldigten Elternteil, wenn die gesetzliche Vertretung beiden Eltern zusteht.

(3) Die zur Verweigerung des Zeugnisses berechtigten Personen, in den Fällen des Absatzes 2 auch deren zur Entscheidung über die Ausübung des Zeugnisverweigerungsrechts befugte Vertreter, sind vor jeder Vernehmung über ihr Recht zu belehren. Sie können den Verzicht auf dieses Recht auch während der Vernehmung widerrufen.

§ 53 [Zeugnisverweigerungsrecht aus beruflichen Gründen]

(1) Zur Verweigerung des Zeugnisses sind ferner berechtigt
1. Geistliche über das, was ihnen in ihrer Eigenschaft als Seelsorger anvertraut worden oder bekanntgeworden ist;
2. Verteidiger des Beschuldigten über das, was ihnen in dieser Eigenschaft anvertraut worden oder bekanntgeworden ist;
3. Rechtsanwälte, Patentanwälte, Notare, Wirtschaftsprüfer, vereidigte Buchprüfer, Steuerberater und Steuerbevollmächtigte, Ärzte, Zahnärzte, Apotheker und Hebammen über das, was ihnen in dieser Eigenschaft anvertraut worden oder bekanntgeworden ist;

3 a. Mitglieder oder Beauftragte einer anerkannten Beratungsstelle nach § 218 b Abs. 2 Nr. 1 des Strafgesetzbuches über das, was ihnen in dieser Eigenschaft anvertraut worden oder bekanntgeworden ist;

4. Mitglieder des Bundestages, eines Landtages oder einer zweiten Kammer über Personen, die ihnen in ihrer Eigenschaft als Mitglieder dieser Organe oder denen sie in dieser Eigenschaft Tatsachen anvertraut haben sowie über diese Tatsachen selbst;

5. Personen, die bei der Vorbereitung, Herstellung oder Verbreitung von periodischen Druckwerken oder Fundfunksendungen berufsmäßig mitwirken oder mitgewirkt haben, über die Person des Verfassers, Einsenders oder Gewährsmanns von Beiträgen und Unterlagen sowie über die ihnen im Hinblick auf ihre Tätigkeit gemachten Mitteilungen, soweit es sich um Beiträge, Unterlagen und Mitteilungen für den redaktionellen Teil handelt.

6. (aufgehoben)

(2) Die in Absatz 1 Nr. 2 bis 3 a Genannten dürfen das Zeugnis nicht verweigern, wenn sie von der Verpflichtung zur Verschwiegenheit entbunden sind.

§ 53 a [Zeugnisverweigerungsrecht der Berufshelfer]

(1) Den in § 53 Abs. 1 Nr. 1 bis 4 Genannten stehen ihre Gehilfen und die Personen gleich, die zur Vorbereitung auf den Beruf an der berufsmäßigen Tätigkeit teilnehmen. Über die Ausübung des Rechtes dieser Hilfspersonen, das Zeugnis zu verweigern, entscheiden die in § 53 Abs. 1 Nr. 1 bis 4 Genannten, es sei denn, daß diese Entscheidung in absehbarer Zeit nicht herbeigeführt werden kann.

(2) Die Entbindung von der Verpflichtung zur Verschwiegenheit (§ 53 Abs. 2) gilt auch für die Hilfspersonen.

§ 54 [Aussagegenehmigung für Richter und Beamte]

(1) Für die Vernehmung von Richtern, Beamten und anderen Personen des öffentlichen Dienstes als Zeugen über Umstände, auf die sich ihre Pflicht zur Amtsverschwiegenheit bezieht, und für die Genehmigung zur Aussage gelten die besonderen beamtenrechtlichen Vorschriften.

(2) Für die Mitglieder der Bundes- oder einer Landesregierung gelten die für sie maßgebenden besonderen Vorschriften.

(3) Der Bundespräsident kann das Zeugnis verweigern, wenn die Ablegung des Zeugnisses dem Wohl des Bundes oder eines deutschen Landes Nachteile bereiten würde.

(4) Diese Vorschriften gelten auch, wenn die vorgenannten Personen nicht mehr im öffentlichen Dienst sind, soweit es sich um Tatsachen handelt, die sich

während ihrer Dienstzeit ereignet haben oder ihnen während ihrer Dienstzeit zur Kenntnis gelangt sind.

§ 55 [Auskunftsverweigerungsrecht]

(1) Jeder Zeuge kann die Auskunft auf solche Fragen verweigern, deren Beantwortung ihm selbst oder einem der in § 52 Abs. 1 bezeichneten Angehörigen die Gefahr zuziehen würde, wegen einer Straftat oder einer Ordnungswidrigkeit verfolgt zu werden.

(2) Der Zeuge ist über sein Recht zur Verweigerung der Auskunft zu belehren.

§ 56 [Glaubhaftmachung des Verweigerungsgrundes]

Die Tatsache, auf die der Zeuge die Verweigerung des Zeugnisses in den Fällen der §§ 52, 53 und 55 stützt, ist auf Verlangen glaubhaft zu machen. Es genügt die eidliche Versicherung des Zeugen.

§ 81 b [Lichtbilder und Fingerabdrücke]

Soweit es für die Zwecke der Durchführung des Strafverfahrens oder für die Zwecke des Erkennungsdienstes notwendig ist, dürfen Lichtbilder und Fingerabdrücke des Beschuldigten auch gegen seinen Willen aufgenommen und Messungen und ähnliche Maßnahmen an ihm vorgenommen werden.

§ 100 a [Überwachung des Fernmeldeverkehrs]

Die Überwachung und Aufnahme des Fernmeldeverkehrs auf Tonträger darf angeordnet werden, wenn bestimmte Tatsachen den Verdacht begründen, daß jemand als Täter oder Teilnehmer

1. a) Straftaten des Friedensverrats, des Hochverrats und der Gefährdung des demokratischen Rechtsstaates oder des Landesverrats und der Gefährdung der äußeren Sicherheit (§§ 80 bis 82, 86, 87 bis 89, 94 bis 100 a des Strafgesetzbuches, § 20 Abs. 1 Nr. 4 des Vereinsgesetzes),
   b) Straftaten gegen die Landesverteidigung (§§ 109 d bis 109 h des Strafgesetzbuches),
   c) Straftaten gegen die öffentliche Ordnung (§§ 129 bis 130 des Strafgesetzbuches, § 47 Abs. 1 Nr. 1 des Ausländergesetzes),
   d) ohne Soldat zu sein, Anstiftung oder Beihilfe zur Fahnenflucht oder Anstiftung zum Ungehorsam (§ 16, 19 in Verbindung mit § 1 Abs. 3 des Wehrstrafgesetzes),

e) Straftaten gegen die Sicherheit der in der Bundesrepublik Deutschland stationierten Truppen der nichtdeutschen Vertragsstaaten des Nordatlantikvertrages oder der im Land Berlin anwesenden Truppen einer der Drei Mächte (§§ 89, 94 bis 97, 98 bis 100, 109 d bis 109 g des Strafgesetzbuches, §§ §*, 19 des Wehrstrafgesetzes in Verbindung mit Artikel 7 des Vierten Strafrechtänderungsgesetzes),

2. eine Geld- oder Wertpapierfälschung (§§ 146, 151, 152 des Strafgesetzbuches),

einen Menschenhandel nach § 181 Nr. 2 des Strafgesetzbuches,

einen Mord, einen Totschlag oder einen Völkermord (§§ 211, 212, 220 a des Strafgesetzbuches),

eine Straftat gegen die persönliche Freiheit (§§ 234, 234 a, 239 a, 239 b des Strafgesetzbuches),

einen Raub oder eine räuberische Erpressung (§§ 249 bis 251, 255 des Strafgesetzbuches),

eine Erpressung (§ 253 des Strafgesetzbuches),

eine gemeingefährliche Straftat in den Fällen der §§ 306 bis 308, 310 b Abs. 1 bis 3, des § 311 Abs. 1 bis 3, § 311 a Abs. 1 bis 3, der §§ 311 b, 312, 313, 315 Abs. 3, des § 315 b Abs. 3, der §§ 316 a, 316 c oder 324 des Strafgesetzbuches,

3. eine Straftat nach § 52 a Abs. 1 bis 3, § 53 Abs. 1 Satz 1 Nr. 1, 2, Satz 2 des Waffengesetzes oder nach § 16 Abs. 1 des Gesetzes über die Kontrolle von Kriegswaffen oder

4. gewerbsmäßig oder als Mitglied einer Bande eine Straftat nach § 11 Abs. 1 Nr. 1 bis 3 oder 6 bis 8 des Betäubungsmittelgesetzes

begangen oder in Fällen, in denen der Versuch strafbar ist, zu begehen versucht oder durch eine Straftat vorbereitet hat, und wenn die Erforschung des Sachverhalts oder die Ermittlung des Aufenthaltsortes des Beschuldigten auf andere Weise aussichtslos oder wesentlich erschwert wäre. Die Anordnung darf sich nur gegen den Beschuldigten oder gegen Personen richten, von denen auf Grund bestimmter Tatsachen anzunehmen ist, daß sie für den Beschuldigten bestimmte oder von ihm herrührende Mitteilungen entgegennehmen oder weitergeben oder daß der Beschuldigte ihren Anschluß benutzt.

§ 100 b [Zuständigkeit für Anordnung der Überwachung des Fernmeldeverkehrs]

(1) Die Überwachung und Aufnahme des Fernmeldeverkehrs auf Tonträger (§ 100 a) darf nur durch den Richter angeordnet werden. Bei Gefahr im Verzuge kann die Anordnung auch von der Staatsanwaltschaft getroffen werden. Die Anordnung der Staatsanwaltschaft tritt außer Kraft, wenn sie nicht binnen drei Tagen von dem Richter bestätigt wird.

(2) Die Anordnung ergeht schriftlich. Sie muß Namen und Anschrift des Betroffenen enthalten, gegen den sie sich richtet. In ihr sind Art, Umfang und Dauer der Maßnahmen zu bestimmen. Die Anordnung ist auf höchstens drei Monate zu befristen. Eine Verlängerung um jeweils nicht mehr als drei weitere Monate ist zulässig, soweit die in § 100 a bezeichneten Voraussetzungen fortbestehen.

(3) Auf Grund der Anordnung hat die Deutsche Bundespost dem Richter, der Staatsanwaltschaft und ihrem im Polizeidienst tätigen Hilfsbeamten (§ 152 des Gerichtsverfassungsgesetzes) das Abhören des Fernsprechverkehrs und das Mitlesen des Fernschreibverkehrs zu ermöglichen.

(4) Liegen die Voraussetzungen des § 100 a nicht mehr vor, so sind die sich aus der Anordnung ergebenden Maßnahmen unverzüglich zu beenden. Die Beendigung ist dem Richter und der Deutschen Bundespost mitzuteilen.

(5) Sind die durch die Maßnahmen erlangten Unterlagen zur Strafverfolgung nicht mehr erforderlich, so sind sie unter Aufsicht der Staatsanwaltschaft zu vernichten. Über die Vernichtung ist eine Niederschrift anzufertigen.

§ 101 [Benachrichtigung]

(1) Von den getroffenen Maßregeln (§§ 99, 100, 100 a, 100 b) sind die Beteiligten zu benachrichtigen, sobald dies ohne Gefährdung des Untersuchungszwecks geschehen kann.

(2) Sendungen, deren Öffnung nicht angeordnet worden ist, sind dem Beteiligten sofort auszuhändigen. Dasselbe gilt, soweit nach der Öffnung die Zurückbehaltung nicht erforderlich ist.

(3) Der Teil eines zurückbehaltenen Briefes, dessen Vorenthaltung nicht durch die Rücksicht auf die Untersuchung geboten erscheint, ist dem Empfangsberechtigten abschriftlich mitzuteilen.

§ 147 [Akteneinsicht des Verteidigers]

(1) Der Verteidiger ist befugt, die Akten, die dem Gericht vorliegen oder diesem im Falle der Erhebung der Anklage vorzulegen wären, einzusehen sowie amtlich verwahrte Beweisstücke zu besichtigen.

(2) Ist der Abschluß der Ermittlungen noch nicht in den Akten vermerkt, so kann dem Verteidiger die Einsicht in die Akten oder einzelne Aktenstücke sowie die Besichtigung der amtlich verwahrten Beweisstücke versagt werden, wenn sie den Untersuchungszweck gefährden kann.

(3) Die Einsicht in die Niederschriften über die Vernehmung des Beschuldigten und über solche richterlichen Untersuchungshandlungen, bei denen dem Verteidiger die Anwesenheit gestattet worden ist oder hätte gestattet werden müssen,

sowie in die Gutachten von Sachverständigen darf dem Verteidiger in keiner Lage des Verfahrens versagt werden.

(4) Auf Antrag sollen dem Verteidiger, soweit nicht wichtige Gründe entgegenstehen, die Akten mit Ausnahme der Beweisstücke zur Einsichtnahme in seine Geschäftsräume oder in seine Wohnung mitgegeben werden. Die Entscheidung ist nicht anfechtbar.

(5) Über die Gewährung der Akteneinsicht entscheidet während des vorbereitenden Verfahrens die Staatsanwaltschaft, im übrigen der Vorsitzende des mit der Sache befaßten Gerichts.

(6) Ist der Grund für die Versagung der Akteneinsicht nicht vorher entfallen, so hebt die Staatsanwaltschaft die Anordnung spätestens mit dem Abschluß der Ermittlungen auf. Dem Verteidiger ist Mitteilung zu machen, sobald das Recht zur Akteneinsicht wieder uneingeschränkt besteht.

§ 148 [Verkehr mit dem Beschuldigten]

(1) Dem Beschuldigten ist, auch wenn er sich nicht auf freiem Fuß befindet, schriftlicher und mündlicher Verkehr mit dem Verteidiger gestattet.

(2) Befindet sich der Beschuldigte nicht auf freiem Fuß und ist Gegenstand der Untersuchung eine Straftat nach § 129 a des Strafgesetzbuches, so sind Schriftstücke und andere Gegenstände zurückzuweisen, sofern sich der Absender nicht damit einverstanden erklärt, daß sie zunächst einem Richter vorgelegt werden. Das gleiche gilt unter den Voraussetzungen des Satzes 1 für den schriftlichen Verkehr zwischen dem Beschuldigten und einem Verteidiger in einem anderen gesetzlich geordneten Verfahren. Ist der schriftliche Verkehr nach Satz 1 oder 2 zu überwachen, so sind für das Gespräch zwischen dem Beschuldigten und dem Verteidiger Vorrichtungen vorzusehen, die die Übergabe von Schriftstücken und anderen Gegenständen ausschließen.

§ 148 a [Durchführung von Überwachungsmaßnahmen]

(1) Für die Durchführung von Überwachungsmaßnahmen nach § 148 Abs. 2 ist der Richter bei dem Amtsgericht zuständig, in dessen Bezirk die Vollzugsanstalt liegt. Ist eine Anzeige nach § 138 des Strafgesetzbuches zu erstatten, so sind Schriftstücke oder andere Gegenstände, aus denen sich die Verpflichtung zur Anzeige ergibt, vorläufig in Verwahrung zu nehmen; die Vorschriften über die Beschlagnahme bleiben unberührt.

(2) Der Richter, der mit Überwachungsmaßnahmen betraut ist, darf mit dem Gegenstand der Untersuchung weder befaßt sein noch befaßt werden. Der Richter hat über Kenntnisse, die er bei der Überwachung erlangt, Verschwiegenheit zu bewahren; § 138 des Strafgesetzbuches bleibt unberührt.

§ 160 [Ermittlungsverfahren]

(1) Sobald die Staatsanwaltschaft durch eine Anzeige oder auf anderem Wege von dem Verdacht einer Straftat Kenntnis erhält, hat sie zu ihrer Entschließung darüber, ob die öffentliche Klage zu erheben ist, den Sachverhalt zu erforschen.

(2) Die Staatsanwaltschaft hat nicht nur die zur Belastung, sondern auch die zur Entlastung dienenden Umstände zu ermitteln und für die Erhebung der Beweise Sorge zu tragen, deren Verlust zu besorgen ist.

(3) Die Ermittlungen der Staatsanwaltschaft sollen sich auch auf die Umstände erstrecken, die für die Bestimmung der Rechtsfolgen der Tat von Bedeutung sind. Dazu kann sie sich der Gerichtshilfe bedienen.

§ 161 [Ermittlungen]

Zu dem im vorstehenden Paragraphen bezeichneten Zweck kann die Staatsanwaltschaft von allen öffentlichen Behörden Auskunft erlangen und Ermittlungen jeder Art entweder selbst vornehmen oder durch die Behörden und Beamten des Polizeidienstes vornehmen lassen. Die Behörden und Beamten des Polizeidienstes sind verpflichtet, dem Ersuchen oder Auftrag der Staatsanwaltschaft zu genügen.

§ 163 [Aufgaben der Polizei]

(1) Die Behörden und Beamten des Polizeidienstes haben Straftaten zu erforschen und alle keinen Aufschub gestattenden Anordnungen zu treffen, um die Verdunkelung der Sache zu verhüten.

(2) Die Behörden und Beamten des Polizeidienstes übersenden ihre Verhandlungen ohne Verzug der Staatsanwaltschaft. Erscheint die schleunige Vornahme richterlicher Untersuchungshandlungen erforderlich, so kann die Übersendung unmittelbar an das Amtsgericht erfolgen.

§ 163 b [Feststellung der Identität]

(1) Ist jemand einer Straftat verdächtig, so können die Staatsanwaltschaft und die Beamten des Polizeidienstes die zur Feststellung seiner Identität erforderlichen Maßnahmen treffen; § 163 a Abs. 4 Satz 1 gilt entsprechend. Der Verdächtige darf festgehalten werden, wenn die Identität sonst nicht oder nur unter erheblichen Schwierigkeiten festgestellt werden kann. Unter den Voraussetzungen von Satz 2 sind auch die Durchsuchung der Person des Verdächtigen und der von ihm mitgeführten Sachen sowie die Durchführung erkennungsdienstlicher Maßnahmen zulässig.

192

(2) Wenn und soweit dies zur Aufklärung einer Straftat geboten ist, kann auch die Identität einer Person festgestellt werden, die einer Straftat nicht verdächtig ist; § 69 Abs. 1 Satz 2 gilt entsprechend. Maßnahmen der in Absatz 1 Satz 2 bezeichneten Art dürfen nicht getroffen werden, wenn sie zur Bedeutung der Sache außer Verhältnis stehen; Maßnahmen der in Absatz 1 Satz 3 bezeichneten Art dürfen nicht gegen den Willen der betroffenen Person getroffen werden.

§ 163 c [Freiheitsentziehung zur Feststellung der Identität]

(1) Eine von einer Maßnahme nach § 163 b betroffene Person darf in keinem Fall länger als zur Feststellung ihrer Identität unerläßlich festgehalten werden. Die festgehaltene Person ist unverzüglich dem Richter bei dem Amtsgericht, in dessen Bezirk sie ergriffen worden ist, zum Zwecke der Entscheidung über Zulässigkeit und Fortdauer der Freiheitsentziehung vorzuführen, es sei denn, daß die Herbeiführung der richterlichen Entscheidung voraussichtlich längere Zeit in Anspruch nehmen würde, als zur Feststellung der Identität notwendig wäre.

(2) Die festgehaltene Person hat ein Recht darauf, daß ein Angehöriger oder eine Person ihres Vertrauens unverzüglich benachrichtigt wird. Ihr ist Gelegenheit zu geben, einen Angehörigen oder eine Person ihres Vertrauens zu benachrichtigen, es sei denn, daß sie einer Straftat verdächtig ist und der Zweck der Untersuchung durch die Benachrichtigung gefährdet würde.

(3) Eine Freiheitsentziehung zum Zwecke der Feststellung der Identität darf die Dauer von insgesamt zwölf Stunden nicht überschreiten.

(4) Ist die Identität festgestellt, so sind in den Fällen des § 163 b Abs. 2 die im Zusammenhang mit der Feststellung angefallenen Unterlagen zu vernichten.

§ 168 c [Anwesenheit bei richterlichen Vernehmungen]

(1) Bei der richterlichen Vernehmung des Beschuldigten ist der Staatsanwalt und dem Verteidiger die Anwesenheit gestattet.

(2) Bei der richterlichen Vernehmung eines Zeugen oder Sachverständigen ist der Staatsanwaltschaft, dem Beschuldigten und dem Verteidiger die Anwesenheit gestattet.

(3) Der Richter kann einen Beschuldigten von der Anwesenheit bei der Verhandlung ausschließen, wenn dessen Anwesenheit den Untersuchungszweck gefährden würde. Dies gilt namentlich dann, wenn zu befürchten ist, daß ein Zeuge in Gegenwart des Beschuldigten nicht die Wahrheit sagen werde.

(4) Hat ein nicht in Freiheit befindlicher Beschuldigter einen Verteidiger, so steht ihm ein Anspruch auf Anwesenheit nur bei solchen Terminen zu, die an der Gerichtsstelle des Ortes abgehalten werden, wo er in Haft ist.

(5) Von den Terminen sind die zur Anwesenheit Berechtigten vorher zu benachrichtigen. Die Benachrichtigung unterbleibt, wenn sie den Untersuchungserfolg gefährden würde. Auf die Verlegung eines Termins wegen Verhinderung haben die zur Anwesenheit Berechtigten keinen Anspruch.

19. Gesetz über den Vollzug der Freiheitsstrafe und der freiheitsentziehenden Maßregeln der Besserung und Sicherung – Strafvollzugsgesetz (StVollzG)

V. 16. März 1976 (BGBl. I S. 581.)

§ 36 [Beendigung, Wiederholung]

Die Feststellung nach § 31 ist zurückzunehmen, sobald ihre Voraussetzungen nicht mehr vorliegen. Sie verliert spätestens nach Ablauf von dreißig Tagen ihre Wirkung; die Frist beginnt mit Ablauf des Tages, unter dem die Feststellung ergeht. Eine Feststellung, die bestätigt worden ist, kann mit ihrem Ablauf erneut getroffen werden, wenn die Voraussetzungen noch vorliegen; für die erneute Feststellung gilt § 35. War eine Feststellung nicht bestätigt, so kann eine erneute Feststellung nur getroffen werden, wenn neue Tatsachen es erfordern. § 34 Abs. 3 Nr. 6 Satz 2 ist bei erneuten Feststellungen nicht mehr anwendbar.

§ 37 [Anfechtung von Einzelmaßnahmen]

(1) Über die Rechtmäßigkeit einzelner Maßnahmen nach § 33 entscheidet auf Antrag ein Strafsenat des Oberlandesgerichts, in dessen Bezirk die Landesregierung ihren Sitz hat.

(2) Stellt ein Gefangener einen Antrag nach Absatz 1, so ist der Antrag von einem Richter bei dem Amtsgericht aufzunehmen, in dessen Bezirk der Gefangene verwahrt wird.

(3) Bei der Anhörung werden Tatsachen und Umstände soweit und solange nicht mitgeteilt, als die Mitteilung den Zweck der Unterbrechung gefährden würde. § 33a der Strafprozeßordnung gilt entsprechend.

(4) Die Vorschriften des § 23 Abs. 2, des § 24 Abs. 1, des § 25 Abs. 2 und der §§ 26 bis 30 gelten entsprechend.

§ 38 [Kontaktsperre bei Maßregel der Besserung und Sicherung oder einstweiliger Unterbringung]

Die Vorschriften der §§ 31 bis 37 gelten entsprechend, wenn eine Maßregel der Besserung und Sicherung vollzogen wird oder wenn ein Unterbringungsbefehl nach § 126a der Strafprozeßordnung besteht.

§ 86 Erkennungsdienstliche Maßnahmen

(1) Zur Sicherung des Vollzuges sind als erkennungsdienstliche Maßnahmen zulässig
1. die Abnahme von Finger- und Handflächenabdrücken,
2. die Aufnahme von Lichtbildern,
3. die Feststellung äußerlicher körperlicher Merkmale,
4. Messungen.

(2) Die gewonnenen erkennungsdienstlichen Unterlagen werden zu den Gefangenenpersonalakten genommen. *Sie können auch in kriminalpolizeilichen* Sammlungen verwahrt werden.

(3) Personen, die auf Grund des Absatzes 1 erkennungsdienstlich behandelt worden sind, können nach der Entlassung aus dem Vollzug verlangen, daß die gewonnenen erkennungsdienstlichen Unterlagen vernichtet werden, sobald die Vollstreckung der richterlichen Entscheidung, die dem Vollzug zugrunde gelegen hat, abgeschlossen ist. Sie sind über dieses Recht spätestens bei der Entlassung zu belehren.

§ 168 Unterbringung, Besuche und Schriftverkehr

(2) Dem Gefangenen soll gestattet werden, einmal wöchentlich Besuch zu empfangen.

(3) Besuche und Schriftwechsel dürfen nur untersagt oder überwacht werden, wenn dies aus Gründen der Sicherheit oder Ordnung der Anstalt notwendig ist.

20. Straßenverkehrsgesetz

Vom 19. Dezember 1952 (BGBl. I S. 837)

IV. Verkehrszentralregister

§ 28 [Eintragungen in das Verkehrszentralregister]

Der Bundesminister für Verkehr erläßt mit Zustimmung des Bundesrates Rechtsvorschriften und allgemeine Verwaltungsvorschriften über die Erfassung von

1. rechtskräftigen Entscheidungen der Strafgerichte, soweit sie wegen einer in Zusammenhang mit der Teilnahme am Straßenverkehr begangenen rechtswidrigen Tat auf Strafe oder andere Maßnahmen erkennen oder einen Schuldspruch enthalten,
1a. Entscheidungen der Strafgerichte oder der Staatsanwaltschaft nach § 153a der Strafprozeßordnung wegen einer in Nummer 1 bezeichneten Tat,
2. Entscheidungen der Strafgerichte, welche die vorläufige Entziehung der Fahrerlaubnis anordnen,
3. rechtskräftigen Entscheidungen wegen einer Ordnungswidrigkeit nach den §§ 24 und 24a dieses Gesetzes, nach § 10 des Gesetzes über die Beförderung gefährlicher Güter, soweit die Ordnungswidrigkeit im Zusammenhang mit der Beförderung gefährlicher Güter auf der Straße begangen wurde, § 36 des Fahrlehrergesetzes, § 20 des Kraftfahrsachverständigengesetzes oder nach § 5 des Gesetzes über das Fahrpersonal im Straßenverkehr, wenn gegen den Betroffenen ein Fahrverbot nach § 25 angeordnet oder eine Geldbuße von mehr als vierzig Deutsche Mark festgesetzt ist,
4. Verboten, ein Fahrzeug zu führen, und von Versagungen einer Fahrerlaubnis oder Fahrlehrerlaubnis,
5. unanfechtbaren oder vorläufig wirksamen Entziehungen einer Fahrerlaubnis oder Fahrlehrerlaubnis durch Verwaltungsbehörden,
6. Verzichten auf die Fahrerlaubnis oder Fahrlehrerlaubnis während eines Entziehungsverfahrens,
7. *(aufgehoben)*

§ 29 [Tilgung der Eintragungen]

(1) Eintragungen in das Verkehrszentralregister sind nach Ablauf bestimmter Fristen zu tilgen, die der Bundesminister für Verkehr mit Zustimmung des Bundesrates durch Rechtsverordnung festsetzt. Bei Ordnungswidrigkeiten darf die Tilgungsfrist nicht mehr als zwei Jahre betragen, wenn keine weiteren Eintragungen über den Betroffenen in dem Verkehrszentralregister enthalten sind.

(2) Die Tilgung nach Absatz 1 unterbleibt, solange die Erteilung einer neuen Fahrerlaubnis untersagt ist.

§ 30 [Auskunft aus dem Verkehrszentralregister]

(1) Die Eintragungen im Verkehrszentralregister dürfen nur
1. für Zwecke der Strafverfolgung oder der Verfolgung wegen einer Ordnungswidrigkeit nach diesem Gesetz, dem Gesetz über die Beförderung gefährlicher Güter, dem Fahrlehrergesetz, dem Kraftfahrsachverständigengesetz oder nach dem Gesetz über das Fahrpersonal im Straßenverkehr,
2. für Verwaltungsmaßnahmen auf Grund dieses Gesetzes, des Fahrlehrergesetzes, des Gesetzes über die Beförderung gefährlicher Güter, des Kraftfahrsachverständigengesetzes, des Personenbeförderungsgesetzes, des Güterkraftverkehrsgesetzes, des Gesetzes über das Fahrpersonal im Straßenverkehr oder der auf Grund dieser Gesetze erlassenen Rechtsvorschriften und
3. für die Vorbereitung von Rechts- und allgemeinen Verwaltungsvorschriften auf dem Gebiet des Straßenverkehrs
verwertet werden.

(2) Auskunftsberechtigt sind die Stellen, denen die in Absatz 1 genannten Aufgaben obliegen. Die Auskünfte sind so zu erteilen, daß die anfragende Stelle die Akten über die den Eintragungen zugrunde liegenden Entscheidungen beiziehen kann.

21. Straßenverkehrs-Zulassungs-Ordnung (StVZO)

I.d.F. v. 15. November 1974 (BGBl. I S. 3193)

§ 13 Verkehrszentralregister

(1) Das Kraftfahrt-Bundesamt erfaßt in einem Register (Verkehrszentralregister) 1. folgende Entscheidungen der Verwaltungsbehörden:

a) rechtskräftige Entscheidungen wegen einer Ordnungswidrigkeit nach § 24 oder § 24a des Straßenverkehrsgesetzes, nach § 36 Abs. 1 des Fahrlehrergesetzes oder nach § 20 Abs. 1 des Kraftfahrsachverständigengesetzes, wenn gegen den Betroffenen eine Geldbuße von mehr als 40 Deutsche Mark festgesetzt worden ist;

b) rechtskräftige Entscheidungen wegen einer Ordnungswidrigkeit nach § 24 oder § 24a des Straßenverkehrsgesetzes, wenn gegen den Betroffenen ein Fahrverbot nach § 25 des Straßenverkehrsgesetzes angeordnet worden ist;

c) die unanfechtbare oder vorläufig wirksame Entziehung einer Fahrerlaubnis nach § 4 des Straßenverkehrsgesetzes;

d) die unanfechtbare oder vorläufig wirksame Rücknahme und den unanfechtbaren oder vorläufig wirksamen Widerruf einer Fahrlehrerlaubnis nach § 8 des Fahrlehrergesetzes;

e) die unanfechtbare Versagung einer Fahrerlaubnis nach § 2 Abs. 1 Satz 2 des Straßenverkehrsgesetzes;

f) die unanfechtbare Versagung einer Fahrlehrerlaubnis;

g) die unanfechtbare Ablehnung eines Antrags auf Verlängerung der Geltungsdauer einer Fahrerlaubnis zur Fahrgastbeförderung nach § 15 f Abs. 2;

h) unanfechtbare Verbote, ein Fahrzeug zu führen, nach § 3;

i) die unanfechtbare Aberkennung des Rechts, von einem ausländischen Fahrausweis Gebrauch zu machen, nach § 11 Abs. 2 der Verordnung über internationalen Kraftfahrzeugverkehr;

k) die unanfechtbare Versagung und Rücknahme von Genehmigungen und Erlaubnissen nach § 10 Abs. 1, den §§ 78, 81 und 88, nach § 91 Abs. 1 und § 96 des Güterkraftverkehrsgesetzes;

l) die unanfechtbare Versagung von Genehmigungen nach § 15 in Verbindung mit § 13 Abs. 1 des Personenbeförderungsgesetzes und die unanfechtbare

Rücknahme von Genehmigungen nach § 25 des Personenbeförderungsgesetzes;

m) die Erteilung der Fahrerlaubnis nach vorangegangener Versagung oder Entziehung;

n) die Erteilung der Fahrerlaubnis nach vorangegangener Versagung oder Rücknahme oder nach vorangegangenem Widerruf;

o) die Erlaubnis, von einem ausländischen Fahrausweis wieder Gebrauch zu machen, nachdem die Aberkennung nach § 11 Abs. 2 der Verordnung über internationalen Kraftfahrzeugverkehr ausgesprochen war,

2. folgende Entscheidungen der Gerichte:

a) rechtskräftige Entscheidungen wegen einer Ordnungswidrigkeit nach § 24 oder § 24a des Stra«enverkehrsgesetzes, nach § 36 Abs. 1 des Fahrlehrergesetzes oder nach § 20 Abs. 1 des Kraftfahrsachverständigengesetzes, wenn gegen den Betroffenen eine Geldbuße von mehr als 40 Deutsche Mark festgesetzt worden ist;

b) rechtskräftige Entscheidungen wegen einer Ordnungswidrigkeit nach § 24 oder § 24a des Straßenverkehrsgesetzes, wenn gegen den Betroffenen ein Fahrverbot nach § 25 des Straßenverkehrsgesetzes angeordnet worden ist;

c) rechtskräftige Verurteilungen wegen Straftaten nach den §§ 21 und 22 des Straßenverkehrsgesetzes, § 6 des Pflichtversicherungsgesetzes und § 9 des Gesetzes über die Haftpflichtversicherung für ausländische Kraftfahrzeuge und Kraftfahrzeuganhänger sowie strafgerichtliche Entscheidungen, durch die in diesen Fällen von Strafe abgesehen worden ist;

d) rechtskräftige Verurteilungen wegen anderer Straftaten, wenn sie im Zusammenhang mit der Teilnahme am Straßenverkehr begangen worden sind, sowie strafgerichtliche Entscheidungen, durch die in diesen Fällen von Strafe abgesehen worden ist;

e) rechtskräftige Verurteilungen, bei denen auf ein Fahrverbot nach § 44 des Strafgesetzbuches erkannt worden ist;

f) rechtskräftige Entscheidungen, bei denen das Recht, von einem ausländischen Fahrausweis Gebrauch zu machen, nach § 69b Abs. 1 des Strafgesetzbuches aberkannt worden ist;

g) rechtskräftige Entscheidungen, bei denen die Entziehung der Fahrerlaubnis nach § 69 des Strafgesetzbuches angeordnet worden ist;

h) rechtskräftige Entscheidungen, bei denen eine Sperre nach § 69a Abs. 1 Satz 3 des Strafgesetzbuches angeordnet worden ist;

i) vorläufige Entziehungen der Fahrerlaubnis nach § 111a der Strafprozeßordnung;

k) Beschlüsse über die Beseitigung des Strafmakels nach den §§ 97 und 100 des Jugendgerichtsgesetzes und deren Widerruf;

l) Beschlüsse über die vorzeitige Aufhebung einer Sperre für die Erteilung einer Fahrerlaubnis nadh § 69a Abs. 7 des Strafgesetzbuches;

m) rechtskräftige Beschlüsse, durch welche die Wiederaufnahme eines Verfahrens angeordnet wird, das durch eine im Verkehrszentralregister eingetragene rechtskräftige Bußgeldentscheidung oder durch ein im Verkehrszentralregister eingetragenes rechtskräftiges Urteil abgeschlossen worden ist,

3. die Aufhebung oder Abänderung einer nach den Nummern 1 und 2 eingetragenen Entscheidung im Gnadenwege,

3a. Entscheidungen der Gerichte oder der Staatsanwaltschaft nach § 153a der Strafprozeßordnung wegen einer im Zusammenhang mit der Teilnahme am Straßenverkehr begangenen Tat, jedoch ohne Angabe der festgesetzten Auflagen und Weisungen,

4. Verzichte auf die Fahrerlaubnis während eines Entziehungsverfahrens und Verzichte auf die Fahrlehrerlaubnis während eines Rücknahme- oder Widerruferfahrens.

(2) Es werden nicht erfaßt

1. abweichend von Absatz 1 Nr. 1 Buchstabe a und Nr. 2 Buchstabe a Entscheidungen wegen Ordnungswidrigkeiten nach § 69a Abs. 1 Nr. 7 und 8,

2. abweichend von Absatz 1 Nr. 2 Buchstabe d Verurteilungen wegen Straftaten nach § 25 Abs. 4 und 5 der Arbeitszeitordnung und § 15 Abs. 3 und 4 des Gesetzes über die Arbeitszeit in Bäckereien und Konditoreien vom 29. Juni 1936 (Reichsgesetzbl. I S. 521), zuletzt geändert durch Artikel 242 des Einführungsgesetzes zum Strafgesetzbuch vom 2. März 1974 (Bundesgesetzbl. I S. 469).

(3) Enthält eine strafgerichtliche Entscheidung auch eine Verurteilung wegen anderer als der in Absatz 1 Nr. 2 bezeichneten Straftaten und ist die zu erfassende Straftat durch eine Gesamtstrafe (§ 53 des Strafgesetzbuches) geahndet worden, so ist die für diese Straftat eingesetzte Einzelstrafe einzutragen. Ist im Falle des Satzes 1 einheitlich auf Jugendstrafe erkannt worden, so wird nur die Verurteilung wegen einer in Absatz 1 Nr. 2 bezeichneten Straftat, nicht aber die Höhe der Jugendstrafe eingetragen. Sonst sind von Strafen oder gerichtlichen Maßnahmen nur diejenigen einzutragen, auf die wegen der nach Absatz 1 Nr. 2 zu berücksichtigenden Taten erkannt ist.

§ 13a Tilgung der Eintragungen im Verkehrszentralregister

(1) Eintragungen in das Verkehrszentralregister sind nach Ablauf einer bestimmten Frist zu tilgen; dies gilt nicht für eine Entscheidung, mit der die Erteilung einer Fahrerlaubnis für immer untersagt oder das Recht, von einem ausländischen Fahrausweis Gebrauch zu machen, für immer aberkannt worden ist. Die Frist beginnt mit dem Tag des ersten Urteils und bei Strafbefehlen mit dem Tag der Unterzeichnung durch den Richter. Dieser Tag bleibt auch maßgebend, wenn eine Gesamtstrafe oder eine einheitliche Jugendstrafe gebildet oder nach § 30 Abs. 1 des Jugendgerichtsgesetzes auf Jugendstrafe erkannt wird oder eine Entscheidung im Wiederaufnahmeverfahren ergeht, die eine registerpflichtige Verurteilung enthält.

Bei Entscheidungen der Gerichte oder der Staatsanwaltschaft nach § 153a der Strafprozeßordnung beginnt die Frist mit dem Tage der Entscheidung. Bei gerichtlichen oder verwaltungsbehördlichen Bußgeldentscheidungen sowie bei anderen Verwaltungsentscheidungen beginnt die Frist mit dem Tag der Rechtskraft oder Unanfechtbarkeit der beschwerenden Entscheidung.

(2) Die Frist beträgt

1. 2 Jahre
   a) bei Entscheidungen wegen einer Ordnungswidrigkeit,
   b) wenn auf Erziehungsmaßregeln oder Zuchtmittel erkannt worden ist,
   c) wenn eine Jugendstrafe von nicht mehr als einem Jahr nach § 21 Abs. 1 des Jugendgerichtsgesetzes zur Bewährung ausgesetzt oder bei einer solchen Strafe nach § 88 des Jugendgerichtsgesetzes die Vollstreckung des Restes zur Bewährung ausgesetzt worden ist,
   d) bei Entscheidungen der Gerichte oder der Staatsanwaltschaft nach § 153a der Strafprozeßordnung,

2. 5 Jahre
   a) wenn auf Geldstrafe, auf Freiheitsstrafe von nicht mehr als 3 Monaten oder auf Jugendstrafe erkannt worden ist,
   b) wenn von Strafe abgesehen worden ist,
   c) wenn die Untersagung der Erteilung einer Fahrerlaubnis auf Zeit oder ein Fahrverbot nach § 44 des Strafgesetzbuches angeordnet oder das Recht, von einem ausländischen Fahrausweis Gebrauch zu machen, auf Zeit aberkannt worden ist, es sei denn, daß nach der im Zusammenhang hiermit ausgesprochenen Verurteilung eine Tilgungsfrist von 10 Jahren anzusetzen ist,
   d) bei Verboten, ein Fahrzeug zu führen, nach § 3,
   e) bei Versagung oder Entziehung einer Fahrerlaubnis nach § 2 Abs. 1 Satz 2 oder § 4 des Straßenverkehrsgesetzes oder bei Aberkennung des Rechts, von einem ausländischen Fahrausweis Gebrauch zu machen, nach § 11 Abs. 2 der Verordnung über internationalen Kraftfahrzeugverkehr wenn der Betroffene im Zeitpunkt der beschwerenden Entscheidung noch nicht 18 Jahre alt war,

3. 10 Jahre
   in allen übrigen Fällen.

(3) Eintragungen von strafgerichtlichen Entscheidungen mit Ausnahme solcher, in denen von Strafe abgesehen worden ist oder das Gericht das Verfahren nach § 153a Abs. 2 der Strafprozeßordnung eingestellt hat, hindern die Tilgung aller anderen gerichtlichen Entscheidungen, der Entscheidungen der Gerichte oder der Staatsanwaltschaft nach § 153a der Strafprozeßordnung und der verwaltungsbehördlichen Entscheidungen wegen Ordnungswidrigkeiten; Eintragungen von Entscheidungen wegen Ordnungswidrigkeiten hindern die Tilgung von Entscheidungen wegen anderer Ordnungswidrigkeiten.

(4) Ohne Rücksicht auf den Lauf der Fristen werden getilgt

1. Eintragungen über Entscheidungen, wenn ihre Tilgung im Bundeszentralregister angeordnet oder wenn die Entscheidung im Wiederaufnahmeverfahren oder nach den §§ 86, 102 Abs. 2 des Gesetzes über Ordnungswidrigkeiten rechtskräftig aufgehoben wird,

2. Eintragungen, die in das Bundeszentralregister nicht aufzunehmen sind, wenn ihre Tilgung durch die nach Landesrecht zuständige Behörde angeordnet wird; die Anordnung darf nur ergehen, wenn dies zur Vermeidung ungerechtfertigter Härten erforderlich ist und öffentliche Interessen nicht gefährdet werden,

3. Eintragungen über eine Schuldfeststellung nach § 27 des Jugendgerichtsgesetzes, wenn der Schuldspruch nach § 30 Abs. 2 des Jugendgerichtsgesetzes getilgt oder nach § 31 Abs. 2, § 66 des Jugendgerichtsgesetzes in eine Entscheidung einbezogen worden ist, die in das Erziehungsregister einzutragen ist.

(5) Die Tilgung nach den Absätzen 2 bis 4 unterbleibt, solange die Erteilung einer neuen Fahrerlaubnis untersagt oder das Recht, von einem ausländischen Fahrausweis Gebrauch zu machen, aberkannt oder eine Jugendstrafe nach Absatz 2 Nr. 1 Buchstabe c noch nicht erlassen worden ist. Die Eintragung einer gerichtlichen Entscheidung, durch welche die Erteilung der Fahrerlaubnis für immer untersagt oder das Recht, von einem ausländischen Fahrausweis Gebrauch zu machen, für immer aberkannt worden ist, hindert die Tilgung anderer Eintragungen nur, wenn zugleich auf eine Strafe erkannt worden ist, für die allein die Tilgungsfrist nach Absatz 2 oder 3 noch nicht abgelaufen wäre. Die Sätze 1 und 2 gelten nicht, wenn eine Entscheidung im Wiederaufnahmeverfahren oder nach den §§ 86, 102 Abs. 2 des Gesetzes über Ordnungswidrigkeiten rechtskräftig aufgehoben worden ist.

(6) Eintragungen von gerichtlichen Entscheidungen über die vorläufige Entziehung der Fahrerlaubnis und von anfechtbaren Entscheidungen der Verwaltungsbehörden sind zu tilgen, wenn die Entscheidungen aufgehoben werden. Wird die vorläufige Entziehung der Fahrerlaubnis nicht aufgehoben, so ist ihre Eintragung zusammen mit dem Vermerk über die rechtskräftige Entscheidung zu tilgen.

(6a) Eintragungen von Entscheidungen der Gerichte oder der Staatsanwaltschaft nach § 153a der Strafprozeßordnung sind zu tilgen, wenn wegen Nichterfüllung der Auflagen oder Weisungen dem Ermittlungsverfahren der Staatsanwaltschaft oder dem gerichtlichen Verfahren Fortgang gegeben worden ist.

(7) Mit der Eintragung einer beschwerenden Entscheidung sind auch die Eintragungen von nichtbeschwerenden Entscheidungen zu tilgen, die sich auf sie beziehen.

(8) Eintragungen, die zu tilgen sind, werden aus dem Verkehrszentralregister entfernt oder darin unkenntlich gemacht.

§ 13b Mitteilung von Entscheidungen an das Kraftfahrt-Bundesamt

(1) Entscheidungen, die das Kraftfahrt-Bundesamt nach den §§ 13 und 13a zu berücksichtigen hat, werden ihm mitgeteilt. Insbesondere sind ihm mitzuteilen

1. Entscheidungen, die nach § 13 in das Verkehrszentralregister eingetragen werden,
2. Entscheidungen, welche die vorläufige Entziehung einer Fahrerlaubnis aufheben,
2a. Entscheidungen der Gerichte oder der Staatsanwaltschaft, durch die ein nach § 153a der Strafprozeßordnung vorläufig eingestelltes Verfahren wegen Nichterfüllung der Auflagen oder Weisungen fortgesetzt wird,
3. Entscheidungen, die eine anfechtbare, in das Verkehrszentralregister einzutragende Entscheidung einer Verwaltungsbehörde aufheben,
4. Entscheidungen, durch die für eine Eintragung im Bundeszentralregister die Tilgung angeordnet wird, soweit sie eine in das Verkehrszentralregister einzutragende Entscheidung betreffen,
5. Entscheidungen im Wiederaufnahmeverfahren oder nach den §§ 86, 102 Abs. 2 des Gesetzes über Ordnungswidrigkeiten, durch die eine in das Verkehrszentralregister eingetragene Entscheidung rechtskräftig aufgehoben oder geändert wird,
6. Entscheidungen, durch welche die Tilgung einer Eintragung in dem Verkehrszentralregister angeordnet wird.

(2) Zur Mitteilung an das Kraftfahrt-Bundesamt ist die Behörde, welche die Entscheidung erlassen hat, oder die von ihr bestimmte Behörde verpflichtet. Bei gerichtlichen Entscheidungen bestimmt sich die Zuständigkeit für die Mitteilungen nach den allgemeinen Justizverwaltungsvorschriften über Mitteilungen in Strafsachen.

§ 13c Anfragen beim Kraftfahrt-Bundesamt

Vor Erteilung einer Fahrerlaubnis, vor Verlängerung der Geltungsdauer einer Fahrerlaubnis zur Fahrgastbeförderung und vor der Ausfertigung einer Ersatzurkunde für einen verlorenen Führerschein hat die Verwaltungsbehörde beim Kraftfahrt-Bundesamt anzufragen, ob Nachteiliges über den Antragsteller bekannt ist. Die Anfrage kann auf Wunsch des Antragstellers und auf seine Kosten telegrafisch erfolgen.

§ 13d Vordrucke

Für die Mitteilungen nach § 13b, die Einholung von Auskünften nach § 30 des Straßenverkehrsgesetzes und die Anfragen nach § 13c sind Vordrucke zu verwenden. Das Nähere über Inhalt und Ausgestaltung wird vom Bundesminister für Verkehr durch allgemeine Verwaltungsvorschriften mit Zustimmung des Bundesrates geregelt. Die Vordrucke werden vom Kraftfahrt-Bundesamt kostenfrei ausgegeben.

§ 26 Karteiführung, Meldungen an das Kraftfahr-Bundesamt, Auskunft

(1) Die Zulassungsstellen haben die zum Verkehr zugelassenen Fahrzeuge bis zur endgültigen Zurückziehung aus dem Verkehr in einer Kartei nachzuweisen. Die Karteikarte ist nach dem vom Kraftfahrt-Bundesamt bestimmten Vordruck auf Grund des Fahrzeugbriefs zu fertigen. Eine Durchschrift der Karte ist dem Kraftfahr-Bundesamt zu übersenden.

(2) Die Kartei ist nach den Erkennungsnummern der Fahrzeuge zu ordnen.

(3) Änderungen in der Kartei hat die Zulassungsstelle dem Kraftfahrt-Bundesamt zu melden.

(4) Zulassungsfreie Kraftfahrzeuge, denen ein amtliches Kennzeichen zugeteilt worden ist (§ 18 Abs. 4 Satz 1), sind von der Zulassungsstelle in einer Kartei nachzuweisen. Aus der Kartei müssen hervorgehen: Vorname, Name, gegebenenfalls auch Geburtsname, Geburtstag, genaue Angabe von Beruf oder Gewerbe (Wirtschaftszweig) und Anschrift dessen, für den das Kennzeichen dem Fahrzeug zugeteilt worden ist, ferner Art, Hersteller, Typ und regelmäßiger Standort des Fahrzeugs, Fahrgestellnummer und Tag der ersten Zuteilung eines Kennzeichens sowie zusätzlich bei selbstfahrenden Arbeitsmaschinen und einachsigen Zugmaschinen Antriebsart, zulässiges Gesamtgewicht und Zahl der Achsen, bei Kranwagen auch die Kranlast. Absatz 1 Satz 3, Absatz 2 und Absatz 3 sind entsprechend anzuwenden.

(4a) Der Nachweis nach Absatz 1 oder 4 kann statt durch eine Kartei durch maschinellen Datenträger in einer Datei erfolgen. Die Erfassung der Daten und ihre Übermittlung an das Kraftfahrt-Bundesamt sind nach einem von diesem bestimmten Datenmeldesatz vorzunehmen. Im übrigen sind die Absätze 2 und 3 entsprechend anzuwenden.

(5) Die Zulassungsstellen erteilen im Einzelfall auf Antrag Behörden und bei Darlegung eines berechtigten Interesses auch Anderen Auskunft über die Fahrzeuge, die Halter und die Versicherungen.

22. Verwaltungsverfahrensgesetz

V. 25. Mai 1976 (BGBl I S. 1253)

§ 4 Amtshilfepflicht

(1) Jede Behörde leistet anderen Behörden auf Ersuchen ergänzende Hilfe (Amtshilfe).

(2) Amtshilfe liegt nicht vor, wenn
1. Behörden einander innerhalb eines bestehenden Weisungsverhältnisses Hilfe leisten;
2. die Hilfeleistung in Handlungen besteht, die der ersuchten Behörde als eigene Aufgabe obliegen.

§ 5 Voraussetzungen und Grenzen der Amtshilfe

(1) Eine Behörde kann um Amtshilfe insbesondere dann ersuchen, wenn sie
1. aus rechtlichen Gründen die Amtshandlung nicht selbst vornehmen kann;
2. aus tatsächlichen Gründen, besonders weil die zur Vornahme der Amtshandlung erforderlichen Dienstkräfte oder Einrichtungen fehlen, die Amtshandlung nicht selbst vornehmen kann;
3. zur Durchführung ihrer Aufgaben auf die Kenntnis von Tatsachen angewiesen ist, die ihr unbekannt sind und die sie selbst nicht ermitteln kann;
4. zur Durchführung ihrer Aufgaben Urkunden oder sonstige Beweismittel benötigt, die sich im Besitz der ersuchten Behörde befinden;
5. die Amtshandlung nur mit wesentlich größerem Aufwand vornehmen könnte als die ersuchte Behörde.

(2) Die ersuchte Behörde darf Hilfe nicht leisten, wenn
1. sie hierzu aus rechtlichen Gründen nicht in der Lage ist;
2. durch die Hilfeleistung dem Wohl des Bundes oder eines Landes erhebliche Nachteile bereitet würden.

Die ersuchte Behörde ist insbesondere zur Vorlage von Urkunden oder Akten sowie zur Erteilung von Auskünften nicht verpflichtet, wenn die Vorgänge nach einem Gesetz oder ihrem Wesen nach geheimgehalten werden müssen.

(3) Die ersuchte Behörde braucht Hilfe nicht zu leisten, wenn
1. eine andere Behörde die Hilfe wesentlich einfacher oder mit wesentlich geringerem Aufwand leisten kann;
2. sie die Hilfe nur mit unverhältnismäßig großem Aufwand leisten könnte;
3. sie unter Berücksichtigung der Aufgaben der ersuchenden Behörde durch die Hilfeleistung die Erfüllung ihrer eigenen Aufgaben ernstlich gefährden würde.

(4) Die ersuchte Behörde darf die Hilfe nicht deshalb verweigern, weil sie das Ersuchen aus anderen als den in Absatz 3 genannten Gründen oder weil sie die mit der Amtshilfe zu verwirklichende Maßnahme für unzweckmäßig hält.

(5) Hält die ersuchte Behörde sich zur Hilfe nicht für verpflichtet, so teilt sie der ersuchenden Behörde ihre Auffassung mit. Besteht diese auf der Amtshilfe, so entscheidet über die Verpflichtung zur Amtshilfe die gemeinsame fachlich zuständige Aufsichtsbehörde oder, sofern eine solche nicht besteht, die für die ersuchte Behörde fachlich zuständige Aufsichtsbehörde.

§ 6 Auswahl der Behörde

Kommen für die Amtshilfe mehrere Behörden in Betracht, so soll nach Möglichkeit eine Behörde der untersten Verwaltungsstufe des Verwaltungszweiges ersucht werden, dem die ersuchende Behörde angehört.

§ 7 Durchführung der Amtshilfe

(1) Die Zulässigkeit der Maßnahme, die durch die Amtshilfe verwirklicht werden soll, richtet sich nach dem für die ersuchende Behörde, die Durchführung der Amtshilfe nach dem für die ersuchte Behörde geltenden Recht.

(2) Die ersuchende Behörde trägt gegenüber der ersuchten Behörde die Verantwortung für die Rechtmäßigkeit der zu treffenden Maßnahme. Die ersuchte Behörde ist für die Durchführung der Amtshilfe verantwortlich.

§ 8 Kosten der Amtshilfe

(1) Die ersuchende Behörde hat der ersuchten Behörde für die Amtshilfe keine Verwaltungsgebühr zu entrichten. Auslagen hat sie der ersuchten Behörde auf Anforderung zu erstatten, wenn sie im Einzelfall fünfzig Deutsche Mark übersteigen. Leisten Behörden desselben Rechtsträgers einander Amtshilfe, so werden die Auslagen nicht erstattet.

(2) Nimmt die ersuchte Behörde zur Durchführung der Amtshilfe eine kostenpflichtige Amtshandlung vor, so stehen ihr die von einem Dritten hierfür geschuldeten Kosten (Verwaltungsgebühren, Benutzungsgebühren und Auslagen) zu.

§ 29 Akteneinsicht durch Beteiligte

(1) Die Behörde hat den Beteiligten Einsicht in die das Verfahren betreffenden Akten zu gestatten, soweit deren Kenntnis zur Geltendmachung oder Verteidigung ihrer rechtlichen Interessen erforderlich ist. Satz 1 gilt bis zum Abschluß des Verwaltungsverfahrens nicht für Entwürfe zu Entscheidungen sowie die Arbeiten zu ihrer unmittelbaren Vorbereitung. Soweit nach den §§ 17 und 18 eine Vertretung stattfindet, haben nur die Vertreter Anspruch auf Akteneinsicht.

(2) Die Behörde ist zur Gestattung der Akteneinsicht nicht verpflichtet, soweit durch sie die ordnungsgemäße Erfüllung der Aufgaben der Behörde beeinträchtigt, das Bekanntwerden des Inhalts der Akten dem Wohle des Bundes oder eines Landes Nachteile bereiten würde oder soweit die Vorgänge nach einem Gesetz oder ihrem Wesen nach, namentlich wegen der berechtigten Interessen der Beteiligten oder dritter Personen, geheimgehalten werden müssen.

(3) Die Akteneinsicht erfolgt bei der Behörde, die die Akten führt. Im Einzelfall kann die Einsicht auch bei einer anderen Behörde oder bei einer diplomatischen oder berufskonsularischen Vertretung der Bundesrepublik Deutschland im Ausland erfolgen; weitere Ausnahmen kann die Behörde, die die Akten führt, gestatten.

§ 30 Geheimhaltung

Die Beteiligten haben Anspruch darauf, daß ihre Geheimnisse, insbesondere die zum persönlichen Lebensbereich gehörenden Geheimnisse sowie die Betriebs- und Geschäftsgeheimnisse, von der Behörde nicht unbefugt offenbart werden.

23. Verwaltungsgerichtsordnung v. 21. Januar 1960 (BGBl I S. 17)

§ 99 [Vorlage- und Auskunftspflicht der Behörden]

(1) Behörden sind zur Vorlage von Urkunden oder Akten und zu Auskünften verpflichtet. Wenn das Bekanntwerden des Inhalts dieser Urkunden oder Akten und dieser Auskünfte dem Wohle des Bundes oder eines deutschen Landes Nachteile bereiten würde oder wenn die Vorgänge nach einem Gesetz oder ihrem Wesen nach geheimgehalten werden müssen, kann die zuständige oberste Aufsichtsbehörde die Vorlage von Urkunden oder Akten und die Erteilung der Auskunft verweigern.

(2) Auf Antrag eines Beteiligten entscheidet das Gericht der Hauptsache durch Beschluß, ob glaubhaft gemacht ist, daß die gesetzlichen Voraussetzungen für die Verweigerung der Vorlage von Urkunden oder Akten und die Erteilung von Auskünften vorliegen. Die oberste Aufsichtsbehörde, die die Erklärung nach Absatz 1 abgegeben hat, ist zu diesem Verfahren beizuladen. Der Beschluß kann selbständig mit der Beschwerde angefochten werden. Über die Beschwerde entscheidet das Bundesverwaltungsgericht, wenn das Oberverwaltungsgericht erstmalig mit der Sache befaßt war.

§ 100 [Akteneinsicht; Abschriften]

(1) Die Beteiligten können die Gerichtsakten und die dem Gericht vorgelegten Akten einsehen.

(2) Sie können sich durch die Geschäftsstelle auf ihre Kosten Ausfertigungen, Auszüge und Abschriften erteilen lassen. Sind die Gerichtsakten zur Ersetzung der Urschrift auf einem Bildträger verkleinert wiedergegeben worden, gilt § 299a der Zivilprozeßordnung entsprechen. Nach dem Ermessen des Vorsitzenden können die Akten dem bevollmächtigten Rechtsanwalt zur Mitnahme in seine Wohnung oder in seine Geschäftsräume übergeben werden.

(3) Die Entwürfe zu Urteilen, Beschlüssen und Verfügungen, die Arbeiten zu ihrer Vorbereitung, ferner die Schriftstücke, die Abstimmungen betreffen, werden weder vorgelegt noch abschriftlich mitgeteilt.

24. ME eines einheitlichen Polizeigesetzes i.d.F. der Beschlüsse der IMK vom 25.11.1977

§ 2   Grundsatz der Verhältnismäßigkeit

(1) Von mehreren möglichen und geeigneten Maßnahmen hat die Polizei diejenige zu treffen, die den Einzelnen und die Allgemeinheit voraussichtlich am wenigsten beeinträchtigt.

(2) Eine Maßnahme darf nicht zu einem Nachteil führen, der zu dem erstrebten Erfolg erkennbar außer Verhältnis steht.

(3) Eine Maßnahme ist nur solange zulässig, bis ihr Zweck erreicht ist oder sich zeigt, daß er nicht erreicht werden kann.

§ 10   Erkennungsdienstliche Maßnahmen

(1) Die Polizei kann erkennungsdienstliche Maßnahmen vornehmen, wenn
1. eine nach § 9 zulässige Identitätsfeststellung auf andere Weise nicht oder nur unter erheblichen Schwierigkeiten möglich ist oder
2. dies zur vorbeugenden Bekämpfung von Straftaten erforderlich ist, weil der Betroffene verdächtig ist, eine Tat begangen zu haben, die mit Strafe bedroht ist und wegen der Art und Ausführung der Tat die Gefahr der Wiederholung besteht.

(2) Sind die Voraussetzungen nach Absatz 1 entfallen, kann der Betroffene die Vernichtung der erkennungsdienstlichen Unterlagen verlangen.

(3) Erkennungsdienstliche Maßnahmen sind insbesondere
1. die Abnahme von Finger- und Handflächenabdrücken,
2. die Aufnahme von Lichtbildern,
3. die Feststellung äußerer körperlicher Merkmale,
4. Messungen.

25. AE einheitlicher Polizeigesetze des Bundes und der Länder des Arbeitskreises Polizeirecht

§ 4 Grundsatz der Verhältnismäßigkeit

(1) Von mehreren möglichen und geeigneten Maßnahmen hat die Polizei diejenige zu treffen, die den einzelnen und die Allgemeinheit voraussichtlich am wenigstens beeinträchtigt.

(2) Eine Maßnahme darf nicht zu einem Nachteil führen, der zu dem erstrebten Erfolg erkennbar außer Verhältnis steht.

(3) Eine Maßnahme ist nur so lange zulässig, bis ihr Zweck erreicht ist oder sich zeigt, daß er nicht erreicht werden kann.

§ 11 Informationserhebung

(1) Die Polizei darf personenbezogene Informationen erheben und Personen befragen
1. zur Abwehr einer im einzelnen Fall bestehenden Gefahr,
2. zur vorbeugenden Bekämpfung der in § 100a der Strafprozeßordnung sowie der in §§ 243, 260, 263 bis 266 des Strafgesetzbuches genannten Straftaten, wenn dies aufgrund tatsächlicher Anhaltspunkte erforderlich ist.

(2) Werden Informationen beim Betroffenen oder anderen Personen aufgrund einer Rechtsvorschrift erhoben, dann ist auf die dort begründete Aussage- oder Mitwirkungspflicht, sonst auf die Freiwilligkeit der Aussage oder der Einwilligung in die Erhebung hinzuweisen.

§ 12 Erstellung von Persönlichkeitsprofilen

(1) Die Erstellung eines Persönlichkeitsprofils eines Betroffenen ist das systematische Erheben von Informationen über eine Vielzahl von Lebensbereichen des Betroffenen durch rechnerunterstützte Ausschöpfung von Informationsquellen.

(2) Die Polizei darf Persönlichkeitsprofile nicht erstellen, es sei denn, bestimmte Tatsachen rechtfertigen die Annahme, daß eine der in § 100a der Strafprozeßord-

nung genannten Straftaten bevorsteht und die Erstellung zu ihrer vorbeugenden Bekämpfung unerläßlich ist.

(3) Die Maßnahmen nach Absatz 2 dürfen nur durch den Richter angeordnet werden. Der Richter hat die beantragten Maßnahmen sachlich und zeitlich auf ihre Erforderlichkeit hin zu überprüfen. Er setzt die Zeitpunkte fest, bis zu dem die antragstellende Behörde die Erforderlichkeit erneut begründen und bis zu dem das Persönlichkeitsprofil gelöscht werden muß. Dr angeordnete Löschungszeitpunkt darf nicht später als der Zeitpunkt liegen, der sich aus der Anwendung der nach § 45 Abs. 2 zu erlassenden Rechtsverordnung ergibt. Zuständig ist das Landgericht, in dessen Bezirk sich der Sitz der antragstellenden Behörde befindet.

§ 13 Ausforschung von Veranstaltungen

(1) Ausforschung von Veranstaltungen ist das Erheben von Informationen aus Veranstaltungen durch Fixierung des Tons oder des Bildes mit technischen Hilfsmitteln oder die Herstellung oder Beschaffung einer Liste von Teilnehmern der Veranstaltung.

(2) Nichtöffentliche Veranstaltungen dürfen unbeschadet der Vorschriften des § 29 nicht ausgeforscht werden.

(3) Die Polizei darf eine öffentliche Veranstaltung nur ausforschen, wenn bestimmte Tatsachen die Annahme rechtfertigen, daß von der Veranstaltung oder einzelnen Teilnehmern erhebliche Gefahren für die öffentliche Sicherheit ausgehen.

§ 14 Verfahren bei der Ausforschung von Veranstaltungen

(1) Die Ausforschung von Veranstaltungen nach § 13 Abs. 3 darf nur durch den Richter angeordnet werden. Zuständig ist das Verwaltungsgericht.

(2) Bei Gefahr im Verzug darf die Polizei vor der richterlichen Anordnung mit der Ausforschung beginnen. Sie ist abzubrechen, wenn der Richter die Anordnung ablehnt. Die durch Ausforschung erhobenen Informationen sind unverzüglich zu löschen. Eines nachträglichen Antrages auf richterliche Anordnung bedarf es nicht, wenn nur eine Liste von Teilnehmern der Veranstaltung hergestellt oder beschafft worden ist und die Liste nach Ende der Veranstaltung vernichtet wurde.

§ 16 Erkennungsdienstliche Maßnahmen

(1) Erkennungsdienstliche Maßnahmen sind
1. die Abnahme von Finger- und Handflächenabdrücken,
2. die Aufnahme von Lichtbildern,

3. Messungen und ähnliche Feststellungen äußerer körperlicher Merkmale.

(2) Die Polizei darf außer im Fall des § 15 erkennungsdienstliche Maßnahmen vornehmen, wenn dies zur vorbeugenden Bekämpfung von Straftaten erforderlich ist, weil der Betroffene dringend verdächtig ist, eine mit Strafe bedrohte Tat begangen zu haben, und weil wegen der Art und Ausführung der Tat die Gefahr der Begehung erheblicher Straftaten gleicher Art besteht.

(3) Die durch erkennungsdienstliche Maßnahmen erlangten Unterlagen dürfen aufbewahrt werden, soweit es zur Durchführung des Erkennungsdienstes erforderlich ist. Sind die Unterlagen ohne Wissen des Betroffenen angefertigt worden, ist ihm unverzüglich mitzuteilen, welche Unterlagen aufbewahrt werden, sofern die Abwehr der polizeilichen Gefahr dadurch nicht vereitelt oder erheblich erschwert wird.

(4) Die bei der Aufklärung von Straftaten gemäß § 81 b der Strafprozeßordnung erlangten erkennungsdienstlichen Unterlagen dürfen von der Polizei aufbewahrt werden, wenn der Betroffene eine mit Strafe bedrohte Tat begangen hat und wegen der Art und Ausführung der Tat die Gefahr der Begehung erheblicher Straftaten gleicher Art besteht.

Zweites Kapitel: Informationsverarbeitung

§ 37   Informationsspeicherung und -veränderung

(1) Die Polizei darf personenbezogene Informationen zur Erfüllung polizeilicher Aufgaben speichern oder verändern.

(2) Werden Bewertungen über Betroffene in einem polizeilichen Informationssystem gespeichert, muß erkennbar sein, wer die Bewertung vorgenommen hat und wo die Erkenntnisse gespeichert sind, die der Bewertung zugrunde liegen. Erfolgt die Speicherung dieser Erkenntnisse nicht in dem polizeilichen Informationssystem, müssen die schriftlichen Unterlagen bis zum Löschungszeitpunkt aufbewahrt werden.

§ 38   Informationsübermittlung zwischen Polizeibehörden

Zwischen Polizeibehörden dürfen personenbezogene Informationen zur Erfüllung polizeilicher Aufgaben übermittelt werden.

213

§ 39 Informationsübermittlung durch die Polizei an andere Behörden und Dritte

(1) Die Polizei darf anderen Behörden oder Dritten Erkenntnisse nur dann übermitteln, wenn dies zur Erfüllung polizeilicher Aufgaben unerläßlich ist.
Verwenden andere Behörden im Rahmen ihrer Zuständigkeit Erkenntnisse, die ihnen von der Polizei übermittelt wurden, so haben sie die Richtigkeit der übermittelten Informationen zu verantworten.

§ 40 Informationsübermittlung durch andere Behörden an die Polizei

(1) Andere Behörden dürfen personenbezogene Informationen an die Polizei übermitteln, wenn dies zur Erfüllung polizeilicher Aufgaben oder der in der Zuständigkeit der übermittelnden Stelle liegenden Aufgaben erforderlich ist.

(2) Unterliegen die personenbezogenen Informationen einem Berufs- oder besonderen Amtsgeheimnis (§ 45 Satz 2 Nr. 1. Satz 3 Bundesdatenschutzgesetz) und sind sie der übermittelnden Stelle von der zur Verschwiegenheit verpflichteten Person in Ausübung ihrer Berufs- oder Amtspflicht übermittelt worden, ist die Übermittlung an die Polizei nur rechtmäßig, wenn diese die Informationen zur Erfüllung des gleichen Zweckes benötigt, zu dem sie die übermittelnde Stelle erhalten hat.

§ 41 Berichtigung von Informationen

Personenbezogene Informationen sind zu berichtigen, wenn sie unrichtig sind.

§ 42 Löschung von Informationen, Verwertungsverbot

(1) Personenbezogene Informationen sind zu löschen, wenn
1. ihre Speicherung nicht rechtmäßig war,
2. ihre Kenntnis für die speichernde Stelle zur Erfüllung der in ihrer Zuständigkeit liegenden Aufgaben nicht mehr dienlich ist und kein Grund zu der Annahme besteht, daß durch die Löschung schutzwürdige Belange der Betroffenen beeinträchtigt werden.

(2) Personenbezogene Informationen, die zu löschen sind, dürfen nicht zum Nachteil der Betroffenen verwertet werden. Sie dürfen insbesondere nicht übermittelt werden.

§ 43 Löschung erkennungsdienstlich erhobener Informationen

(1) Erkennungsdienstlich erhobene Informationen sind unbeschadet des § 42 zu löschen, wenn sie
1. im Rahmen des § 15 erhoben sind, sobald die Identität festgestellt ist,
2. im Rahmen des § 16 Abs. 2 erhoben sind, sobald die Gefahr der Begehung weiterer erheblicher Straftaten entfallen ist.

(2) Erkennungsdienstlich erhobene Informationen sind spätestens nach Ablauf von fünf Jahren seit Erhebung der Informationen zu löschen, sofern nicht die Gefahr fortbesteht.

§ 44 Löschung der durch Ausforschung von Veranstaltungen erhobenen Informationen

(1) Durch Ausforschung von Veranstaltungen erhobene Informationen dürfen nicht verwertet werden, soweit wegen des Verdachts strafbarer Handlungen im Zusammenhang mit der Veranstaltung ein Ermittlungsverfahren nicht eingeleitet wurde. Sie sind unverzüglich, spätestens eine Woche nach Ende der Veranstaltung, zu löschen.

(2) Auch soweit der Verdacht auf strafbare Handlungen im Zusammenhang mit der Veranstaltung besteht, sind alle durch Ausforschung erhobenen Informationen, die nicht für eine Strafverfolgung benötigt werden, unverzüglich zu löschen. Soweit die durch Ausforschung erhobenen Informationen nur der Identifikation von Personen dienen, sind sie zu löschen, sobald die Identität festgestellt ist.

(3) Spätestens sechs Monate nach Ende der Veranstaltung sind die Personen, über die durch Ausforschung erhobene Informationen bei der Polizei noch gespeichert sind und deren Anschriften vorliegen, über die Speicherung zu benachrichtigen.

§ 45 Rechnerunterstützte polizeiliche Informationssysteme

(1) Die in rechnerunterstützten Informationssystemen der Polizei gespeicherten personenbezogenen Informationen werden gattungsmäßig mit der Genauigkeit, die den polizeilichen Zweck der Speicherung nicht vereitelt, entsprechend § 12 Abs. 3 Bundesdatenschutzgesetz (§ . . . Landesdatenschutzgesetz) bekannt gemacht. Der Genauigkeitsgrad wird durch Rechtsverordnung des . . . festgelegt.

(2) Für jede Gattung personenbezogener Informationen wird durch Rechtsverordnung des . . . festgelegt, wann Informationen gelöscht werden müssen (Festlegung des Löschungszeitpunktes). Die §§ 42 bis 44 bleiben unberührt.

(3) Rechnerunterstützt darf ein Austausch personenbezogener Informationen, zwischen der Polizei und anderen Behörden nur erfolgen, wenn die am Informa-

tionsaustausch beteiligten Stellen und die Gattungen der auszutauschenden Informationen zuvor durch Gesetz oder Rechtsverordnung bestimmt sind. § 39 Abs. 1 bleibt unberührt. Die Bestimmungen werden durch Gesetz oder durch Rechtsverordnung des . . . getroffen. An Dritte dürfen personenbezogene Informationen rechnerunterstützt nicht übermittelt werden.

(4) Rechnerunterstützt dürfen personenbezogene Informationen innerhalb des Informationssystems der Polizei und an andere Behörden nur ü übermittelt werden, wenn sichergestellt ist, daß auch nach der Übermittlung
1. jederzeit festgestellt werden kann, wo diese Informationen gespeidhert sind,
2. diese Informationen an allen Stellen, an denen sie gespeichert sind, spätestens zum Löschungszeitpunkt gelöscht werden.

§ 46   Auskunft an den Betroffenen

(1) Dem Betroffenen ist auf Antrag Auskunft über die zu seiner Person gespeicherten Informationen zu erteilen. In dem Antrag soll die Art der personenbezogenen Informationen, über die Auskunft erteilt werden soll, näher bezeichnet werden. Die speichernde Stelle bestimmt das Verfahren, insbesondere die Form der Auskunftserteilung, nach pflichtgemäßem Ermessen.

(2) Ein Anspruch auf Auskunft besteht insoweit nicht, als
1. die Mitteilung der zur Person des Antragstellers gespeicherten Informationen oder
2. die Mitteilung, daß zur Person des Antragstellers Informationen gespeichert sind.
die Erfüllung der polizeilichen Aufgaben erheblich erschweren oder gefährden würde. Über die Speicherung von Informationen, die gelöscht werden müssen, darf die Auskunft nicht abgelehnt werden.

(3) Lehnt eine Polizeibehörde eine Auskunftserteilung nach Abs. 2 Satz 1 ab, so kann sich der Antragsteller auch an die zuständige Datenaufsicht (Datenschutzbeauftragter, Datenschutzkommission) wenden. Auf Verlangen der Datenaufsicht hat die speichernde Stelle dieser die Gründe für die Ablehnung der Auskunft mitzuteilen.

B Verwaltungsvorschriften und Richtlinien

1. Bestimmungen über die Führung der Ausländerkarteien

Anlage I zur AuslG VwV v. 7.7.67, GMBl S. 231

Bei den Ausländerbehörden sind zwei Karteien unter der Bezeichnung »Ausländerkartei A« und »Ausländerkartei B« zu führen. Hierfür ist die Karteikarte nach Muster C 1 zu verwenden.

I. Ausländerkartei A

1. Eine Karteikarte ist anzulegen und in die Ausländerkartei A einzustellen
   a) für jeden Ausländer, der bei der Ausländerbehörde eine Aufenthaltserlaubnis beantragt hat oder dessen Aufenthalt von der Meldebehörde mitgeteilt worden ist;
   b) für jedes ausländische Kind, das in dem Antrag auf Aufenthaltserlaubnis eines Elternteils erwähnt ist und sich im Bezirk der Ausländerbehörde aufhält oder das in der Mitteilung der Meldebehörde aufgeführt ist;
   c) für jedes im Bereich der Ausländerbehörde geborene ausländische Kind;
   d) für jeden Ausländer, der eine Aufenthaltsanzeige erstattet hat; dies gilt jedoch nicht
      aa) für Ausländer im Sinne des § 1 Abs. 1 Nr. 9 und § 1 Abs. 2 Nr. 3 und 4 DVAuslG und
      bb) für Ausländer, die mit einer Aufenthaltserlaubnis in der Form des Sichtvermerks eingereist sind, die ohne Zustimmung einer Ausländerbehörde erteilt worden ist;
   e) für jeden Ausländer, der Anlaß zu ausländerrechtlichen Maßnahmen gegeben hat;
   f) für Grenzarbeitnehmer im Sinne des § 1 Abs. 1 Nr. 1 DVAuslG und des § 1 Abs. 5 Nr. 3 DVAuslG, soweit die oberste Landesbehörde dies bestimmt;
   g) für jeden Ausländer, der bei der Ausländerbehörde eine Meldung nach § 38 Abs. 1 AuslG erstattet hat;
   h) für jeden Deutschen, der zugleich eine fremde Staatsangehörigkeit besitzt.

217

2. Die Ausländerkartei A ist alphabetisch nach dem Familiennamen der Ausländer zu ordnen, und zwar entweder insgesamt oder unter Aufteilung in Staaten. Wird die Ausländerkartei A nicht nach Staaten aufgeteilt, so ist Vorsorge zu treffen, daß die Angehörigen jedes Staates sofort feststellbar sind. Unabhängig davon, ob die Ausländerkartei A nach den Familiennamen der Ausländer insgesamt oder unter Aufteilung in Staaten geordnet wird, ist sicherzustellen, daß Ausländer ermittelt werden können, die staatenlos sind, deren Staatsangehörigkeit ungeklärt ist, die heimatlose Ausländer oder als ausländische Flüchtlinge oder als Asylberechtigte anerkannt sind.

3. Der Name des Ausländers ist in der Schreibweise anzugeben, die sich aus dem Paß oder Paßersatz ergibt.

   Für die Staatennamen und ihre Schreibweise sowie die Bezeichnung der Staatsangehörigkeit gilt die von dem Institut für Landeskunde in der Bundesanstalt für Landeskunde und Raumforschung herausgegebene Liste der Staatennamen.

4. Die Karteikarte ist anzulegen, sobald die Ausländerbehörde mit dem Ausländer befaßt wird oder ihr eine Mitteilung über den Ausländer zugeht.

5. Für das Ausfüllen der Spalte »Staatsangehörigkeit« auf der Karteikarte gilt folgendes:

   a) Ist die Staatsangehörigkeit ungeklärt, so ist »ungeklärt« einzutragen. Die mutmaßliche Staatsangehörigkeit ist in Klammern einzutragen.

   b) Bei Ausländern, die staatenlos sind, ist »staatenlos« einzutragen.

   c) Bei Ausländern, die mehrere Staatsangehörigkeiten besitzen, sind alle Staatsangehörigkeiten einzutragen. Für diese Ausländer wird für jede Staatsangehörigkeit eine Karteikarte angelegt. Je eine der Karteikarten ist unter dem betreffenden Staat einzuordnen, dessen Staatsangehörigkeit der Ausländer besitzt. Die Karteikarten von Ausländern mit mehrfacher Staatsangehörigkeit sind kenntlich zu machen.

   d) Bei Ausländern, die heimatlose Ausländer im Sinne des Gesetzes über die Rechtsstellung heimatloser Ausländer im Bundesgebiet vom 25. April 1951 (Bundesgesetzbl. I S. 269) oder als Asylberechtigte nach § 28 Nr. 1 des Ausländergesetzes anerkannt worden oder Inhaber von Reiseausweisen sind, die von deutschen Behörden vor Inkrafttreten des Ausländergesetzes oder von Behörden ausländischer Staaten auf Grund des Londoner Abkommens betreffend Reiseausweise für Flüchtlinge vom 15. Oktober 1946 6Bundesgesetzbl. 1951 II S. 160) oder des Abkommens über die Rechtsstellung der Flüchtlinge vom 28. Juli 1951 (Bundesgesetzbl. 1953 II S. 559) ausgestellt worden sind, ist die Staatsangehörigkeit oder frühere Staatsangehörigkeit einzutragen, sofern sie bekannt ist. Ist sie nicht bekannt, so ist »ungeklärt« einzutragen. Bei Ausländern, die als Asylberechtigte nach § 28 Nr. 2 des Ausländergesetzes anerkannt worden sind und denen ein deutscher Femdenpaß nach § 44 Abs. 3 des Ausländergesetzes ausgestellt worden ist, ist derjenige Vermerk über die Staatsangehörigkeit einzutragen, der auch in den Fremdenpaß eingetragen worden ist. Buchstabe c Satz 2 und 3 gilt entsprechend.

e) Bei Deutschen, die zugleich eine fremde Staatsangehörigkeit besitzen, ist sowohl die Rechtsstellung als Deutscher als auch die fremde Staatsangehörigkeit einzutragen. Die Karteikarte ist unter der fremden Staatsangehörigkeit einzuordnen und kenntlich zu machen.

6. Ändert sich der Name eines Ausländers (z. B. durch Eheschließung), so ist eine neue Karteikarte auf den neuen Namen auszustellen; die bisherige Karteikarte ist mit einem entsprechenden Vermerk in die Ausländerkartei B einzustellen.

7. Auf der Karteikarte sind sämtliche vorgesehenen und sonst zweckdienlichen Angaben und etwaige Änderungen einzutragen.

8. Reicht der Platz auf der Karteikarte für die Angaben nicht aus, so ist der Karteikarte eine zweite Karteikarte anzuheften oder ein Hinweis auf entsprechende Angaben in der Ausländerakte anzubringen.

II. Ausländerkartei B

9. Die Karteikarten sind aus der Ausländerkartei A zu entnehmen und in die Ausländerkartei B zu übernehmen, wenn
   a) ein Ausländer Deutscher im Sinne des Artikels 116 Abs. 1 des Grundgesetzes geworden ist und keine fremde Staatsangehörigkeit mehr besitzt;
   b) ein Ausländer gestorben ist;
   c) ein Ausländer den Bezirk der Ausländerbehörde verlassen hat;
   d) sich der Name eines Ausländers geändert hat und für den Ausländer eine Karteikarte auf den neuen Namen in die Ausländerkartei A eingestellt worden ist.

10. Die Gründe für die Übernahme der Karteikarte in die Ausländerkartei B sind auf der Karteikarte zu vermerken.

11. Die Ausländerkartei B ist alphabetisch nach den Familiennamen der Ausländer zu ordnen.

12. Die Abgabe der Ausländerakte an eine andere Ausländerbehörde ist auf der Karteikarte zu vermerken.

13. In der Ausländerkartei B einliegende Karteikarten können nach zehn Jahren, gerechnet vom Beginn des auf die Einlegung in die Ausländerkartei B folgenden Jahres an, vernichtet werden, Karteikarten von Ausländern, die ausgewiesen oder abgeschoben worden sind, jedoch erst nach zwanzig Jahren.

2. Bestimmungen über den Verkehr zwischen den Ausländerbehörden und dem Bundesverwaltungsamt – Ausländerzentralregister –

Anlage II zur AuslGVwV v. 7.7.67 GMBl S. 259

I. Verkehr der Ausländerbehörden mit dem Bundesverwaltungsamt – Ausländerzentralregister –

1. Dem Bundesverwaltungsamt – Ausländerzentralregister – ist über Ausländer, für die nach den Bestimmungen über die Führung der Ausländerkarteien (Anlage I) eine Karteikarte anzulegen ist, eine Mitteilung nach Muster C 2 zu machen.
   Dies gilt nicht
   a) für Grenzarbeitnehmer im Sinne des § 1 Abs. 1 Nr. 1 und § 1 Abs. 5 Nr. 3 DVAuslG,
   b) für Ausländer, die eine Meldung nach § 38 AuslG erstattet haben, soweit nicht aus anderen Gründen eine Mitteilung in Betracht kommt.
   Eine Mitteilung nach Muster C 2 entfällt ferner, soweit eine Mitteilung nach Muster C 4 (vgl. zu Nummer 5) zu machen ist.
2. Die Mitteilung nach Muster C 2 gilt in den Fällen, in denen ein Ausländer eine Aufenthaltserlaubnis bei der Ausländerbehörde beantragt hat, gleichzeitig als Anfrage, ob Erkenntnisse vorliegen.
3. Die Ausländerbehörde hat bei dem Bundesverwaltungsamt – Ausländerzentralregister – nach Muster C 3 anzufragen,
   a) vor der Zustimmung zur Erteilung der Aufenthaltserlaubnis in der Form des Sichtvermerks;
   b) vor der Erteilung einer vor der Einreise beantragten Aufenthaltserlaubnis;
   c) wenn Gründe für eine Ausweisung oder Abschiebung vorliegen und der Aufenthalt des Ausländers unbekannt ist;
   d) wenn ein sonstiges behördliches Interesse an einer Auskunft über den Ausländer vorliegt.
4. Ist eine Anfrage nach Nummer 3 Buchstabe a oder b gehalten worden, so ist die Mitteilung nach Muster C 2 zu übersenden, sobald der Ausländer seinen Aufenthalt angezeigt hat.

5. Die Ausländerbehörde hat das Bundesverwaltungsamt – Ausländerzentralregister – nach Muster C 4 zu unterrichten über

5.1 die nachträgliche Befreiung von dem Erfordernis der Aufenthaltserlaubnis;

5.2 die Erteilung einer Aufenthaltserlaubnis an einen Ausländer, der bisher von dem Erfordernis der Aufenthaltserlaubnis befreit war, und über den bereits eine Mitteilung nach Muster C 2 übersandt worden ist;

5.3 die Änderung der Gültigkeitsdauer einer vorgesehenen oder erteilten Aufenthaltserlaubnis;

5.4 die Versagung einer Aufenthaltserlaubnis;

5.5 die Versagung der Zustimmung zur Erteilung einer Aufenthaltserlaubnis in der Form des Sichtvermerks;

5.6 DIE Ablehnung eines Antrages auf Verlängerung einer Aufenthaltserlaubnis;

5.7 die Erteilung einer Aufenthaltsberechtigung;

5.8 die Einschränkung oder Untersagung der politischen Betätigung sowie die Aufhebung der Einschränkung oder Untersagung;

5.9 den Erlaß und die Aufhebung eines Ausreiseverbotes;

5.10 den Erlaß und die Aufhebung einer Ausweisungsverfügung sowie die Frist der Wirkung der Ausweisung;

5.11 den Eintritt der Unanfechtbarkeit einer Ausweisungsverfügung (eine Ausfertigung der Ausweisungsverfügung ist beizufügen);

5.12 die Androhung der Abschiebung sowie die Aufhebung der Androhung (die Gründe für die beabsichtigte Abschiebung sind auf besonderem Blatt mitzuteilen);

5.13 die Abschiebung sowie die Frist der Wirkung einer Abschiebung;

5.14 die nachträgliche Änderung der Frist der Wirkung einer Ausweisung oder Abschiebung;

5.15 das Vorliegen von Gründen für eine Ausweisung oder Abschiebung, wenn der Ausländer das Bundesgebiet bereits freiwillig verlassen hat oder sein Aufenthalt unbekannt ist;

5.16 die Duldung;

5.17 einen Ausländer, dessen Einreise unerwünscht ist (die Gründe sind auf besonderem Blatt mitzuteilen);

5.18 die Änderung von Familiennamen und Vornamen;

5.19 die Eheschließung und die Ehescheidung eines Ausländers;

5.20 den Erwerb und den Verlust einer fremden Staatsangehörigkeit;

5.21 den Erwerb der deutschen Staatsangehörigkeit oder der Rechtsstellung als Deutscher im Sinne des Artikels 116 Abs. 1 des Grundgesetzes;

5.22 den Erwerb und den Verlust der Rechtsstellung als heimatloser Ausländer;

5.23 die nachträgliche Ausstellung eines Fremdenpasses oder die Ablehnung der Verlängerung eines Fremdenpasses für einen Ausländer, der weder

221

heimatloser Ausländer noch Asylberechtigter ist;

5.24 die nachträgliche Aufnahme oder Aufgabe einer Erwerbstätigkeit sowie der Wechsel von unselbständiger zu selbständiger Erwerbstätigkeit und umgekehrt;

5.25 den Fortzug eines Ausländers nach dem Ausland oder nach unbekannt;

5.26 den Zuzug eines Ausländers aus dem Bezirk einer anderen Ausländerbehörde;

5.27 den Tod eines Ausländers.

6. Soll ein Ausländer aus anderen als den unter Nummer 5 aufgeführten Gründen in das Ausländerzentralregister (Suchkartei) aufgenommen werden, so ist das Bundesverwaltungsamt – Ausländerzentralregister – zu unterrichten.

II. Verkehr des Bundesverwaltungsamtes – Ausländerzentralregister – mit den Ausländerbehörden

7. Das Bundesverwaltungsamt – Ausländerzentralregister – unterrichtet die Ausländerbehörde über alle ihm bekannten, für die Beurteilung eines Ausländers wesentlichen Erkenntnisse.

III. Durchführung des Schriftverkehrs

8. Der wechselseitige Schriftverkehr zwischen den Ausländerbehörden und dem Bundesverwaltungsamt – Ausländerzentralregister – wird unmittelbar geführt, soweit nicht die oberste Landesbehörde eine andere Regelung trifft.

9. Mitteilungen und Anfragen nach Abschnitt 1 sind als Eilsachen zu behandeln.

3. Bestimmungen über die Unterrichtung der Ausländerbehörden durch andere Behörden

Anlage III zur AuslG VwV v. 7.7.67 GMBl S. 260

1. Die Meldebehörden unterrichten die Ausländerbehörde über
   a) die Anmeldung und Abmeldung eines Ausländers;
   b) jeden Wohnungswechsel eines Ausländers innerhalb der Gemeinde;
   c) Veränderungen in den persönlichen Verhältnissen eines Ausländers (z.b. Eheschließung, Wechsel des Namens oder der Staatsangehörigkeit, Geburt von Kindern);
   d) den Tod eines Ausländers.
2. Nummer 1 gilt entsprechend für Deutsche, die zugleich eine fremde Staatsangehörigkeit besitzen.
3. Die Staatsangehörigkeitsbehörden unterrichten die Ausländerbehörden von jeder ihnen bekannt werdenden Änderung der Staatsangehörigkeit, wenn dadurch die Eigenschaft als Ausländer (einschließlich der des Staatenlosen) berührt wird.
   Das gilt
   a) im Falle des Erwerbs oder Verlustes der deutschen Staatsangehörigkeit oder der Rechtsstellung als Deutscher (Artikel 116 Abs. 1 GG);
   b) im Falle des Erwerbs einer fremden Staatsangehörigkeit;
   c) falls sich bei einer Überprüfung herausstellt, daß jemand bisher zu Unrecht entweder als Deutscher, als Fremdstaater oder als Staatenloser geführt worden ist.
4. Die Paßbehörden und Personalausweisbehörden im Geltungsbereich des Ausländergesetzes unterrichten die Ausländerbehörde, wenn bei der Prüfung des Antrags auf Ausstellung eines Reisepasses, eines Paßersatzes oder eines Personalausweises sich ergibt, daß der Antragsteller nicht Deutscher im Sinne des Artikels 116 Abs. 1 des Grundgesetzes ist.
5. Für die Unterrichtung der Ausländerbehörden durch die Justizbehörden gilt die Anordnung über Mitteilungen in Strafsachen vom 15. Januar 1958 – MiStra – (vgl. Allgemeine Verfügung ddes Bundesministers der Justiz vom 15. Januar 1958 – BAnz. Nr. 12 vom 18. Januar 1958). Außerdem unterrichten die Justizbehörden die Ausländerbehörden über die Einleitung von Auslieferungsverfahren.

6. Die Finanzämter und Hauptzollämter unterrichten die Ausländerbehörde, wenn ihnen bekannt wird, daß ein Ausländer gegen eine Vorschrift des Steuerrechts einschließlich des Zollrechts und des Monopolrechts oder gegen Einfuhr-, Ausfuhr-, Durchfuhr- oder Verbringungsverbote oder -beschränkungen verstoßen hat, sofern es sich nicht um Bagatellfälle handelt. Das gleiche gilt für die Oberfinanzdirektionen bei Zuwiderhandlungen gegen das Außenwirtschaftsrecht, gegen die Gesetze zur Durchführung der EWG-Marktordnungsvorschriften und im Interzonenwirtschaftsverkehr.

7. Die Polizeibehörden oder -dienststellen unterrichten die Ausländerbehörde über die Einleitung eines strafrechtlichen Ermittlungsverfahrens wegen eines Vergehens oder Verbrechens. Sie unterrichten die Ausländerbehörde ferner, wenn ein Ausländer wegen erheblicher Verstöße gegen die öffentliche Sicherheit oder Ordnung in Erscheinung getreten ist. Satz 2 gilt für die Ordnungsbehörden entsprechend.

8. Die Arbeitsämter unterrichten die Ausländerbehörden, wenn sie einem ausländischen Arbeitnehmer eine Arbeitserlaubnis erteilen, verlängern, widerrufen oder ablehnen.

9. Die Gewerbebehörden unterrichten die Ausländerbehörden, wenn ein Ausländer ein Gewerbe anmeldet, einen Antrag auf eine gewerberechtliche Erlaubnis stellt oder wenn ihm die Ausübung eines Gewerbes untersagt bzw. wenn die Erlaubnis zurückgenommen oder widerrufen wird.

224

4. Erste allgemeine Verwaltungsvorschrift zur Durchführung des Titels XI – Gewerbezentralregister – der Gewerbeordnung (1. GZRVwV)

Vom 17. November 1975 (BAnz. Nr. 217) geändert durch AVwV vom 16. 12. 1977 (BAnz. Nr. 239)

Zweiter Abschnitt: Auskunft aus dem Register

§ 6 Auskunfterteilung an den Betroffenen

(1) Auskunft an den Betroffenen wird nur auf Antrag erteilt. Zur Stellung des Antrags ist der Betroffene oder sein gesetzlicher Vertreter berechtigt; andere Personen können den Betroffenen bei der Antragstellung nicht vertreten. Betroffener ist die natürliche oder juristische Person oder die Personenvereinigung, über die Auskunft erteilt werden soll. Antragsteller ist die natürliche Person, die bei der zuständigen Behörde den Antrag auf Erteilung der Auskunft stellt.

(2) Der Antrag ist bei der für die Durchführung des § 150 Abs. 2 GewO zuständigen Behörde zu stellen. Der Antragsteller hat ihr seine Identität nachzuweisen; handelt er als gesetzlicher Vertreter, so muß er außerdem die Identität des Betroffenen und seine Vertretungsbefugnis nachweisen.

(3) Die Behörde hat die Entgegennahme des Antrags einer Person, die zur Antragstellung nicht berechtigt ist, abzulehnen. Das gleiche gilt, wenn Voraussetzungen des Absatzes 2 Satz 2 fehlen.

(4) Für die Entgegennahme des Antrags durch die Behörde gilt § 9.

(5) Der Antrag kann unmittelbar bei der Registerbehörde gestellt werden, wenn der Antragsteller außerhalb des Geltungsbereichs der Gewerbeordnung wohnt. Den Anforderungen des Absatzes 2 Satz 2 kann durch die Bescheinigung einer Behörde außerhalb des Geltungsbereichs der Gewerbeordnung entsprochen werden.

§ 7 Auskunfterteilung an Behörden

(1) Enthält die der Behörde nach § 150a Abs. 1 Nr. 2 GewO erteilte Auskunft Eintragungen und beabsichtigt die Behörde gegen den Betroffenen eine in § 149 Abs.

2 Nr. 1 GewO bezeichnete Entscheidung zu treffen, so teilt sie ihm mit, wo er die Auskunft auf Verlangen einsehen kann (§ 150a Abs. 4 GewO). Von der Mitteilung kann abgesehen werden, wenn durch sie die Erfüllung öffentlicher Aufgaben erschwert würde.

(2) Auskünfte nach § 150a abs. 1 Nr. 3 GewO werden gegen Erstattung der für eine Sondererhebung erforderlichen Kosten erteilt, sofern die gewünschten Angaben nicht der Geschäftsstatistik oder der jährlichen Übersicht der Registerbehörde entnommen werden können.

§ 8 Auskunfterteilung an Stellen außerhalb des Geltungsbereichs der Gewerbeordnung

(1) Auskünfte an Behörden außerhalb des Geltungsbereichs der Gewerbeordnung sowie an über- und zwischenstaatliche Stellen werden nur erteilt, wenn eine entsprechende völkerrechtliche Vereinbarung besteht.

(2) Die Auskunftersuchen sind zusammen mit dem Registerauszug dem Bundesminister der Justiz zur Entscheidung vorzulegen.

5. Anordnung über Mitteilungen in Strafsachen (MiStra)

Vereinbarungen zwischen den Landesjustizverwaltungen und dem Bundesminister der Justiz in der ab 1. Januar 1978 geltenden Fassung (BAnz 1977 Nr. 215)

Erster Teil Allgemeine Vorschriften

Nr. 1 Grundsatz

(1) In zahlreichen Strafverfahren werden Vorgänge erörtert, die auch für andere Behörden oder Stellen wichtig sind und ihnen zu Maßnahmen Anlaß geben können.

Um ihnen die Kenntnis dieser Vorgänge zu vermitteln, bedarf es der Unterrichtung durch die Justizbehörden.

(2) Die Mitteilungen ergehen von Amts wegen.

(3) In welchen Fällen und zu welchen Zeitpunkten die Justizbehörden zu einer Mitteilung verpflichtet sind, ist in den folgenden Vorschriften geregelt.

Daneben sind die Mitteilungspflichten zu beachten, die sich aus anderen Verwaltungsvorschriften oder aus Gesetzen ergeben.

wenn die Straftat zugleich ein anderes Strafgesetz verletzt und die Strafe diesem entnommen werden muß oder entnommen worden ist.

Nr. 8 Form der Mitteilungen

(1) Die Mitteilung wird, soweit dies möglich und nichts anderes vorgeschrieben ist, durch Übersendung einer Abschrift des mitzuteilenden Schriftstücks bewirkt. Auf der Abschrift wird ein grüner Klebezettel oder ein Aufdruck mit folgendem Inhalt angebracht:

..(Absendende Stelle) ...., den ....19....

An

....

in ....

Zum dortigen Aktenzeichen: ....
Mitteilung nach Nr. ....
der Anordnung über Mitteilungen in Strafsachen«
(2) Abschriften sind nur zu beglaubigen, wenn es besonders bestimmt wird.
(3) Soweit es nicht der Übersendung einer Abschrift bedarf, sollen Vordrucke
verwendet werden.

Nr. 9 Mitteilungsweg

Die Mitteilungen werden dem Empfänger unmittelbar übersandt. Mitteilungen an
oberste Bundes- und Landesbehörden in Verfahren, in denen der obersten Justiz-
behörde zu berichten ist, sind jedoch auf dem Dienstwege zu machen.

Zweiter Teil Die einzelnen Mitteilungspflichten

1. Abschnitt Allgemeine Mitteilungspflichten

Nr. 10 Mitteilungen an die anzeigende Stelle

(1) Hat eine Behörde oder eine Körperschaft des öffentlichen Rechts die Strafverfolgung veranlaßt, so ist ihr der Ausgang des Verfahrens mitzuteilen. Für Mitteilungen an die Polizei gilt Nr. 11.
   (2) Ist die Strafverfolgung von einer anderen Stelle veranlaßt worden, so erhält
diese eine Mitteilung, wenn es der Richter oder der Staatsanwalt anordnet.
   (3) In Strafsachen gegen Jugendliche und Heranwachsende darf nur mitgeteilt
werden
a) die Einstellung des Verfahrens durch die Staatsanwaltschaft,
b) die Freisprechung,
c) die Verurteilung zu einer Strafe oder einer Maßregel der Besserung und Sicherung,
d) die Tatsache, daß das Verfahren nicht zu einer Bestrafung geführt hat.

Nr. 11 Mitteilungen an die Polizei

(1) Hat die Polizei bei der Übersendung der Ermittlungsvorgänge mit einem Vordruck um Mitteilung des Aktenzeichens und des Ausgangs des Verfahrens gebe-
ten, so ist der Vordruck ausgefüllt zurückzusenden.

(2) In Strafsachen gegen Jugendliche und Heranwachsende darf nur mitgeteilt werden

a) das Aktenzeichen,

b) die Einstellung des Verfahrens durch die Staatsanwaltschaft,

c) das Absehen von der Verfolgung nach § 45 Abs. 2 JGG,

d) die Freisprechung. Wird der Angeklagte nach § 20 StGB freigesprochen, so darf auch das mitgeteilt werden; im Falle der Freisprechung wegen mangelnder Verantwortlichkeit nach § 3 JGG ist dagegen nur die Tatsache der Freisprechung anzugeben,

e) die Verurteilung zu einer Strafe oder einer Maßregel der Besserung und Sicherung, die Verwarnung mit Strafvorbehalt nach § 59 StGB oder das Absehen von Strafe nach § 60 StGB,

f) die Feststellung der Schuld nach § 27 JGG,

g) die Tatsache, daß das Verfahren durch eine Entscheidung des Gerichts anders als durch Freisprechung oder Verurteilung zu einer Strafe oder Feststellung der Schuld nach § 27 JGG beendet worden ist.

Nr. 12   Weitere Mitteilungen an die Polizei

(1) Mitteilungen, die nach den §§ 4 bis 9, § 12, §§ 14 bis 18 des Bundeszentralregistergesetzes dem Bundeszentralregister gemacht werden müssen, sind auch der (Kriminal-) Polizeidienststelle zu machen, in deren Bezirk der Wohnsitz des Beschuldigten liegt. Die Mitteilungen unterbleiben in Verfahren wegen fahrlässig begangener Verkehrsstraftaten.

(2) Hat der Beschuldigte keinen Wohnsitz im Gebiet der Bundesrepublik einschließlich des Landes Berlin, so ist die Mitteilung an die (Kriminal-) Polizeidienststelle seines gewöhnlichen Aufenthaltsortes, und, wenn auch dieser nicht bekannt ist, seines letzten Wohnsitzes (Aufenthaltsortes) zu machen.

6. Richtlinien für das Strafverfahren und das Bußgeldverfahren (RiStBV)

vom 1. Januar 1977

Allgemeiner Teil

IX. Abschnitt Akteneinsicht, Auskünfte und Erteilung von Abschriften

182 Geltungsbereich

(1) Soweit gesetzlich nichts anderes bestimmt ist (z.B. in den §§ 147, 385, 397 StPO, § §§. RVO), gelten für die Akteneinsicht die folgenden Vorschriften.

(2) Die Vorschriften über die Akteneinsicht gelten sinngemäß für die Erteilung von Auskünften und die Überlassung von Abschriften oder Ablichtungen aus den Akten, soweit nicht eine besondere Regelung getroffen ist. Die Nr. 236 und 242 bleiben unberührt.

(3) Bei Verschlußsachen ist Nr. 213 zu beachten.

183 Zuständigkeit für die Gewährung der Akteneinsicht

Über die Akteneinsicht entscheidet
a) im vorbereitenden Verfahren und nach Einstellung des Ermittlungsverfahrens der Staatsanwalt,
b) in der Zeit vom Eingang der Anklage bei Gericht bis zum rechtskräftigen Abschluß des Verfahrens der Vorsitzende des jeweils mit der Sache befaßten Gerichts,
c) nach dem rechtskräftigen Abschluß des gerichtlichen Verfahrens die Justizverwaltungsbehörde, bei der oder auf deren Veranlassung die Akten verwahrt werden. Befinden sich die Akten im Gewahrsam des Gerichts, so soll in Zweifelsfällen der Staatsanwalt gehört werden.

230

184 Genehmigung durch den Generalstaatsanwalt

(1) Beabsichtigt der Staatsanwalt, Akteneinsicht zu gewähren, so holt er die Genehmigung des Generalstaatsanwalts ein, wenn
a) die Eintragung über die Verurteilung im Bundeszentralregister getilgt ist oder
b) die Verurteilung nicht in das Führungszeugnis aufgenommen wird und die Akteneinsicht von einer Stelle begehrt wird, die nach den §§ 39, 57 BZRG keine Auskunft aus dem Zentralregister oder dem Erziehungsregister erhält, es sei denn, daß seit der Rechtskraft der Entscheidung nicht mehr als drei Jahre verstrichen sind.

(2) Der Genehmigung bedarf es nicht, wenn derjenige, der von der gerichtlichen Entscheidung in dem Verfahren betroffen ist, der Einsichtnahme zustimmt.

185 Grundsätze für die Akteneinsicht

(1) Gerichten, Staatsanwaltschaften, den obersten Bundes- und Landesbehörden und höheren Verwaltungsbehörden wird Akteneinsicht gewährt.

(2) Andere Behörden und öffentliche Körperschaften erhalten auf Ersuchen Akteneinsicht, wenn sie ihr berechtigtes Interesse darlegen. Ist das Verfahren eingestellt, der Angeklagte freigesprochen oder liegen die Voraussetzungen der Nr. 184 Abs. 1 vor, so wird die Akteneinsicht versagt, wenn dem Interesse an der Einsichtnahme ein höheres Interesse des Betroffenen, namentlich an seiner Resozialisierung, entgegensteht. Bestehen Bedenken gegen die Akteneinsicht, so ist zu prüfen, ob eine Auskunft aus den Akten erteilt werden kann.

(3) Für wissenschaftliche Vorhaben wird Akteneinsicht gewährt, wenn und soweit deren Bedeutung dies rechtfertigt und die Gewähr besteht, daß ein Mißbrauch der erlangten Kenntnisse nicht zu befürchten ist. Die Gewährung der Akteneinsicht kann mit Auflagen verbunden werden.

(4) Einem bevollmächtigten Rechtsanwalt oder Rechtsbeistand wird Akteneinsicht gewährt, wenn er ein berechtigtes Interesse (z.B. für die Prüfung bebürgerlich-rechtlicher Ansprüche, für die Vorbereitung eines Verwaltungsstreitverfahrens oder einer Beschwerde gegen den Einstellungsbescheid) darlagt und wenn sonst Bedenken nicht bestehen.

(5) Privatpersonen und privaten Einrichtungen wird die Akteneinsicht grundsätzlich versagt. Einfach und schnell zu erledigende Auskünfte können Privatpersonen, insbesondere dem Geschädigten oder privaten Einrichtungen erteilt werden, wenn ein berechtigtes Interesse an der Auskunftserteilung dargelegt ist und wenn sonst Bedenken nicht bestehen.

186 Vorrang der Verfahrensbearbeitung

Durch die Akteneinsicht dürfen Verfahren nicht unangemessen verzögert werden.

187 Umfang der Akteneinsicht

(1) Die Akteneinsicht kann auf einzelne Aktenteile beschränkt werden, wenn dies im öffentlichen Interesse liegt oder dadurch die Bloßstellung einer Privatperson vermieden werden kann.

(2) Von der Einsicht sind die Handakten der Staatsanwaltschaft und andere innerdienstliche Vorgänge auszuschließen. In Akten einer anderen Verwaltung darf nur mit deren ausdrücklicher Zustimmung Einsicht gewährt werden.

(3) Befindet sich eine Registerauskunft bei den Akten, ist Nr. 16 Abs. 2 Satz 2 zu beachten.

188 Bescheid an den Antragsteller

(1) Wird die Akteneinsicht versagt, so wird dem Antragsteller ein kurzer Bescheid erteilt. Hat der Antragsteller ein berechtigtes Interesse an der Akteneinsicht dargelegt, so muß der Bescheid erkennen lassen, daß dieses Interesse gegen entgegenstehende Interessen abgewogen worden ist.

(2) Ist der Antrag von einer Privatperson oder einer privaten Einrichtung gestellt worden, so ist in geeigneten Fällen auf die Möglichkeit der Akteneinsicht durch einen bevollmächtigten Rechtsanwalt hinzuweisen.

189 Überlassung der Akten

(1) Behörden und Gerichten werden die Akten übersandt.

(2) Rechtsanwälten und Rechtsbeiständen sollen auf Antrag die Akten mit Ausnahme der Beweisstücke zur Einsichtnahme mitgegeben oder übersandt werden, soweit nicht wichtige Gründe entgegenstehen.

(3) Im übrigen ist die Akteneinsicht grundsätzlich nur in den Diensträumen der Staatsanwaltschaft oder des Gerichts zu gewähren.

Besonderer Teil

1. Staatsschutz und verwandte Strafsachen

205 Fühlungnahme mit den Ämtern für Verfassungsschutz und den übrigen Nachrichtendiensten der Bundesrepublik Deutschland in Staatsschutzverfahren

(1) In Staatsschutzverfahren (§§ 74a, 120 GVG, Art. 7, 8 des Vierten Strafrechtsänderungsgesetzes) ist es in der Regel geboten, mit den Behörden für Verfassungsschutz und den übrigen Nachrichtendiensten der Bundesrepublik Deutschland im Rahmen ihrer Aufgabenbereiche Fühlung zu nehmen, damit dort gesammelte Nachrichten und Unterlagen bei den Ermittlungen ausgewertet werden können. Auf die beim Bundesamt für Verfassungsschutz bestehende zentrale Beweismittelsammelstelle wird hingewiesen. In Fällen von besonderer Bedeutung empfiehlt es sich, schon vor dem ersten Zugriff mit den bezeichneten Dienststellen in Verbindung zu treten.

(2) In Staatsschutzverfahren kann der Staatsanwalt den in Abs. 1 bezeichneten Dienststellen Abschriften von Niederschriften über Vernehmungen und andere Ermittlungshandlungen zur dienstlichen Auswertung überlassen.

(3) In Staatsschutzverfahren können Angehörige der in Abs. 1 bereichneten Dienststellen als Sachverständige oder Auskunftspersonen zu Vernehmungen und anderen Ermittlungshandlungen (z.B. Tatortbesichtigungen, Durchsuchungen und Beschlagnahmen) zugezogen werden. Ihre Zuziehung ist in den Akten zu vermerken.

(4) In Staatsschutzverfahren übersendet der Staatsanwalt dem Bundesamt für Verfassungsschutz (Zentrale Beweismittelsammelstelle) und der zuständigen Landesbehörde für Verfassungsschutz je eine Abschrift der Anklageschrift und der Urteile. Dies gilt auch für andere das Verfahren abschließende Entscheidungen, die wegen ihres Inhalts oder der in ihnen erwähnten Beweismittel für eine Auswertung von Bedeutung sind.

(5) Unbeschadet bestehender Berichtspflichten ist im Rahmen der Abs. 1 bis 4 der unmittelbare Geschäftsverkehr mit den in Abs. 1 bezeichneten Dienststellen zulässig.

206 Unterrichtung des Bundesamtes für Verfassungsschutz und der Landesbehörden für Verfassungsschutz in Verfahren wegen anderer Straftaten

In Verfahren wegen anderer Straftaten unterrichtet der Staatsanwalt das Bundesamt für Verfassungsschutz und die zuständigen Landesbehörden für Verfassungsschutz nach Maßgabe der Nr. 205 Abs. 4, wenn sich Anhaltspunkte für verfassungsfeindliche oder sicherheitsgefährliche Bestrebungen ergeben. Solche Anhaltspunkte können namentlich dann vorliegen, wenn der Verdacht begründet ist, daß die Straftat der Durchsetzung radikaler politischer Ziele dient.

207 Benachrichtigung des Bundeskriminalamtes

(1) Von der Einleitung eines Verfahrens wegen eines Organisationsdeliktes (§§ 84, 85, 129, 129a StGB; § 20 Abs. 1 Nr. 1 bis 4 des Vereinsgesetzes; § 47 Abs. 1 Nr. 7 des Ausländergesetzes) ist das Bundeskriminalamt, 5300 Bonn-Bad Godesberg, zu benachrichtigen. Dieses gibt auf Anfrage an Hand der von ihm geführten Karteien Auskünfte darüber, ob und wo wegen des gleichen oder eines damit zusammenhängenden Organisationsdeliktes ein weiteres Verfahren anhängig ist oder anhängig gewesen ist.

(2) Die Akten über Ermittlungs- und Strafverfahren wegen Friedensverrats (§§ 80, 80a StGB), Hochverrats (§§ 81 bis 83a StGB), Landesverrats und Gefährdung der äußeren Sicherheit (§§ 93 bis 101a StGB), Gefährdung des demokratischen Rechtsstaats und Organisationsdelikten (§§ 84 bis 92b, 129, 129a StGB; § 20 Abs. 1 Nr. 1 bis 4 des Vereinsgesetzes und § 47 Abs. 1 Nr. 7 des Ausländergesetzes) werden von der Staatsanwaltschaft alsbald nach Abschluß des Verfahrens dem Bundeskriminalamt, 5300 Bonn-Bad Godesberg, zur Auswertung übersandt.

Ausgenommen sind:

a) Akten, die keinerlei Erkenntnisse sachlicher oder personeller Art enthalten, z.B. Akten über Verfahren, die ohne Vernehmung von Zeugen und Beschuldigten mangels Anhaltspunkten für eine Aufklärung eingestellt worden sind, und

b) Akten über selbständige Einziehungsverfahren.

208 Verfahren betreffend staatsgefährdende Schriften

(1) Ist eine Schrift (§ 11 Abs. 2 StGB) zur Begehung einer Straftat nach den §§ 80 bis 101a, 129 bis 131 StGB, § &0 Abs. 1 Nr. 1 bis 4 des Vereinsgesetzes oder nach 47 Abs. 1 Nr. 7 des Ausländergesetzes gebraucht worden oder bestimmt gewesen, benachrichtigt der Staatsanwalt das Bundeskriminalamt, 5300 Bonn-Bad Godesberg, unter Verwendung des vorgeschriebenen Vordrucks unverzüglich von der Einleitung des Verfahrens. Einer gesonderten Benachrichtigung von der Einleitung des Verfahrens bedarf es nicht, wenn das Bundeskriminalamt binnen kürzester Frist durch ein Auskunftsersuchen nach Abs. 2 oder durch eine Mitteilung nach Abs. 4 benachrichtigt wird.

(2) Bevor der Staatsanwalt die Beschlagnahme oder die Einziehung beantragt, holt er unter Verwendung des vorgeschriebenen Vordrucks eine Auskunft des Bundeskriminalamtes darüber ein, ob und wo wegen der Schriften (§ 11 Abs. 3 StGB) schon ein Verfahren anhängig ist oder anhängig gewesen ist und ob und wo bereits Beschlagnahme- oder Einziehungsentscheidungen beantragt oder ergangen sind. In Eilfällen kann die Auskunft auch fernmündlich sowie unter Verwendung der Ordnungsziffern des Vordrucks fernschriftlich oder telegrafisch eingeholt werden. Ergibt sich aus der Auskunft des Bundeskriminalamtes, daß in einem wegen derselben Schriften (§ 11 Abs. 3 StGB) bereits anhängigen Verfahren eine die gesamte Auflage erfassende (allgemeine) Beschlagnahmeanordnung beantragt oder ergangen oder eine allgemeine Einziehung beantragt oder angeordnet, aber noch nicht rechtskräftig geworden ist, so wartet der Staatsanwalt den Abschluß dieses Verfahrens ab, wenn für ihn lediglich die Durchführung des selbständigen Einziehungsverfahrens in Betracht käme. In allen anderen Fällen gilt Nr. 249 sinngemäß.

(3) In selbständigen Einziehungsverfahren ist zu prüfen, ob auf die Herbeiführung einer gerichtlichen Beschlagnahme verzichtet und sogleich die Einziehung beantragt werden kann; von dieser Möglichkeit wird in der Regel bei selbständigen Einziehungsverfahren betreffend Massenschriften Gebrauch zu machen sein. Anträge auf Beschlagnahme sollen nach Möglichkeit beim Amtsgericht am Sitz der in § 74a GVG bezeichneten Strafkammer gestellt werden. Anträge auf Beschlagnahme oder Einziehung sollen, soweit nicht Rechtsgründe entgegenstehen, die gesamte Aufl-ge erfassen.

(4) Das Bundeskriminalamt ist von allen auf Beschlagnahme- und Einziehungsanträge hin ergehenden Entscheidungen sowie von der Rücknahme solcher Anträge unter Verwendung des vorgeschriebenen Vordrucks unverzüglich zu benachrichtigen. Handelt es sich um die Entscheidungen, durch welche die Beschlagnahme oder Einziehung nicht periodischer Schriften angeordnet, wieder aufgehoben oder abgelehnt wird, so kann zugleich um Bekanntmachung der Entscheidung im Bundeskriminalblatt ersucht werden; dasselbe gilt bei periodischen Schriften, die im räumlichen Geltungsbereich des Strafgesetzbuches erscheinen.

(5) Im übrigen gelten die Nr. 226 Abs. 1 Satz 4 und Abs. 2, 251, 252 und 253 sinngemäß. Für die Verwertung der in Staatsschutzverfahren eingezogenen Filme gilt die bundeseinheitlich getroffene Anordnung vom 2. April 1973.

(6) Postsendungen, die von den Zollbehörden gemäß § 2 des Gesetzes zur Überwachung strafrechtlicher und anderer Verbindungsverbote vom 24. Mai 1961 (Bundesgesetzbl. I S. 607) der Staatsanwaltschaft vorgelegt, jedoch von dieser nach Prüfung freigegeben werden, sind beschleunigt an die Empfänger weiterzuleiten. Geöffnete Sendungen sind zu verschließen sowie mit dem Vermerk:

«Auf Grund des Gesetzes zur Überwachung strafrechtlicher und anderer Verbringungsverbote vom 24. Mai 1961 zollamtlich geöffnet und von der Staatsanwaltschaft freigegeben»

und mit dem Dienststempel der Staatsanwaltschaft zu versehen.

213 Geheimhaltung

(1) Geheimzuhaltende Tatsachen und Erkenntnisse, insbesondere Staatsgeheimnisse (§ 93 StGB), dürfen in Sachakten nur insoweit schriftlich festgehalten werden, als dies für das Verfahren unerläßlich ist.

(2) Bei der Behandlung von Verschlußsachen sind die Vorschriften der Verschlußsachenanweisung, bei der Behandlung von Verschlußsachen zwischenstaatlichen oder überstaatlichen Ursprungs die für diese geltenden besonderen Geheimschutzvorschriften zu beachten. Das gilt auch bei der Mitteilung von Verschlußsachen an Verteidiger, Sachverständige und sonstige Verfahrensbeteiligte (z.B. Dolmetscher), soweit nicht zwingende Rechtsgrundsätze entgegenstehen.

(3) Auch wenn bei der Mitteilung von Verschlußsachen an Verteidiger, Sachverständige oder sonstige Verfahrensbeteiligte zwingende Rechtsgrundsätze den Vorschriften der Verschlußsachenanweisung oder den besonderen Geheimschutzvorschriften entgegenstehen, sind die Empfänger gleichwohl eindringlich auf ihre Geheimhaltungspflicht (§§ 93 ff., 203, 353b, 353c StGB) hinzuweisen; dabei ist ihnen zu empfehlen, bei der Behandlung der Verschlußsachen nach den im Einzelfall einschlägigen Vorschriften zu verfahren, die ihnen zu erläutern sind. Über den Hinweis und die Empfehlungen ist ein Vermerk zu den Akten zu nehmen; dieser soll vom Empfänger unterschrieben werden.

(4) Der Mitteilung von Verschlußsachen an Verteidiger im Sinne der Abs. 2 und 3 steht die Akteneinsicht gleich, wenn sie sich auf Verschlußsachen erstrecken. Bei Akten, die Verschlußsachen des Geheimhaltungsgrades VS-VERTRAULICH, GEHEIM oder STRENG GEHEIM enthalten, ist besonders sorgfältig zu prüfen,
a) ob nicht wichtige Gründe entgegenstehen, dem Verteidiger die Akten zur Einsichtnahme in seine Geschäftsräume oder in seine Wohnung mitzugeben (§ 147 Abs. 4 StPO);
b) ob rechtliche Bedenken gegen die Anfertigung von Notizen, Abschriften, Auszügen oder Ablichtungen durch den Verteidiger bestehen.
Dies gilt sinngemäß bei Sachverständigen und sonstigen Verfahrensbeteiligten.

(5) In geeigneten Fällen soll der Staatsanwalt die Verteidiger, Sachverständigen und sonstigen Verfahrensbeteiligten zur Geheimhaltung der ihnen mitgeteilten geheimhaltungsbedürftigen Umstände unter Hinweis auf die Strafbarkeit der Geheimnisverletzung (§ 353c Abs. 2 StGB) förmlich verpflichten. Dabei ist zu beachten, daß eine derartige Verpflichtung zur Geheimhaltung nur auf Grund eines Gesetzes oder mit Einwilligung des Betroffenen möglich ist. Über die Einwilligung des Betroffenen und über die Vornahme der Verpflichtung ist ein Vermerk zu den Akten zu nehmen, der von dem Verpflichteten unterschrieben werden soll.

(6) Ist eine Gefährdung der Staatssicherheit zu besorgen, so hat der Staatsanwalt durch entsprechende Anträge auf gerichtliche Maßnahmen nach §§ 172 und 174 Abs. 2 GVG hinzuwirken. Im übrigen ist Nr. 131 zu beachten.

214 Verlust oder Preisgabe von Verschlußsachen

Bei Ermittlungen, die den Verlust oder die Preisgabe von Verschlußsachen betreffen, ist zu prüfen, ob eine Verpflichtung besteht, ausländische Geheimhaltungsinteressen wahrzunehmen. Hierzu kann es sich empfehlen, eine Anfrage an den Bundesminister des Innern zu richten, der eine Liste der Internationalen Geheimschutzvereinbarungen führt.

2. Geld- und Wertzeichenfälschung

215 Internationale Abkommen

Bei der Verfolgung der Geld- und Wertzeichenfälschung (Münzstrafsachen) sind völkerrechtliche Vereinbarungen, insbesondere das Internationale Abkommen vom 20. April 1929 zur Bekämpfung der Falschmünzerei (Reichsgesetzbl. 1933 II S. 913) zu beachten. Auskunft erteilt der Bundesminister der Justiz.

216 Zusammenwirken mit anderen Stellen

(1) Bei der Verfolgung von Münzstrafsachen arbeitet der Staatsanwalt insbesondere mit folgenden Stellen zusammen:
a) dem Bundeskriminalamt und den Landeskriminalämtern,
b) der Deutschen Bundesbank, Wilhelm-Eppstein-Str. 14, 6000 Frankfurt am Main, wenn es sich -m in- oder ausländische Noten oder Münzen handelt,
c) der Bundesschuldenverwaltung, Bahnhofstraße 16, 6380 Bad Homburg v. d. H., wenn es sich um Schuldverschreibungen oder Zins- und Erneuerungsscheine des Deutschen Reiches, der Deutschen Reichspost, des Preußischen Staates, der Bundesrepublik Deutschland, der Deutschen Bundesbahn oder der Deutschen Bundespost handelt.
(2) Bei Münzstrafsachen, die Schuldverschreibungen oder deren Zins- oder Erneuerungsscheine betreffen, soll die Körperschaft (z.B. das Land, die Gemeinde, der Gemeindeverband) beteiligt werden, die echte Sch-ldverschreibungen dieser Art ausgegeben hat oder in ihnen als Ausgeber genannt ist.

217 Nachrichtensammel- und Auswertungsstelle bei dem Bundeskriminalamt

(1) Bei der Verfolgung von Münzstrafsachen beachtet der Staatsanwalt, daß das Bundeskriminalamt auf diesem Gebiet die Aufgaben einer Zentralstelle wahr-

nimmt (vgl. Art. 12, 13 des Internationalen Abkommens zur Bekämpfung der Falschmünzerei) und die folgenden Sammlungen unterhält:
a) Falschgeldtypenlisten,
   in denen alle bekannt gewordenen in- und ausländischen Falschgeldtypen registriert sind unter Angabe der Orte, an denen Falsch Falschgeld in Erscheinung
   getreten ist;
b) eine Geldfälscherkartei,
   die untergliedert ist in
   aa) eine Hersteller- und Verbreiterkartei; aus ihr kann Auskunft über die Per-
       sonen erteilt werden, die als Hersteller oder Verarbeiter von Falschgeld in
       Erscheinung getreten sind;
   bb) eine Typenherstellerkartei; aus ihr kann Auskunft erteilt werden über die
       Hersteller bestimmter Fälschungstypen (bei Münzen) oder Fälschungs-
       klassen (bei Noten).
(2) Auch die Landeskriminalämter unterhalten eine Nachrichtensammelstelle
zur Bekämpfung von Geldfälschungen; sie stehen in enger Verbindung mit dem
Bundeskriminalamt und erhalten von diesem regelmäßig Bericht mit Angaben
über die Anfallmenge, Anfallorte und Verausgabungsstellen, mit Hinweisen auf
vermutliche Verbreitungszusammenhänge sowie mit einer Übersicht über die
Menge der angehaltenen Fälschungstypen, Fälschungsklassen und die Verbrei-
tungsschwerpunkte.

4. Bekämpfung gewaltverherrlichender, pornographischer und sonstiger jugendgefährdender Schriften

223 Zentralstellen der Länder

Die Zentralstellen der Länder zur Bekämpfung gewaltverherrlichender, pornographischer und sonstiger jugendgefährdender Schriften sorgen dafür, daß Straftaten nach den §§ 131, 184 StGB und §§ 6, 21 des Gesetzes über die Verbreitung jugendgefährdender Schriften (GjS) in der Fassung vom 29. April 1961 (Bundesgesetzbl. I S. 497), zuletzt geändert durch Gesetz vom 2. März 1974 (Bundesgesetzbl. I S. 469), und Ordnungswidrigkeiten nach den §§ 119, 120 Abs. 1 Nr. 2
OWiG sowie Straftaten und Ordnungswidrigkeiten nach §§ 56 Abs. 1 Nr. 1
Buchst. i, 145 Abs. 2 Nr. 2 Buchst. a, 148 GewO nach einheitlichen Grundsätzen
verfolgt werden und halten insbesondere in den über den Bereich eines Landes
hinausgehenden Fällen miteinander Verbindung. Sie beobachten auch die in ihrem
Geschäftsbereich erscheinenden oder verbreiteten Zeitschriften und Zeitungen.

224 Mehrere Strafverfahren

(1) Das Bundeskriminalamt gibt Auskunft darüber, ob eine Schrift (§ 11 Abs. 3 StGB) bereits Gegenstand eines Strafverfahrens nach §§ 131, 184 StGB oder §§ 6, 21 GjS gewesen ist.

(2) Um zu verhindern, daß voneinander abweichende Entscheidungen ergehen, sind folgende Grundsätze zu beachten:

a) Leitet der Staatsanwalt des Verbreitungsortes ein Verfahren wegen einer gewaltverherrlichenden, pornographischen oder sonstigen jugendgefährdenden Schrift ein, so unterrichtet er gleichzeitig den Staatsanwalt des Erscheinungsortes. Dieser teilt ihm unverzüglich mit, ob er ebenfalls ein Verfahren eingeleitet hat oder einzuleiten beabsichtigt, und unterrichtet ihn über den Ausgang des Verfahrens.

b) Will der Staatsanwalt des Verbreitungsortes aus besonderen Gründen sein Verfahren durchführen, bevor das Verfahren am Erscheinungsort abgeschlossen ist, so führt er die Entscheidung der Landesjustizverwaltung (der Zentralstelle, falls ihr die Entscheidungsbefugnis übertragen ist) herbei.

c) Die Genehmigung der Landesjustizverwaltung (der Zentralstelle) ist auch dann einzuholen, wenn wegen einer Schrift eingeschritten werden soll, obwohl ein anderes Verfahren wegen derselben Schrift bereits deswegen zur Einstellung, zur Ablehnung der Eröffnung des Hauptverfahrens, zu einem Freispruch oder zur Ablehnung der Einziehung geführt hat, weil sie nicht als gewaltverherrlichend, pornographisch oder sonst jugendgefährdend erachtet worden ist.

(3) Auf Schriften, auf denen der Name des Verlegers oder – beim Selbstverlag – der Name des Verfassers oder des Herausgebers und ein inländischer Erscheinungsort nicht angegeben sind, findet Abs. 2 keine Anwendung.

226 Veröffentlichung von Entscheidungen

(1) Die Beschlagnahme gewaltverherrlichender, pornographischer und sonstiger jugendgefährdender Schriften ist im Bundeskriminalblatt bekanntzumachen, sofern nicht wegen voraussichtlich geringer oder n nur örtlich beschränkter Verbreitung eine Veröffentlichung im Landeskriminalblatt genügt. Beschränkt sich die Beschlagnahme auf die in § 74d Abs. 3 StGB bezeichneten Stücke, so wird hierauf in der Bekanntmachung hingewiesen. Nr. 251 Abs. 2 bis 6 gilt sinngemäß. Wird die Beschlagnahme aufgehoben, so ist dies in gleicher Weise bekanntzumachen.

(2) Bei rechtskräftigen Entscheidungen, die auf einziehung einer Schrift erkennen, ist nach § 81 StVollstrO zu verfahren. Rechtskräftige Entscheidungen, in denen das Gericht den gewaltverherrlichenden, pornographischen oder sonst jugendgefährdenden Charakter der Schrift verneint und den Angeklagten freigesprochen oder die Einziehung abgelehnt hat, sind im Bundeskriminalblatt auszugsweise zu veröffentlichen, wenn die Schrift genau genug bezeichnet werden

kann. Ist die Schrift nur in wenigen Stücken oder nur in örtlich begrenztem Gebiet verbreitet worden, so genügt die Veröffentlichung im Landeskriminalblatt.

227 Unterrichtung des Bundeskriminalamts

Entscheidungen über die Beschlagnahme oder die Einziehung von Schriften nach §§ 74d, 76a StGB, sofern die Aufnahme dieser Schriften in die Liste nach § 1 GjS nicht bereits bekanntgemacht ist, sowie (rechtskräftige) Entscheidungen, in denen das Gericht den gewaltverherrlichenden, pornographischen oder sonstigen jugendgefährdenden Charakter der Schrift verneint hat, teilen die Zentralstellen dem Bundeskriminalamt auch dann mit, wenn eine Bekanntmachung oder Veröffentlichung im Bundeskriminalblatt nicht verlangt wird oder nicht erfolgt ist.

228 Unterrichtung der Bundesprüfstelle für jugendgefährdende Schriften

Stellt ein Gericht in einer rechtskräftigen Entscheidung fest, daß eine Schrift pornographisch ist oder den in § 131 StGB bezeichneten Inhalt hat, so übersendet die Zentralstelle eine Ausfertigung dieser Entscheidung der Bundesprüfstelle für jugendgefährdende Schriften zur Durchführung des Verfahrens nach § 18 GjS. Die Ausfertigung soll mit Rechtskraftvermerk versehen sein.

7. Richtlinien für die Führung Kriminalpolizeilicher personenbezogener Sammlungen (KpS)

i.d.F. der Beschlüsse des Arbeitskreises II der IMK (Öffentliche Sicherheit und Ordnung) v. 28./29. März 1979*)

1. Gegenstand

1.1 Zu den Kriminalpolizeilichen personenbezogenen Sammlungen (KpS) gehören:
Unterlagen
– über Personen, die einer Straftat beschuldigt oder tatverdächtig sind
– die aus sonstigen Gründen für die Erfüllung polizeilicher Aufgaben notwendigerweise über eine Person geführt werden müssen.
1.2 Die KpS können in Form von Akten, manuell oder automatisch geführten Dateien oder in einer anderen systematisch geordneten Form unterhalten werden.
1.3 Bei der Speicherung, Veränderung, Löschung oder Übermittlung personenbezogener Daten sind das Bundesdatenschutzgesetz bzw. die Datenschutzgesetze der Länder zu beachten.

2. Zweck

Zweck der KpS ist
– bei künftigen Ermittlungen
  • die Aufklärung des Sachverhalts zu unterstützen und
  • die Feststellung von Tatverdächtigen zu fördern
– Hinweise auf mögliche künftige Straftaten zu geben
– bei der Identifizierung unbekannter hilfloser Personen und unbekannter Toter zu helfen
– Hinweise für das taktische Vorgehen und die Eigensicherung der Polizei zu geben
– Ablauf und Grundlagen polizeilichen Handelns zu dokumentieren.

3. Inhalt

In die KpS werden Unterlagen über personenbezogene Erkenntnisse aufgenommen.

* Für das BKA sowie die Polizeibehörden mehrerer Bundesländer bereits in Kraft gesetzt

3.1 Hierfür kommen insbesondere in Betracht:
- Vernehmungsniederschriften
- Anzeigen
- Hinweise von Auskunftspersonen
- Tatortbefunde
- Untersuchungsberichte und Gutachten
- Durchsuchungs- und Beschlagnahmeprotokolle
- Zwischen- und Schlußberichte
- Ermittlungs- und Auskunftsersuchen
- Ausschreibungen
- Fahndungshinweise und -ergebnisse
- Registerauszüge
- Straf- und Haftmitteilungen
- Verfahrenseinstellungen mit Gründen
- Verurteilungen und Freisprüche mit tragenden Urteilsgründen
- Erkennungsdienstliche Unterlagen
- KP-Meldungen
- Hinweise auf Selbsttötungsversuche sowie auf solche Suchtkrankheiten und psychische Störungen, die für die Gefahrenabwehr von Bedeutung sind
- Hinweise auf besondere Gefährlichkeiten (z.B. Waffenträger, Schläger, Ausbrecher)
- Hinweise auf Verbote im Bereich des Gewerbe-, Straßenverkehrs-, Waffen- oder Sprengstoffrechts.

3.2 Verkehrsordnungswidrigkeiten erscheinen in den KpS nicht. Sonstige verkehrsrechtliche Verstöße sowie Ordnungswidrigkeiten werden nur aufgenommen, wenn es Anhaltspunkte gibt, daß sie im Zusammenhang mit anderen Straftaten stehen oder an der Aufnahme aus kriminalpolizeilichen Gründen Interesse besteht.

4. Führung der KpS

4.1 Die KpS führenden Dienststellen ergeben sich aus den die Organisation der polizeilichen Aufgaben regelnden Vorschriften des Bundes und der Länder.

4.2 Die Regelung im einzelnen, insbesondere über Art und Weise der Führung der KpS, obliegt für ihren Bereich jeweils dem Bund und den Ländern nach Maßgabe dieser Richtlinien.

5. Übermittlung

5.1 Der Inhalt der KpS ist vertraulich und grundsätzlich nur für den Dienstgebrauch innerhalb der Polizei bestimmt. Eine Übermittlung ist nur zulässig, wenn dies zur rechtmäßigen Erfüllung der in der Zuständigkeit der die KpS führenden Dienststelle oder des Empfängers liegenden Aufgaben erforderlich ist.

5.2 Unterliegen Daten einem Berufs- oder besonderen Amtsgeheimnis und sind sie der die KpS führenden Dienststelle von der zur Verschwiegenheit verpflichteten Person in Ausübung ihrer Berufs- oder Amtspflicht übermittelt worden, sit für die Zulässigkeit der Übermittlung ferner erforderlich, daß der Empfänger die Daten zur Erfüllung des gleichen Zwecks benötigt, zu dem sie die KpS führende Dienststelle erhalten hat.

5.3 Übermittlungsbegehren sind zu begründen. Es dürfen nur Daten angefordert werden, deren Kenntnis im Einzelfall zur Erfüllung dieser Aufgabe erforderlich ist.

Die übermittelnde Polizeidienststelle hat die Zuständigkeit der anfragenden Stelle für Aufgaben, zu deren rechtmäßigen Erfüllung die Daten benötigt werden, zu prüfen. Bei allgemeinen Anfragen ist um eine nähere Konkretisierung der benötigten Angaben zu bitten.

5.4 Unter den in Nummer 5.1 bis 5.3 genannten Voraussetzungen dürfen Informationen auch an die nachfolgend bezeichneten Stellen übermittelt werden:

5.4.1 die Staatsanwaltschaften und Gerichte in Strafverfolgungs- und Strafvollstreckungsangelegenheiten,

5.4.2 Finanzbehörden für die Verfolgung von Straftaten, die zu ihrer Zuständigkeit gehören,

5.4.3 das Bundesamt und die Landesämter für Verfassungsschutz für die Erfüllung der ihnen gesetzlich zugewiesenen Aufgaben,

5.4.4 den Bundesnachrichtendienst und den Militärischen Abschirmdienst im Rahmen der Richtlinien für die Zusammenarbeit der Verfassungsschutzbehörden, des Bundesnachrichtendienstes, des Militärischen Abschirmdienstes, der Polizei und der Strafverfolgungsbehörden in Staatsschutzangelegenheiten vom 18. September 1970 in der Fassung vom 23.7.1973,

5.4.5 die Sicherheitsorgane der Stationierungsstreitkräfte im Rahmen des Art. VII des Abkommens zwischen den Parteien des Nordatlantikvertrages über die Rechtsstellung ihrer Truppen (Truppenstatut) vom 19. Juni 1951 (BGBl. II 1961 S. 1190),

5.4.6 Verwaltungsbehörden, soweit sie nach § 39 des Bundeszentralregistergesetzes auskunftsberechtigt sind, sowie sonstigen Behörden, wenn sie die Angaben zur Abwehr einer Gefahr von einem Einzelnen oder der Allgemeinheit benötigen.

5.5 Bei den unter Nummer 5.4 genannten Stellen ist jeweils zu prüfen, ob ein Hinweis auf andere Quellen (z.B. Bundeszentralregister oder Aktenzeichen der Staatsanwaltschaft, des Gerichts usw.) ausreichend ist. Mitteilungen über im Bundeszentralregister getilgte oder zu tilgende Verurteilungen und die zu Grunde liegenden Straftaten unterbleiben, falls nicht die Ausnahmevoraussetzungen des § 50 Bundeszentralregistergesetz vorliegen.

6. Auskunft an den Betroffenen

Dem Betroffenen kann auf Antrag Auskunft darüber erteilt werden, ob und gegebenenfalls welche Unterlagen über ihn in den KpS vorhanden sind, wenn eine Abwägung ergibt, daß sein Interesse das öffentliche Interesse an der Geheimhaltung überwiegt. Eine Auskunftserteilung ist ausgeschlossen, wenn die gesammelten Informationen oder die Tatsache ihrer Gewinnung, Übermittlung oder Aufbewahrung nach einer Rechtsvorschrift oder ihrem Wesen nach, namentlich wegen der überwiegenden berechtigten Interessen einer dritten Person, geheimgehalten werden müssen.

7. Datensicherung

7.1 Die Dienststellen, bei denen KpS geführt werden, haben die erforderlichen technischen und organisatorischen Maßnahmen gegen Mißbrauch und unerlaubten Zugriff zu treffen.
Insbesondere
    7.1.1 sind die mit den KpS befaßten Bediensteten über die einschlägigen Richtlinien zu unterweisen und über ihre Verschwiegenheitspflicht sowie die Wahrung des Datengeheimnisses zu belehren,
    7.1.2 sind die KpS in verschließbaren, für Unbefugte nicht zugänglichen Räumen aufzubewahren,
    7.1.3 ist die Versendung und der Verbleib der weitergegebenen Unterlagen nachzuweisen,
    7.1.4 ist zu gewährleisten, daß Auskunft, Einsichtgewährung und Versendung nur an Berechtigte erfolgen können,
    7.1.5 ist zu vermerken, an wen Informationen weitergegeben wurden.
7.2 Für KpS in automatisierten Verfahren sind darüber hinaus alle technischen und organisatorischen Maßnahmen zu treffen, die in der Anlage zu § 6 Abs. 1 Satz 1 Bundesdatenschutzgesetz genannt sind.

8. Aufbewahrungsdauer

8.1 Allgemeines

Die Aufbewahrung ist solang ezulässig, wie der mit ihr verfolgte polizeiliche Zweck es erfordert. Hierbei ist abzuwägen
– das öffentliche Interesse, zu Zwecken der Strafverfolgung und Verhütung von Straftaten auf polizeiliche Erkenntnisse zurückgreifen zu können mit
– dem aus dem verfassungsrechtlich gewährleisteten Schutz der Persönlichkeit hergeleiteten Interesse des einzelnen, solchen Einwirkungen der öffentlichen Gewalt nicht ausgesetzt zu sein.

8.2 Unverzügliche Aussonderung

Unterlagen sind unverzüglich auszusondern, wenn
– sie unzulässigerweise aufgenommen worden sind, oder

- deren Kenntnis für die KpS führende Dienststellen zur rechtmäßigen Erfüllung der in ihrer Zuständigkeit liegenden Aufgaben nicht mehr erforderlich ist, oder
- die Ermittlungen oder eine der Polizei bekannte Entscheidung der Staatsanwaltschaft oder eines Gerichts ergeben, daß die Erkenntnisse, die zur Aufnahme in die KpS geführt haben, nicht zutreffen, oder
- sie kraft Gesetzes von Amts wegen oder auf Antrag des Betroffenen auszusondern sind.

8.3 Regelmäßige Aussonderung

8.3.1 Die folgenden Fristen für die regelmäßige Aussonderung der KpS beruhen auf einer verallgemeinernden Interessenabwägung (vgl. Nr. 8.1) unter Berücksichtigung der verwaltungstechnischen Durchführbarkeit der Aussonderung.

8.3.2 In bestimmten Fällen können Unterlagen länger aufbewahrt werden, wenn Tatsachen die Annahme rechtfertigen, daß wegen Art und Ausführung der vermuteten Tat die Gefahr der Wiederholung besteht oder die Unterlagen aus sonstigen im Aufgabenbereich der Polizei liegenden Gründen weiterhin von besonderem Interesse sind.

8.3.3 Umgekehrt kann eine Unterschreitung der Regelfrist angemessen sein, wenn bei der Befassung mit aufbewahrtem Material dessen Wertlosigkeit zu den in Nr. 2 genannten Zwecken deutlich wird.

8.3.4 Unterlagen sind regelmäßig auszusondern
- 2 Jahre nach dem Tod des Betroffenen,
- mit Vollendung des 70. Lebensjahres des Betroffenen, es sei denn, es waren in den zurückliegenden 5 Jahren für seine Person die Voraussetzungen für die Aufnahme von Erkenntnissen in die KpS gegeben,
- im übrigen dann, wenn bei dem Betroffenen nach Aktenlage 10 Jahre lang diese Voraussetzungen nicht vorlagen, jedoch nicht vor Ablauf von 10 Jahren nach der Entlassung aus einer Justizvollzugsanstalt.

8.3.5 Bei Kindern ist nach 3 Jahren, bei Jugendlichen nach 5 Jahren zu prüfen, ob eine Aussonderung möglich ist.

8.3.6 Unterlagen über Vermißte sind, sofern sie nicht auch aus anderen zulässigen Gründen aufbewahrt werden,
- 5 Jahre nach Klärung des Falles,
- in unaufgeklärten Fällen zu dem Zeitpunkt, an dem der Vermißte das 90. Lebensjahr vollenden würde, frühestens aber 30 Jahre nach der Vermißtenmeldung auszusondern.

8.3.7 Unterlagen über Personen, die ausschließlich aus sonstigen im Aufgabenbereich der Polizei liegenden Gründen von besonderem polizeilichem Interesse sind, sind auszusondern
- nach dem Tode der Person,
- wenn Anhaltspunkte dafür vorliegen, daß das die Aufnahme von Unterlagen auslösende Ereignis sich nicht mehr wiederholt und ein an-

245

deres, das die Aufbewahrung der Unterlagen erforderlich machen würde, nicht eintritt.

8.3.8 Sofern die Aussonderung der Unterlagen sich nicht nach den Lebensdaten des Betroffenen richtet, beginnt die jeweils genannte Frist an dem Tag, an dem das letzte Ereignis eingetreten ist, bei dem die Voraussetzungen für die Aufnahme von Unterlagen in die KpS vorlagen.

9. Wirkung der angeordneten Aussonderung

9.1 Ausgesonderte Unterlagen sind zu vernichten. Bei Speicherung auf elektronischen Datenträgern sind die Daten physikalisch zu löschen, in Sicherungsbeständen zumindest zu sperren.

9.2 Vorher ist zu prüfen, ob die Unterlagen zeitgeschichtlich bedeutsam oder für Lehr- und Forschungszwecke geeignet sind. Falls dies zutrifft, entscheidet das Bundeskriminalamt bzw. das jeweilige Landeskriminalamt, wie mit den Unterlagen weiter zu verfahren ist. Zeitgeschichtlich bedeutsame Unterlagen sind nach den jeweiligen Bestimmungen des Bundes oder Landes als Archivsachen zu behandeln.

9.3 Werden ausgesonderte Unterlagen hiernach weiter aufbewahrt, ist zu prüfen, ob die Personalien unkenntlich zu machen sind.

9.4 Erfolgt die Aussonderung, so bindet dies grundsätzlich auch andere Stellen, denen die auszusondernden Unterlagen übermittelt worden sind, es sei denn, daß eine weitergehende Aufgabenstellung oder zusätzliche Erkenntnisse der anderen Stelle eine weitere Aufbewahrung rechtfertigen.

Sachregister

A

W

Z

Sieber

Computerkriminalität und Strafrecht

Von Dr. iur. Ulrich Sieber

1977. XXIX, 364 Seiten, kartoniert DM 80,–
ISBN 3-452-18237-1

● Mit der Verbreitung der Elektronischen Datenverarbeitung in Wirtschaft und Verwaltung entstanden neue Formen der Wirtschaftskriminalität: Computermanipulationen, Computersabotage, Computerspionage, »Zeitdiebstähle«.

● Der Verfasser gibt einen umfassenden Überblick über Erscheinungsformen, Charakteristika, Aufklärungsschwierigkeiten und Ursachen der neuartigen Delikte. Dabei werden erstmals Falldarstellungen aufgrund von deutschen und ausländischen Strafverfahrensakten gebracht.

● Die Auswertung dieses Materials veranschaulicht, wo die Manipulationsmöglichkeiten und Schwachstellen im EDV-Bereich liegen. Das Ergebnis der rechtlichen Prüfung ist alarmierend: Die Strafbarkeit äußerst gefährlicher und schwierig aufzudeckender Verlagerungen fremder oder eigener Vermögenswerte ist von Zufälligkeiten in der Organisation des betroffenen Betriebes abhängig und noch keineswegs gesichert.

 Carl Heymanns Verlag
Köln Berlin Bonn München

Auernhammer

Bundesdatenschutzgesetz

Kommentar

Von Dr. Herbert Auernhammer, Ministerialrat und Referent für Datenschutz im Bundesministerium des Innern

1977. XIX, 346 Seiten. Kunststoff DM 60,–
(= Heymanns Taschenkommentare)
ISBN 3-452-18330-0

● Zum Anwendungsbereich des Bundesdatenschutzgesetzes gehören die Unternehmen aller Branchen, die Angehörigen der freien Berufe, Verbände und Vereine aller Art, soweit sie personenbezogene Daten automatisch oder konventionell verarbeiten. Darunter fallen auch die Behörden und sonstigen öffentlichen Stellen des Bundes. Auch für die Verwaltungen der Länder und Gemeinden ist das Bundesdatenschutzgesetz von erheblicher Bedeutung, weil die Landesdatenschutzgesetze weitgehend inhaltsgleich sind.

● Der Verfasser ist Referent des Bundesdatenschutzgesetzes seit seiner ersten Vorbereitung im Jahre 1970 im Bundesministerium des Innern. Er bringt zu allen Vorschriften ausführliche Erläuterungen, macht die Systematik des Gesetzes durchsichtig und verdeutlicht die Zusammenhänge mit Regelungen und Materien außerhalb des Bundesdatenschutzes. Auf die Entwicklung der einzelnen Vorschriften im Laufe des langwierigen Gesetzgebungsverfahrens wird eingegangen, soweit es für das Verständnis erforderlich ist.

● Inhaltsübersichten vor den Erläuterungen, systematische Gliederungen, Randziffern, Hervorhebungen im Text und Hinweise auf Materialien, Literatur und Rechtsprechung in Fußnoten machen das Werk besonders übersichtlich.

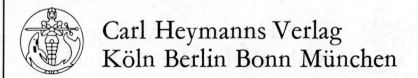
Carl Heymanns Verlag
Köln Berlin Bonn München